M. Lucien Dané, o.f.m.

VICTIME POUR DIEU POUR LA FRANCE

LE P. MICHEL FABRE
FRANCISCAIN
MASSACRÉ AU MAROC
LE 17 AVRIL
1912.

PRÉFACE
du Comte A. DE MUN de l'Académie Française

Le P. Michel Fabre

FRANCISCAIN

Aumônier Militaire

Bibliothèque Franciscaine

Victime pour Dieu, pour la France. LE P. MICHEL FABRE, Franciscain, Aumônier militaire au Maroc, *par le R. P. Marie-Lucien Dané, O. F. M.* — Un beau volume, grand in-8°, illustré, deux portraits hors texte. Prix : 3 fr. 50 ; franco : 4 fr., étranger : 4 fr. 50.

Du Presbytère au Couvent : LE P. JEAN-BAPTISTE DE BEAUVAIS, *par le R. P. Marie Célestin Sant, O. F. M.* — Un grand volume, in-8° de 262 pages. Prix : 3 fr., port en sus.

Trente mois en Chine : LE P. APOLLINAIRE DUFRANÇOIS, *par le R. P. Othon de Pavie, O. F. M.* — Un volume in-8°. Deuxième édition revue et augmentée. Prix : 2 fr. ; franco : 2 fr. 75.

Deux Martyrs français : LE P. THÉODORIC BALAT et le Fr. ANDRÉ BAUER, Franciscains, *par Léon de Kerval.* — Un volume in-12 de 450 pages. Prix : 3 fr. 50 ; franco : 4 fr. 20.

LE R. P. HUGOLIN DE DOULLENS ou la vie d'un Frère Mineur Missionnaire en Chine au XIXᵉ siècle, *par Léon de Kerval.* Nouvelle édition revue et augmentée. — Un volume in-8 orné de 8 gravures hors texte. Prix : 2 fr. ; franco : 2 fr. 20.

LE BIENHEUREUX BONENCONTRE et le couvent des Franciscains de Châteauroux, *par le R. P. Guy Daval, O. F. M.* — Une brochure de 92 pages. Prix : 0 fr. 50.

LA BIENHEUREUSE BONNE D'ARMAGNAC, *par le même.* — Un volume in-16 de LXVIII, 184 pages. Prix : 2 fr. 50.

Vie abrégée du BIENHEUREUX GABRIEL-MARIA, Franciscain, *par le R. P. Othon.* — Une brochure. Prix : 0 fr. 25.

IMP. FRANCISCAINE MISSIONNAIRE 16, ROUTE DE CLAMART, VANVES (SEINE).

L'Auteur se fait un devoir d'offrir ses bien sincères remerciements à tous ceux qui l'ont aidé de leurs COMMUNICATIONS et de leurs CONSEILS, spécialement à son bien dévoué confrère, le P. M. BERNARDIN FERNIQUE, O. F. M., au crayon duquel sont dues les ILLUSTRATIONS de ce volume, et aux FRANCISCAINES MISSIONNAIRES DE MARIE qui l'ont gracieusement imprimé.

PENSIONNAT DU PETIT-ROME,
FRIBOURG (SUISSE)

16 Juillet 1912.

APPROBATION

DU RÉVÉRENDISSIME PÈRE PACIFIQUE MONZA

MINISTRE GÉNÉRAL DE L'ORDRE DES FRÈRES MINEURS.

<table>
<tr><td>

CURIA GENERALITIA
ORD. FR. MIN.
ROMA, *Via Merulana, 124.*
—

</td><td>

Rome, ce 1er juillet 1912

</td></tr>
</table>

AU R. P. MARIE-LUCIEN DANÉ, O. F. M.

A FRIBOURG *(Suisse).*

Mon Révérend Père,

    D. d. t. p.

J'ai lu le rapport fait par les PP. Examinateurs sur la Biographie du P. Michel Fabre et je ne puis qu'approuver la publication de cet ouvrage. Je suis certain qu'il sera édifiant, et j'ajoute qu'il est vraiment opportun. Les événements actuels attirent l'attention de l'univers sur le monde musulman. Le massacre de Fez nous remet sous les yeux les grandes luttes soutenues autrefois par les chrétiens contre le Croissant et la part glorieuse qu'y ont toujours prise les Fils de saint FRANÇOIS, fidèles, en cela, à l'exemple de leur Séraphique Père.

A la liste des milliers de religieux, victimes de leur dévouement et de leur charité sur les plages de l'Afrique du Nord et de l'Asie Mineure, est venu s'ajouter le nom du P. Michel Fabre. C'est un honneur pour votre Province, il est juste de le mettre en relief.

Votre livre apprendra aux familles françaises que leurs fils, soldats au Maroc, ont auprès d'eux, pour les assister sur les champs de bataille et dans les hôpitaux, des prêtres catholiques qui ne marchandent pas leur dévouement. La jeunesse y verra également qu'il y a encore des Franciscains français, dont les rangs sont prêts à s'ouvrir pour recevoir les âmes altérées de dévouement et de sacrifice.

Je souhaite, en conséquence, à votre œuvre la plus large diffusion et, de tout cœur je vous envoie la bénédiction séraphique.

Votre bien sincèrement dévoué en N. S.

FR. PACIFIQUE,
Ministre Général.

DÉCLARATION DE L'AUTEUR

Nous déclarons, pour nous conformer aux décrets d'Urbain VIII concernant la canonisation des saints et la béatification des bienheureux, que nous ne prétendons donner à aucun des faits ou des mots contenus dans cet ouvrage plus d'autorité que ne lui en donne ou lui en donnera l'Église catholique, à laquelle nous nous faisons gloire d'être très humblement soumis.

IMPRIMATUR

Fr. Albertus Lepidi, O. P.
S. P. ap. mag.

IMPRIMATUR

Franciscus Faberi,
Vic. Urbis adsessor.

IMPRIMATUR

Parisiis, die 5 septembris 1912.

P. Fages, *V. G.*

Préface.

Dans le drame sanglant qui, le 17 avril 1912, épouvanta la ville de Fez, les figures tragiques de nos soldats massacrés apparurent seules, d'abord à nos esprits déshabitués pensées surnaturelles. Encore aujourd'hui, c'est à eux que vont surtout nos souvenirs attristés. Parmi tous ces morts, cependant, que pleure la patrie, il en fut un, conduit au sacrifice par le dévoûment spontané, qui semble ainsi plus auguste, et dont le sang, mêlé à celui qu'ils répandirent, l'a comme enrichi de sa féconde vertu.

Le 6 mai dernier, devant la fosse, couverte du drapeau tricolore, où reposaient les quarante-cinq victimes de l'affreuse boucherie, le Général Moinier citait au nombre de ceux à qui il offrait le vibrant hommage de sa douleur indignée, « un prêtre, venu ici au nom d'un Dieu de paix et de miséricorde. » Quelques jours plus tard, écrivant à celui qui entreprenait de raconter la vie, courte et pleine, de ce prêtre, enseveli parmi les soldats, le général disait de lui : « Le P. Fabre s'était acquis au Maroc les sympathies et l'affection de tous. La beauté de la cause qui l'avait amené au milieu de nous, pour donner le secours de son ministère à nos blessés, et les encourager dans leurs souffrances, nous fait incliner bien respectueusement devant ce martyr de la foi et de la patrie. »

Ces paroles suffisent à tout. La *Vie du P. Michel Fabre,* en est, à la fois, le commentaire et la justification. A bien dire elle fut écrite, à l'avance, par le chef qui, ce jour-là, parlant au nom de la France, évoqua les deux grandes idées dont l'irrésistible attrait achemina vers l'immolation l'humble religieux, dont il saluait les restes mutilés.

Car ce bon serviteur de la France était un moine franciscain ! Et n'y a-t-il pas, dans ces seuls mots, une cruelle ironie ? Une loi de haine et d'iniquité a fermé les monastères, où, dans la prière et la pauvreté, se préparaient, pour l'apostolat, des jeunes hommes ravis par l'impérissable séduction du sacrifice et du dévoûment. Jetés dans l'exil, au milieu des larmes, ils sont allés demander aux nations voisines, l'asile que leur refusait la terre natale, emportant pour tout bien, comme les proscrits antiques les dieux tutélaires, les images sacrés du Christ et de la France.

Puis un jour est venu, où la patrie s'est émue à la pensée de ses fils, qui combattent au loin, exposés au feu meurtrier, à la maladie plus meurtrière encore, ou, destin plus cruel, à la barbarie d'un ennemi fanatisé. Ce sont des enfants, presque tous chrétiens. Leurs mères les pleurent, au logis, inquiètes de leur âme, autant que de leur vie. Qui les entendra ?

Alors, dans une pauvre maison, assise au flanc d'une colline de Suisse, s'engage un dialogue héroïque : « Père Michel, le Père Provincial me charge de vous demander si vous voudriez partir pour le Maroc comme aumônier militaire. — Oh ! bien volontiers ! pour nos chers soldats, oui, de tout mon cœur. — Mais il faudrait partir dans deux jours. — Eh bien ! je suis prêt. »

Sublime réponse des exilés à la patrie trompée qui les a chassés de son sein, mais dont le cœur, instinctivement, les rappelle aux heures douloureuses ! Quand la leçon sera-t-elle enfin comprise ? Quand un homme d'État aura-t-il le courage de montrer aux législateurs, au nom de l'intérêt national, la criminelle folie où les a poussés la passion de quelques sectaires, et qui détruit chaque jour davantage, en opposant à son recrutement l'obstacle des lois aveugles, la pacifique armée des Missionnaires, semeurs de civilisation.

Dès ses premières années, leur gloire avait tenté celui qui s'appelait alors Cyprien Fabre, et qui allait bientôt changer de nom, en embrassant une vie nouvelle, pour la vouer à saint Michel, patron des combattants. Son histoire rapporte de quelle émotion le pénétra la scène grandiose qui se répète chaque année, dans les séminaires de missions, au départ des recrues de l'apostolat, pour les lointaines contrées, d'où beaucoup ne reviendront jamais, quand leurs compagnons, retenus encore au rivage, baisent leurs pieds avec amour, parce qu'ils seront désormais les messagers de l'Évangile.

Cyprien Fabre, offrant ce pieux hommage à ses frères, prêts à s'embarquer pour la Chine, rêva pour lui-même le martyre qu'ils allaient affronter. Car ce désir secret, qui, presque à son insu, s'empare d'un cœur de prêtre, et le précipite vers sa vocation, c'est cela : c'est l'espoir du sacrifice sanglant, dernier mot de l'amour de DIEU et des hommes, passion magnifique, allumée par la grâce, à laquelle obéit librement une volonté réfléchie, et qui, seule, peut rendre compte des merveilles accomplies par ceux qu'elle emporte.

François d'Assise a tracé pour ses fils, cette voie triomphale et, le jour où le Supérieur du P. Michel lui proposa d'aller au Maroc, sans doute, en un moment, aperçut-il l'image bienheureuse du Père Séraphique, attiré lui-même, sept siècles plus tôt, par la terre où l'Islam venait d'étendre son ombre, et des cinq Franciscains qui, à son appel, allèrent y porter la Croix et y chercher la mort.

A peine a-t-il répondu : « Je suis prêt, » que son Supérieur lui dit : « Et votre père, et votre mère ? » Mais lui aussitôt : « Mon père et ma mère ? Ah ! si vous les connaissiez ! ce sont de si bons chrétiens ! ils seraient heureux, allez, si je mourais martyr ! » Voilà le cri de l'âme apostolique, l'avertissement secret de la prédilection divine.

Ainsi partit pour le Maroc le P. Michel Fabre, à trente et un ans, préparé, dès l'enfance, par deux humbles paysans des Cévennes, à entendre l'appel de DIEU, qu'un visiteur de passage, vêtu de la bure franciscaine, fit, sans le savoir, entendre à son cœur, et façonné, par l'éducation du cloître, pour l'heure du sacrifice, dont il gravait le symbole sur son livre de prière, au matin de sa prise d'habit, en y traçant une croix avec ces mots : « Au pied de votre croix, ô JÉSUS, je veux apprendre à souffrir et à agir. »

Souffrir et agir, c'est en deux mots l'histoire de ces onze mois qui vont conduire le P. Fabre à la couronne dont il a pressenti la royale parure. Elle occupe les derniers chapitres du livre depuis l'embarquement à Marseille, jusqu'à la journée suprême du 7 avril. Je ne veux pas la déflorer. Rien de plus vivant, de plus original, de plus joyeusement brave, rien de plus militaire enfin, que ce récit, presque entièrement composé avec les lettres du jeune Missionnaire, scènes de bivouac, gaies et pittoresques, impressions d'hôpital, touchantes ou douloureuses, mêlées d'élans magnifiques vers le ciel, de retours affectueux vers la famille franciscaine.

Rien de plus poignant, que le tableau du dernier sacrifice, retracé par son compagnon d'apostolat, accouru de Meknès, à la première nouvelle du drame, et qui trouva encore, au seuil de la maison d'où le P. Michel sortit pour mourir, la large empreinte de son sang, à peine séché.

Je voudrais seulement ajouter un mot. J'ai noté tout à l'heure l'incroyable aberration de ceux qui, pour satisfaire les ennemis du Christ, ont tari sur notre terre, la source des dévoûments apostoliques. L'histoire du P. Fabre porte avec elle un autre enseignement.

Le commandement militaire, au Maroc, a fait tout ce qui était en son pouvoir pour faciliter la tâche des aumôniers. Mais il ne pouvait que peu de chose contre les règlements dictés par la conception laïque, absurde toujours, souvent barbare, et dont la rupture de l'État avec l'Église a encore aggravé les dures conséquences. Le Ministre de la Guerre, lui-même, a cherché, par des instructions bienveillantes, à atténuer les effets d'une situation légale, contraire au juste sentiment de la liberté des âmes.

Mais cette situation n'en a pas moins pesé sur toute l'organisation du service religieux, dans les troupes débarquées au Maroc, et elle y demeure un obstacle aux satisfactions que réclame la conscience publique, avec une insistance accrue par les menaçantes perspectives de l'avenir.

S'il ne s'agissait que de l'état personnel des aumôniers, et des difficultés sans nombre, qui, dans les premiers temps surtout, leur imposèrent de multiples souffrances, je crois que je n'en dirais rien. Car il me semblerait entendre le P. Fabre m'arrêter par ces mots qu'il écrivait, en racontant gaiement ses misères : « C'était une *entrée,* vraiment digne des fils de saint François. »

Mais il y a les soldats. L'histoire de Méhedja doit rester dans toutes les mémoires, comme un symbole douloureux. Un jeune médecin de l'hôpital vint, à dix heures du soir, appeler le Père qui s'endormait sous sa tente : « Venez vite ! un de nos malades va mourir. Mais je ne peux pas vous faire entrer dans l'hôpital, parce que les règlements le défendent. Il faut, vous le savez, que le malade ait demandé lui-même le prêtre. Mais vous pouvez l'absoudre *par la fenêtre;* il est placé tout à côté. » Cela est tout simplement affreux. Il faut que ces règlements soient abrogés.

Il le faut, parce que l'expérience marocaine témoigne que c'est l'impérieux besoin des soldats et de leurs familles. Quand la venue des aumôniers, deux d'abord, quatre par la suite (1), fut connue, partout dans les hôpitaux, dans les

(1) A l'heure actuelle, les Religieux franciscains français, aumôniers militaires au Maroc, sont au nombre de douze. (*Note de l'Auteur.*)

ambulances, on les demanda. Ils y furent reçus avec transport ; car ils apportaient le réconfort du cœur avec celui de l'âme, offrant, non seulement leur ministère, mais leur amitié, faisant les correspondances, transmettant les nouvelles aux familles, qui les pressaient de leurs lettres angoissées, distrayant les esprits, stimulant les énergies, aidant ainsi à la guérison des corps, en même temps qu'ils donnaient aux âmes, quand il le fallait, la consolation suprême.

La Vie du P. Fabre est, pour cette grande œuvre de l'aumônerie militaire, chère à tant de cœurs français, un irréfutable et magnifique plaidoyer. Son dernier geste fut dédié aux soldats qu'il avait tant aimés et si bien servis. Il était avec quelques-uns d'entre eux dans la chambre que cernaient les massacreurs : et, comme, de minute en minute, le danger grandissait, il dit : « Je vais sortir, et essayer de les apaiser, en leur montrant ma robe de prêtre. » Il sortit en effet, et, du peu de mots qu'il savait, fit entendre qu'il était le « marabout » des chrétiens. Une clameur féroce lui répondit, et il tomba, affreusement mutilé.

Puisse son martyre, en fécondant pour le Christ le sol arrosé de son sang, hâter aussi le retour de la France à sa vocation chrétienne !

A. DE MUN,
de l'Académie française.

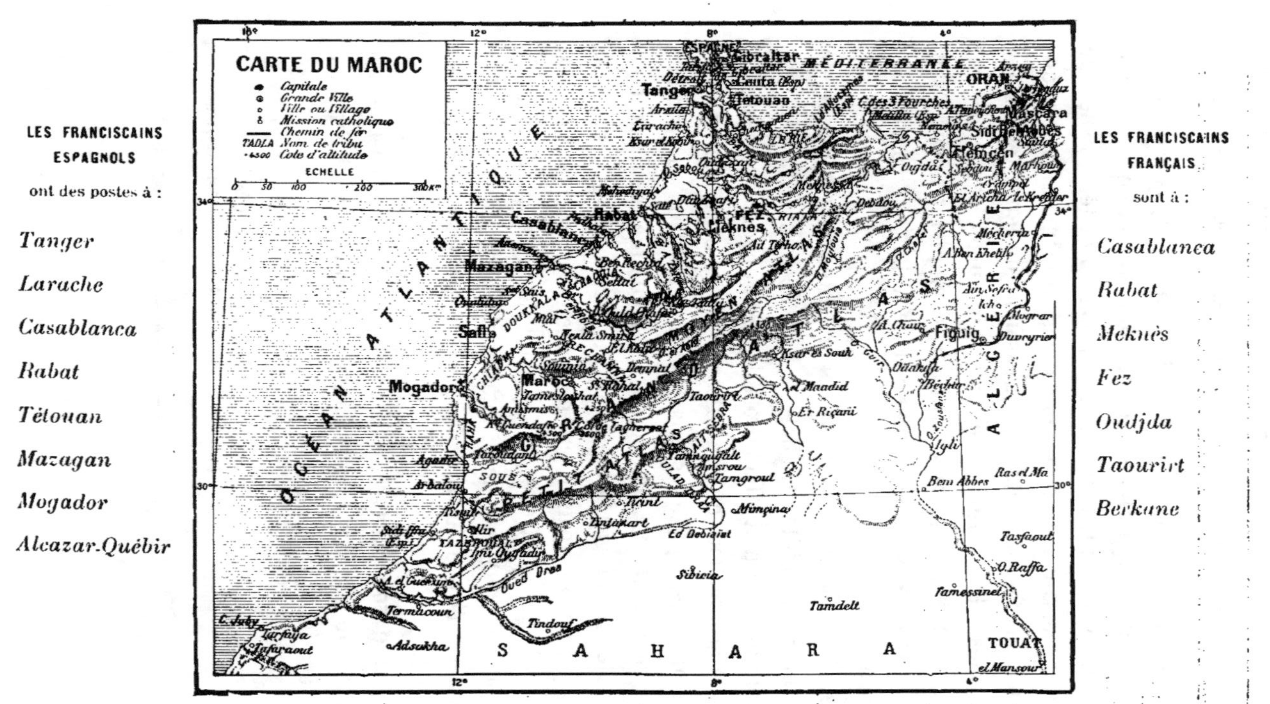

LES FRANCISCAINS
ESPAGNOLS

ont des postes à :

Tanger

Larache

Casablanca

Rabat

Tétouan

Mazagan

Mogador

Alcazar-Québir

LES FRANCISCAINS
FRANÇAIS

sont à :

Casablanca

Rabat

Meknès

Fez

Oudjda

Taourirt

Berkane

INTRODUCTION

Une heure providentielle semble avoir sonné pour le Maroc.

Jusqu'ici impénétrable, inexploré, défendu par un fanatisme farouche contre la curiosité de l'Europe, il est devenu en quelques années, le point de mire de l'attention générale. Son Sultan, arrière petit-fils du Prophète, ne paraît plus se souvenir de l'implacable haine léguée par son ancêtre à tout « vrai croyant » contre les chrétiens détestés. Il se tourne vers la France et demande à cette nation latine de soutenir son trône décrépit, de fonder l'ordre là où le Coran n'a su développer que la haine et l'anarchie.

C'est une revanche de la Croix sur le Croissant, c'est un nouveau *geste de Dieu accompli par les Francs.*

Le Maroc connut, de bonne heure, la foi chrétienne. A la fin du IIe siècle, ses chrétientés sont déjà nombreuses ; la présence de ses évêques est signalée dans les Conciles, où Carthage groupe les Prélats du Nord de l'Afrique. Les martyrs ne lui manquent pas ; des inscriptions nous en révèlent jusqu'à Tanger, ainsi que les *Acta Marcelli,* qui nous racontent la glorieuse mort du centurion Marcel, survenue le 30 octobre 298.

Dominé par les Vandales ariens, au Ve siècle, placé de nouveau sous la tutelle de Bizance par Bélisaire, le Maroc est enfin envahi par les Arabes au VIIe siècle.

Comme un ouragan dévastateur, les disciples du Prophète ont traversé l'Égypte, conquis la Cyrénaïque, l'Afrique romaine et la Numidie, — notre Tunisie et notre Algérie actuelles, — et font irruption vers l'Ouest, à l'extrême des Monts Atlas.

On raconte qu'un soir, en voyant le soleil se coucher devant lui, par delà l'Atlantique immense, leur chef Mouça lança son cheval en pleines vagues et attesta le ciel et la mer qu'il avait prêché, le fer à la main, la grandeur de Dieu et la mission du Prophète aussi loin que la terre avait pu porter son coursier.

Les Berbères, — les antiques habitants de la Mauritanie, — se débattirent en désespérés sous le joug de fer des conquérants. D'abord autorisés à conserver leur culte, à la condition de verser une taxe exhorbitante, ils se virent bientôt retirer cette latitude et n'eurent plus qu'à embrasser l'Islam, s'expatrier ou mourir. Un grand nombre d'entre eux s'exilèrent en Italie, dans les Gaules, et même en Germanie. Ceux qui, pour rester sur leur sol, renoncèrent à la foi de Jésus-Christ, ne se laissèrent point, pour autant, assimiler par les vainqueurs. Réfugiés dans les régions montagneuses, les Berbères devenus musulmans ou fétichistes, sont demeurés les irréductibles ennemis des Arabes. A l'heure actuelle, l'état d'anarchie dans lequel agonise le gouvernement chérifien est dû, en grande partie, aux incessantes révoltes des tribus berbères contre les Arabes, détenteurs du pouvoir.

Ceux-ci ne se contentèrent point d'enlever à l'Évangile cette malheureuse terre d'Afrique où sembla tari, dès lors, tout principe de grandeur morale et de progrès. Du Maroc, comme d'un poste avancé, ils rayonnèrent sur le continent, traversèrent l'Espagne, envahirent le Sud des Gaules, et coururent rapides jusqu'aux champs de Poitiers. Mais là les arrêta la massue de fer de Charles Martel. Abdéramne dut reculer devant le chef franc. Il se replia derrière les Pyrénées, et entama contre les chrétiens de la Navarre, des Asturies et du Portugal, une lutte acharnée qui dura sept siècles, dans laquelle les vaillants Ibères se couvrirent de gloire, et restèrent maîtres du champ de bataille après la paix de Grenade (1492).

Le Maure, la rage au cœur, dut repasser le détroit sans avoir pu ni conquérir, ni avilir la péninsule. Le souvenir de leur puissance perdue hante toujours les imaginations marocaines. Ils chantent encore dans leurs ballades populaires, les splendeurs de Grenade, et pleurent la perte de cette perle de l'Andalousie (1).

(1) Voici la traduction d'une de ces mélodies les plus célèbres : *Ya tsafi* Regrets).

« Combien je regrette le passé qui déjà s'enfuit, ô mon Dieu ! Les jours de joie et de plaisirs, les soirées si douces ! O demeures de l'Andalousie que nous avons quittées, je ne vous oublierai jamais !

— O mon Dieu ! je désire que par ta bonté tu me permettes de revoir cet heureux séjour ! O mon Dieu ! réunis-moi à ce que j'aime, et fais m'y jouir de la tranquillité. O demeures de l'Andalousie que nous avons quittées, je ne vous oublierai jamais !

Les Arabes eussent pu devenir un grand peuple s'ils n'avaient substitué à l'Évangile le Coran comme code de leur perfection morale. Ils n'ont jeté qu'un éphémère éclat dans les lettres, les sciences et les arts. Leur brillante civilisation s'est enlisée dans le bourbier musulman. Aussi, de la splendide conquête du Nord de l'Afrique, ne réussirent-ils à faire qu'un nid de pirates. Ils devinrent pendant des siècles, la terreur et l'opprobre des nations civilisées.

*
* *

Pourquoi le Séraphique FRANÇOIS d'Assise, entre tous les pays ravagés par l'Islam, choisit-il le Maroc comme terme de ses aspirations apostoliques? Il se disait, peut-être, que les pauvres Berbères des montagnes de l'Atlas, subissant, toujours indomptés, le joug de leurs oppresseurs, offriraient un terrain propice à son zèle ardent, et qu'ils acclameraient, à sa voix, le DIEU crucifié que la force brutale seule les avait contraints de renier.

Ou peut-être, rêvant d'offrir le témoignage de son sang à celui dont la folie d'amour lui avait ravi le cœur, était-il en quête du tyran le plus inaccessible à la pitié qui lui donnerait le coup de la mort ?

L'un et l'autre méritent d'avoir tenté son âme tendre et grande. Quoi qu'il en soit, rêve de vastes conquêtes apostoliques, ou désir ardent du martyre, vers 1213, saint FRANÇOIS prit le chemin de l'Espagne avec le dessein avoué de passer chez les Sarrasins de la Mauritanie. Mais DIEU, satisfait de son désir du martyre, ne lui octroya que le martyre de désir.

Ainsi en advint-il, également, quelques années plus tard, d'un de ses plus illustres fils, Antoine de Padoue. Lui aussi rêva d'une palme qu'il pensait cueillir de la main des Maures ; et DIEU l'envoya lui moissonner des âmes par milliers, en France et en Italie.

Contraint de renoncer personnellement à la mission du Maroc, FRANÇOIS choisit dans l'armée de généreux pionniers du Christ qui

— O toi que les yeux ne voient point et qui n'as jamais déçu l'espoir de personne ! O toi dont les ordres sont sans réplique, tes jugements sont insondables ! O demeures de l'Andalousie que nous avons quittées, je ne vous oublierai jamais !
(Cité par M. LÉRA, dans le *Mois littéraire...*)

se pressait autour de lui, au Chapitre de 1219, une phalange d'élite. Ils avaient nom : Vital, Bérard, Pierre, Othon, Adjut et Accurse.

« Dieu m'a ordonné, mes chers fils, leur dit-il, de vous envoyer au pays des Sarrazins, pour annoncer et confesser sa foi, et pour combattre la foi de Mahomet... »

Puis, il leur traça leur mission, leur recommandant l'observance exacte de la pauvreté, de l'obéissance et de la chasteté, la pratique de l'Office divin.

« O mes fils, ajouta-t-il avec attendrissement, en vérité je me réjouis de votre bonne volonté : mais d'autre part, mon cœur saigne à la pensée d'avoir à me séparer de vous. N'importe, il faut que l'ordre de Dieu passe avant notre volonté propre ! »

Et comme ses enfants se jetaient à ses genoux, et en pleurant lui baisaient les mains et lui demandaient sa bénédiction, saint François pleure aussi ; mais il lève les yeux vers le ciel, et les bénit, et leur dit : « Que la bénédiction du Père descende sur vous comme elle est descendue sur les apôtres ! que Dieu vous fortifie, et vous conduise, et vous console dans les épreuves ! Et n'ayez aucune crainte, car je vous dis que le Seigneur est avec vous et combattra avec vous (1) ! »

Ils partirent. Et ce fut une épopée sublime que celle de ces « cinq ou six pauvres gens sans armes, sans suite, sans pompe, qui s'en allèrent attaquer l'Islam par une pacifique prédication toute souriante et miséricordieuse pour les musulmans leurs frères (2). »

En Aragon, Vital tomba malade ; mais il ne voulut pas que l'œuvre de Dieu en subît quelque retard. Il pressa ses frères de continuer leur route.

Réduits à cinq, sous la conduite de Bérard, ils traversèrent la Castille et le Portugal, firent une halte dans le petit couvent d'Alemquer, tout récemment fondé par la pieuse reine Urracca, et se hâtèrent vers Séville qui restait encore soumise à la domination mahométane.

Là ils interloquèrent, par la virulence de leur prédication, les autorités de la ville. Ne pouvant les faire taire on les embarqua pour le Maroc.

(1) D'après un manuscrit cité par J. Jœrgensen, *S. François et son œuvre*, p. 299.

(2) Georges Goyau, *Les Franciscains au Maroc*.

Mais à Ceuta, comme à Marrakech, et partout où ils réussissaient à glisser des mains de ceux qui voulaient les retenir, ils assemblaient le peuple devant les mosquées et prêchaient avec une ardeur incroyable la foi de Jésus-Christ.

Le Miramolin — ou chef des croyants — usa d'abord de longanimité et ordonna à plusieurs reprises que ces cinq fous sublimes fussent réexpédiés en pays chrétien. Mais ceux-ci, prompts à dépister la surveillance de leurs gardiens, revinrent sans cesse à leur véhémente prédication.

Enfin, un certain vendredi, — qui était, pour les musulmans, l'équivalent de notre dimanche, — « ils se mirent à prêcher sur une place où ils savaient que le Miramolin allait passer. Cette fois là mesure était comble, et rien ne pouvait plus les sauver. Après des tortures affreuses, — dont l'une consista pour eux, à être roulés, tout nus, une nuit entière sur une couche de petits éclats de verre, et après un interrogatoire où leurs réponses furent vraiment toutes pareilles à celles des premiers martyrs devant les juges romains, ils eurent enfin la bonne fortune d'exciter à tel point la fureur d'Abu-Jacoub (le Miramolin), que s'élançant sur eux, il les décapita tous les cinq, de sa propre main... (1) »

La mort de ces cinq premiers martyrs de l'Ordre franciscain eut lieu le 16 janvier 1220. Au Chapitre de la Pentecôte de l'année suivante, saint François en fit lire l'édifiante narration en pleine assemblée. La lecture finie, il s'écria : « Maintenant je puis dire en vérité que je possède cinq véritables frères ! »

Du jour où il eut pris possession du Maroc par le sang de ses Fils, l'Ordre franciscain ne cessa pas d'évangéliser ce pays, à travers mille difficultés inextricables et mille sacrifices.

Eu 1227, le 10 octobre, saint Daniel et six autres Frères Mineurs nommés : Ange, Samuel, Donule, Léon, Hugolin et Nicolas sont martyrisés à Ceuta. Avant de présenter leur tête au glaive, ils se prosternent, et Daniel s'écrie, après les avoir successivement pressés sur son cœur : « Réjouissons-nous tous dans le Seigneur, mes frères, mes enfants ! Ce jour est vraiment pour nous le plus beau, puisqu'il va nous faire passer de la mort à la vie ; de la tristesse et des larmes au bonheur et à la gloire du triomphe ! Ici-bas, ce ne sont que ténè-

____

(1) J. Jœrgensen, p. 301.

bres et ignorance ; là-haut c'est la lumière, c'est la claire vision ! Le ciel s'ouvre pour nous ; les anges viennent à notre rencontre ; la couronne nous attend et elle ne se flétrira jamais ! »

Et ils entonnèrent tous l'hymne de la victoire que leurs âmes allèrent achever au ciel (1).

Les chroniques de l'Ordre franciscain mentionnent que beaucoup d'autres Frères Mineurs reçurent la couronne du martyre dans ces contrées, à peu près à la même époque, les musulmans ne pouvant supporter les nombreuses conversions que leur zèle et leurs prédications opéraient.

Le Martyrologe Romano-Séraphique, à la date du 16 septembre, — vers l'année 1232, — dit que dans cette même Église de Maroc (Marrakech) dédiée à la Mère de DIEU, cinq Franciscains eurent la tête tranchée. En leur compagnie une multitude de chrétiens scellèrent de leur sang la foi de JÉSUS-CHRIST. D'après Wadding ces cinq nouveaux athlètes s'appelaient : Léon, Hugo, Dominique, Jean et Electus.

*
* *

Le mérite du premier essai de prosélytisme chrétien au Maroc musulman revient toutefois aux Ordres *Rédempteurs*, les *Rescatadores* espagnols, et surtout les *Trinitaires* et les religieux de *Notre-Dame de la Merci*, ordres français.

Ces vaillants moines que nul péril n'effrayait, s'imposèrent la sublime mission de pénétrer en pleins pays musulmans pour y consoler et confirmer dans la foi les malheureux esclaves chrétiens capturés et retenus par les Barbares.

« L'année de leur fondation (1198), les Trinitaires commencèrent leur œuvre par un voyage au Maroc et continuant par les autres États barbaresques, ils délivrèrent environ 900 000 esclaves jusqu'au XVIIIe siècle (2). »

Les Mercédaires, eux, ne se contentèrent pas du rachat pur et simple des captifs, ils s'engagèrent par vœu « à demeurer en otage,

(1) *Analect. Franc.*, III, **24**. *Chronique des XXIV Généraux.*
(2) *L'Islamisme et le Christianisme en Afrique*, par G. BONEL-MAURY, p. 99.

si cela était nécessaire, pour délivrer les fidèles en puissance de musulman et tentés d'abjurer le christianisme (1). »

Et ce n'était pas promesse vaine. Lorsque, au XVe siècle, ils entreprirent leurs voyages de rédemption au Magreb, ils furent souvent retenus comme otages et subirent de mauvais traitements de la part des maîtres des esclaves rachetés.

« En 1602, ils avaient accompli soixante-treize voyages de rachat dans la seule ville d'Alger et délivré de là douze mille cinq cents captifs (2). »

Mais leur apostolat devait se borner auprès des musulmans eux-mêmes à cet héroïque exemple de dévouement et de charité chrétienne. Figés dans le plus déprimant sensualisme et la barbarie, les disciples de Mahomet se défendaient contre toute pénétration du christianisme. Tout essai de prosélytisme actif, toute tentative de controverse de la part des missionnaires, étaient suivis de représailles atroces.

*
* *

Déjà cependant, dès 1275, un Tertiaire franciscain intrépide, le célèbre Raymond Lulle, avait rêvé de convertir l'Islam, par l'argumentation et la discussion du Coran. Ancien sénéchal du roi d'Aragon Jacques Ier, Raymond, pieux, zélé, instruit, versé dans la connaissance de l'arabe, fonda dans l'île de Majorque, propriété de son ancien maître, un couvent de Franciscains pour l'étude de la langue sarrazine et la prédication de l'Évangile en Afrique.

Il conçut le projet de fonder des séminaires pour l'éducation spéciale des missionnaires. Mais les premiers prêtres qu'il lança contre l'Islam furent mis à mort. Lui-même, dix-sept ans après, ayant voulu joindre l'exemple au précepte, s'embarqua pour Tunis. Là il se mit à discuter avec les Muftis et s'efforça de leur prouver que Mahomet avait été un faux prophète. Il fut au bout de quelque temps, jeté en prison, et n'échappa à la mort que par la clémence de l'émir. Délivré, il reprit ses prédications en Algérie et finit par mourir martyr (21 juin 1315).

(1) L'*Islamisme et le Christianisme en Afrique*, p. 101.
(2) *Ibid.* p. 102.

L'idée et l'œuvre de Raymond Lulle devait être reprise et réalisée six siècles plus tard par le génial fondateur des Missionnaires d'Afrique, dits Pères blancs, Mgr Lavigerie, archevêque d'Alger.

Le gouverneur général de l'Algérie, comme jadis en Hindoustan la Compagnie anglaise des Indes, craignait que les tentatives de prosélytisme catholique ne provoquassent chez les Arabes des réactions violentes et de nature à ébranler la domination française. Tel ne fut pas l'avis de Mgr Lavigerie qui pensait avec raison qu'*assimiler, civiliser, vaut mieux que dominer*. « Au lieu, disait-il, de parquer les indigènes, par la crainte d'un fanatisme en grande partie imaginaire, dans la barbarie et dans le Coran, qui les tiennent séparés de nous par un abîme infranchissable, il faudrait nous les assimiler : enfants, par des écoles françaises ; adultes, par une prédication discrète, préparée par une large diffusion des bienfaits de la charité (1). »

* *
*

Quelque empêchée que fut l'action des missionnaires auprès des indigènes, ils ne laissèrent pas que de fonder des centres nombreux d'où l'Évangile rayonnait sur les malheureux esclaves chrétiens détenus par les Maures et parmi les Européens attirés par le négoce.

Trois évêchés ont été fondés au Maroc. Le premier, celui de Marrakech en 1237 ; le second à Ceuta en 1421, lors de la prise de cette ville par les Portugais ; le troisième à Tanger en 1469. Mais ce dernier n'eut qu'une existence assez courte ; en 1570 il était réuni à celui de Ceuta.

L'évêché de Ceuta eut pour premier titulaire un Français, le Franciscain Adhémar d'Aurillac, précédemment évêque de Marrakech. — Cet évêché a cessé d'exister en 1851. Quant à celui de Marrakech dès 1349 son titulaire ne réside plus dans le territoire de son diocèse, mais il devient l'auxiliaire de l'archevêque de Séville, tout en administrant sa mission. Il est pratiquement supprimé vers 1560.

Les Frères Prêcheurs partagèrent de bonne heure avec les Frères Mineurs la tâche périlleuse et ingrate de l'évangélisation du Maroc.

(1) Cf. L'*Islamisme et le Christianisme*, p. 140.

Dès 1225, nous trouvons un Dominicain, Fr. Dominique, résidant au Maroc.

Plusieurs des Évêques qui ont occupé les sièges du Maroc, de Ceuta et de Tanger, appartenaient à l'Ordre de saint Dominique.

Le premier évêque de Marrakech fut un Franciscain, Fr. Agnello, qui d'abord légat du Pape, fut élevé à l'épiscopat par Grégoire IX en 1237.

Lui et ses successeurs travaillèrent avec un zèle sans bornes et firent maintes fois bénir le nom de JÉSUS-CHRIST, même par les musulmans, malgré les entraves toujours renaissantes suscitées à leur apostolat. Pour comble d'infortune, une épidémie effroyable s'abattit vers l'année 1613 sur l'Empire chérifien. La peste ravagea ces malheureuses contrées. Tous les Franciscains de Marrakech périrent après s'être prodigués sans compter.

Alors, de l'Andalousie, de nouveaux héros se levèrent. Ils avaient à leur tête le Bienheureux Jean de Prado. Ils vinrent à travers des obstacles et des difficultés sans nombre jusqu'à la ville de Maroc, et entreprirent de relever de ses ruines l'œuvre de leurs prédécesseurs. Mais le Sultan leur intima l'ordre de quitter les états barbaresques. Les dignes Fils de saint FRANÇOIS ne s'en appliquent que mieux à consoler les esclaves fidèles et à ramener les apostats Ils sont plongés dans un cachot infect. Ils y entrent en chantant le *Te Deum*. Le Bienheureux Jean baise avec transport ses chaînes et s'écrie : « C'est maintenant, ô mon DIEU, que je vois combien vous m'aimez. Oh ! que ce présent de votre main divine est cher à mon cœur (1) ! » Ce qu'ils subirent de tourments et de vexations est incroyable. Flagellés, condamnés à broyer du salpêtre, la tête lacérée de coups de cimeterre, on jette enfin leur chef, le Bienheureux Jean, sur un bûcher ; mais les flammes le respectent. Accablé sous une grêle de pierres, percé de traits, il expire en redisant une dernière fois le nom adorable de JÉSUS-CHRIST. A ce moment, un globe de feu apparaît au-dessus de son corps et jette dans la ville l'étonnement et l'épouvante (2).

En dépit des persécutions et des difficultés de tout genre, les

(1) *Auréole Séraphique*, par le R. P. LÉON DE CLARY.
(2) *Idem*, t. II, p. 337.

Religieux franciscains de diverses nationalités, Espagnols, Italiens, Portugais et Français ne cessèrent d'exercer leur apostolat sur ces côtes vraiment inhospitalières. En 1813, ils sont refoulés de l'intérieur de l'Empire et parqués à Larache et Tanger. Ce fut l'agonie, puis la mort des diverses missions en pays marocains.

Mais, en 1859, l'Espagne triompha du Sultan et, dans le traité qui fut signé à cette occasion, il fut stipulé que les Franciscains espagnols pourraient exercer leur ministère dans le Maroc.

C'est alors que le Saint-Siège, reconnaissant cette situation de fait, releva la Mission marocaine, et l'érigea en Préfecture Apostolique, qui fut confiée aux Pères Franciscains de la Province de Saint-Jacques de Compostelle, en Espagne. Ces Religieux n'ont cessé de la desservir jusqu'à nos jours ; et le 14 avril 1908, à la demande de la cour de Madrid, cette Préfecture a été élevée au rang de Vicariat Apostolique. Dès le lendemain, 15, paraissait un décret nommant comme premier titulaire de ce Vicariat le R. P. François Cervera, avec le titre d'évêque de Fezzan. Le roi d'Espagne, Alphonse XIII, pour marquer sa vénération envers l'Ordre auquel appartient l'élu, tint à ce que la consécration épiscopale eut lieu en la chapelle royale de son palais de Madrid ; il assista lui-même à la solennité avec toute sa cour (1).

Depuis le relèvement de la Mission, plusieurs postes ont été fondés. Deux à Tanger, qui est la résidence du Vicaire Apostolique ; puis à Tétouan, Larache, Rabat, Casablanca, Mazagan et Magador. A Alcazar-Québir une chrétienté est en formation. Le nombre total des églises et chapelles, au 8 octobre 1907, était de treize. Celui des écoles catholiques élémentaires de huit pour les garçons, neuf pour les filles, et quatre écoles enfantines. A Tanger une école supérieure pour les garçons a été fondée. En 1887 un hôpital a été ouvert, et l'année suivante une imprimerie hispano-arabe était organisée avec un atelier de reliure.

Rien d'étonnant que l'Espagne victorieuse ait désiré et obtenu que

(1) Mgr Cervera (François-Marie) Frère Mineur, né à Valence (Espagne), le 13 mars 1858, novice le 17 novembre 1874, profès le 19 novembre 1879, prêtre en 1880, préfet apostolique du Maroc en 1906, élu le 8 avril 1908 Vicaire Aposlitoque du Maroc, sacré le 23 mai suivant par le Nonce dans la chapelle royale de Madrid, publié le 29 avril 1909. — Résid. Tanger. (*Annuaire Pontifical*, 1912.)

le service religieux de ses nationaux fut fait au Maroc par des Missionnaires espagnols. Les fidèles désirent, tout naturellement, des prêtres de leur langue et de leur nationalité.

C'est en vertu du même principe que les Franciscains français ont été envoyés par Rome au Maroc en 1908, pour pourvoir aux besoins spirituels des troupes françaises d'occupation et des fidèles de langue française, de plus en plus nombreux à la suite des événements qui ont abouti à l'établissement du protectorat de la France sur l'Empire chérifien.

* *
*

Les fantaisies d'un Sultan de vingt-trois ans, impatient de secouer la tutelle de son grand vizir, furent la cause des troubles qui ont valu au Maroc un changement radical dans ses destinées. Un coup d'éventail donné au représentant de la France, à Alger, avait été l'occasion de la conquête de l'Algérie. L'amour immodéré du football, de l'automobile et autres progrès modernes, a précipité Abdel-Azis de son trône, et fait passer le Maroc sous le protectorat français.

Les Marocains, en fidèles disciples du Coran, n'aiment pas les innovations. Aussi furent-ils profondément scandalisés, et leur conscience blessée, en apprenant les latitudes prises par leur jeune Sultan, dès son émancipation. Ne l'avait-on pas vu, lui, le chef des Croyants, s'entourer d'Européens, leur consacrer deux heures ou deux heures et demie par jour, rire, plaisanter avec eux, les prendre par le bras, leur taper sur l'épaule (1). Et que n'apercevait-on pas, depuis quelque temps dans son magnifique palais de Fez ? Un chemin de fer, un vrai, qui sifflait et souflait en faisant le tour de ses jardins ; un nombre incalculable de bicyclettes, d'automobiles, de phonograhes, télégraphes, etc .. etc ; des appareils photographiques, surtout, dont un en or massif.

Un jour, on le vit lui-même affublé d'un uniforme militaire de fantaisie, coiffé d'un énorme tarbouche, jouer comme un cabotin avec ses amuseurs anglais. Qui pis est, on s'empressa de le photographier dans ce lamentable accoutrement, si bien, qu'aujourd'hui

______

(1) Cf. *Le Maroc d'aujourd'hui*, par Eugène Aubin, p. 166.

— XXVII —

on vend, au mellah de Fez, la triste image de Moulay-Abdel-Azis, vêtu d'un costume de cirque et regardant, hagard, l'effet produit sur ses contemporains par cette monstrueuse plaisanterie. Comme les musulmans éprouvent un certain scrupule religieux pour toute reproduction de la figure humaine, rien, plus qu'une telle photographie, ne pouvait déconsidérer le Sultan aux yeux de ses peuples (1). »

Mais ce qui mit le comble à l'indignation grandissante, c'est un incident inouï jusqu'alors. Un sujet anglais avait été assassiné, et son meurtrier s'était réfugié dans la mosquée de Moulay-Idriss.

Contrairement à toutes les traditions du passé, le Sultan fit forcer cet asile, et le coupable fut fustigé, puis mis à mort.

La stupeur que causa cet événement fut immense, « car on ne renverse pas en un moment ce qui a existé durant des siècles, et surtout dans le domaine moral (2). »

C'est alors vers la fin de l'été 1902, que surgit le *rogui* (prétendant) Bou-amara. A la voix de ce fanatique, les tribus entrèrent en effervescence, et la lutte s'engagea entre le Sultan et une partie de son empire. Les Européens commencèrent à craindre pour leur sécurité, surtout quand Abdel-Azis eût décidé le renvoi de tous les étrangers qui émargeaient au budjet du magzen.

Ce fut à l'occasion d'une fête annuelle où il devait passer en revue ses troupes. Il s'attendait à trouver sur le champ de manœuvres trente mille hommes, il n'y en eut que quinze cents. Il comprit où l'entraînaient ses goûts ultra-modernes et s'affola.

L'émotion provoquée en Europe par son édit commençait à se calmer lorsque « le voyage de l'empereur d'Allemagne à Tanger vint placer un grand point d'interrogation à l'horizon politique (3). »

**

Malgré les mesures édictées par la Conférence d'Algésiras, qui avaient pour but d'aider le Sultan à accomplir dans son empire les réformes nécessaires, le désordre ne cessait de grandir parmi ses

____

(1) *Le Maroc d'aujourd'hui*, par EUGÈNE AUBIN.
(2) *Au pays marocain*, par M. ZEIS, p. 9.
(3) *Idem*, p. 15.

sujets. Les finances étaient épuisées ; les troupes sans solde deve-
naient un danger pour le Sultan lui-même.

Sur la frontière algérienne, les incidents, les troubles, les brigan-
dages se succédaient coup sur coup. Le farouche Erraïssouli terrori-
sait le pays, rançonnait les villes, pillait les fermes, coupait les
communications de l'intérieur avec Tanger, poussant l'audace
jusqu'à enlever et emmener dans ses montagnes plusieurs sujets
européens.

Dans le Sud, l'effervescence n'était pas moindre, et on ne tarda
pas à entendre parler de la proclamation comme prétendant, de
Moulay-Hafid, Kalifa de Marrakech, qui entra en guerre contre son
frère Abdel-Azis.

Sur ces entrefaites, à Casablanca, le coup de sifflet d'une locomotive qui desservait le port fut le signal d'un massacre des Européens, dans cette ville.

Une troupe de mécontents stationnait à une des portes, autour de
Mohamed-ould-el-Hadj-Hammou, fils du précédent gouverneur de
la ville. Tout à coup, la locomotive qui fait le service entre le port
et les carrières voisines siffla. Pour les Marocains, siffler est une
insulte. « Avez-vous entendu, s'écria un partisan d'Hammou, les
Nosrani (1) se moquent de vous ! » A ces mots, la foule se précipita sur les Européens du port et les massacra.

Dès que cet attentat fut connu en France, le Gouvernement donna
l'ordre au général Drude de se rendre sur les lieux à la tête d'une
petite troupe. Les croiseurs *Galilée, Du Cheyla* et *Forbin* durent
rallier Casablanca.

Cependant tout était redevenu calme dans la ville, et les Européens se montraient rassurés, quand un coup de feu, tiré par un
Marocain sur un officier de marine descendu avec soixante quinze hommes fut le signal d'une bagarre, puis d'une émeute générale. Des
musulmans se ruèrent au pillage des quartiers juifs et européens.
Les gens des tribus accoururent, et pendant trois jours donnèrent
l'assaut, mais en vain, au Consulat où les Européens s'étaient
réfugiés.

Les canons des croiseurs bombardèrent, alors, la ville arabe ;

(1) *Nosrani* (Nazaréens) nom donné aux chrétiens par les Marocains.
C'est l'équivalent du mot *roumi* (romain) employé en Algérie, mais
avec une nuance de dédain en plus. (*Au Maroc*, par RÉGINALD RANKIN.)

et le général Drude, débarqué avec ses hommes, chassa ou tua les malfaiteurs.

Mais les tribus s'agitèrent de plus belle ; le pays devenait impossible aux étrangers. Le gouvernement français confia alors, au général d'Amade le commandement des troupes d'occupation. Ce brillant officier, débarqué le 6 janvier 1908, entreprit au plus tôt, dans le pays de Chaouïa, une campagne active qui, au bout de quelques mois, fut couronnée du plus éclatant succès. La Chaouïa était pacifiée. Le 22 février 1909, le général quittait le Maroc. « Son départ eut un immense retentissement et, de l'avis de ceux qui y assistèrent, prit un caractère à la fois grandiose et solennel. Tous les habitants et toutes les troupes étaient massés sur le port et sur leurs terrasses ; ils regardaient avec une sincère émotion la petite barque ballotée par les flots, emporter vers le navire français celui qui avait conquis, organisé et colonisé cette région naguère sauvage et inaccessible (1). »

Sur ces entrefaites, Abdel-Azis avait voulu tenter un effort suprême contre son frère et compétiteur Moulay-Hafid. Il marcha sur Marrakech. Mais sa méhalla fut mise en complète déroute, et lui-même n'échappa que par prodige à la mort. Désormais sa cause était perdue. Les tribus, en masse, acclamèrent son rival. Les puissances firent toutes de même.

A Casablanca « les talbas se trouvèrent dans un grand embarras ; comme ils ne pouvaient plus faire la prière au nom d'Abdel-Azis détrôné, ni au nom de Moulay-Hafid non reconnu, ils la faisaient au nom du Sultan préféré par le général d'Amade ! » Ce simple détail montre l'influence que le commandant en chef avait acquise en Chaouïa et la place qu'il avait prise dans les cœurs musulmans comme dans les cœurs français (2). »

*
* *

Dès le début de cette brillante campagne, une question s'était posée, angoissante pour les mères chrétiennes françaises et leurs vaillants fils ; celle des aumôniers militaires.

(1) *Souvenirs de Casablanca*, par PAUL AZAN, p. 403.
(2) *Ibid.*, p. 401.

— XXX —

Certes, il n'est pas un seul de nos soldats qui ne soit résolu à aller se faire tuer avec joie au bout du monde, quand la Patrie le lui demande. Cela c'est dans le sang. Mais ils sont chrétiens aussi, nos braves piou-pious. Ceux-là même qui affectent le plus d'indifférence religieuse, à la caserne, se souviennent de leur baptême quand ils vont au feu. « *Je veux bien donner mon corps à la France,* écrivait à sa mère un de ces vaillants, en partance pour le Maroc, *mais mon âme,... elle est à Dieu !* » Et il la suppliait d'agir pour que lui et ses compagnons ne fussent pas privés du prêtre pendant leur campagne.

Jadis, en France, le service d'aumônerie était organisé à la suite des armées, comme le service d'ambulance, au moyen d'aumôniers officiellement reconnus, assimilés à des gradés, recevant comme les officiers nourriture et logement (1).

Mais depuis la séparation de l'Etat d'avec l'Église, toute mesure qui aurait quelque apparence de reconnaissance officielle du culte ou de ses ministres, est évitée avec le plus scrupuleux des soins.

Les armées françaises sont donc parties au Maroc « sans prêtres pour adresser à ces fils de la France agonisant et mourant, loin de leur pays et de tous ceux qui les aiment, une parole de consolation et de céleste espérance, et leur donner le pardon de Dieu (2)... »

De toutes parts des réclamations surgirent. Des âmes zélées comme on en compte tant, — Dieu en soit béni ! — dans notre chère France, prirent à cœur cette affaire et multiplièrent leurs démarches, soit à Rome, soit à Paris, pour que satisfaction fût donnée aux consciences.

C'est le 12 janvier que le général d'Amade entreprit son action contre la Chaouïa.

Le 24 du même mois, le T. R. P. Raphaël Delarbre, Provincial des Franciscains français de l'ancienne Province d'Aquitaine, était à Rome et entretenait de cette question le Rme P. Ministre Général de l'Ordre.

L'évangélisation du Maroc, comme on l'a vu, est en effet confiée aux Franciscains, et cet honneur a été reconnu par le Saint-

(1) *Aumônerie libre militaire coloniale.* — 16e compte rendu, p. 17.
(2) Mgr Turinaz, *Appel pour l'aumônerie militaire coloniale.*

Siège, aux religieux espagnols. Mais les Supérieurs de l'Ordre jugèrent que, auprès de soldats français, il fallait des prêtres français. Et ils décidèrent l'envoi immédiat d'un groupe de cinq aumôniers. Le Rme P. Ministre Général, par lettre du 28 janvier, en informe le Préfet Apostolique, le P. François Cervera, et fait parvenir leur obédience à chacun des religieux français désignés. C'étaient les PP. Marie-Bonaventure Cordonnier, Vincent Paumier, Stanislas Boucher, Austinde Castaing et Théodoric Baccalerie.

Aussitôt, ces fidèles fils de l'obéissance se mettent en route et arrivent à Marseille le 1er février. Ils activaient leurs préparatifs d'embarquement lorsque, cinq jours après, survient un télégramme qui ordonne de surseoir à leur départ. Au premier abord déconcertés, nos missionnaires se rappellent opportunément que leurs saints devanciers, les premiers apôtres franciscains du Maroc, ont subi eux aussi des retards fâcheux et rencontré toutes sortes d'obstacles. Ils attendent en toute confiance l'heure de Dieu qui ne tarde pas, d'ailleurs, à sonner. — De nouvelles instructions, pouvoirs et ordres précis leur parviennent de Rome, et le 21 février au soir ils s'embarquaient sur « la Gaule » de la Cie Paquet.

Émotionnés à la pensée qu'ils allaient bientôt fouler le sol empourpré du sang des proto-martyrs de leur Ordre, et peut-être y joindre le leur, ils s'agenouillèrent devant celui qui représentait auprès d'eux leur Père saint François et furent bénis de la même bénédiction que le saint Patriarche avait donnée à leurs saints devanciers.

« Que la bénédiction de Dieu le Père descende sur vous comme elle descendit autrefois sur les Apôtres !

« Qu'elle vous accompagne, vous fortifie, et vous console dans vos tribulations.

« Ne craignez rien, Dieu est avec vous.

« Allez donc au nom du Seigneur qui vous envoie ! » Amen.

Et chacun d'eux, en ayant reçu une copie, la serra sur son cœur comme un gage des grâces célestes que le Très-Haut réservait à leur apostolat.

Et comme la mer se montra inclémente ce jour-là, ils ne levèrent l'ancre que le lendemain, dans la matinée. Or c'était un samedi le 22 février. Marie Immaculée avait voulu les prendre sous sa maternelle et puissante garde.

En route, à la demande des passagers, ils célébrèrent la Messe dans le salon. Ils firent de l'arrière-pont leur chœur, et purent ainsi, pendant tout le voyage, réciter l'Office divin en commun, ce qui leur fut une grande consolation (1).

Débarqués à Tanger, ils y offrirent leurs devoirs au Préfet Apostolique, et reçurent de lui mission de se rendre à Casablanca, qui était le quartier général des troupes d'occupation françaises.

Là, des difficultés imprévues les attendaient. Les chefs militaires étaient sans instructions du Gouvernement par rapport aux aumôniers qui leur arrivaient ainsi à l'improviste. Les membres de la Croix-Rouge qui avaient tant désiré la venue d'un Religieux de langue française, furent quelque peu effrayés d'en voir surgir cinq.

Fort heureusement cette gêne eut vite une fin, grâce à l'intervention du député catholique, M. Grousseau. En date du 24 février les journaux publiaient la note suivante (2) :

« Cinq religieux français, Franciscains, ont été récemment envoyés au Maroc par le Supérieur Général de leur Ordre.

« M. Grousseau, député, à la suite des entretiens qu'il a eus à ce sujet avec M. le Ministre de la Guerre, vient de recevoir la lettre suivante :

Paris, 22 février.

Monsieur le Député,

J'ai l'honneur de vous faire connaître que je donne des ordres au Général d'Amade pour que les cinq religieux envoyés au Maroc puissent y remplir leur ministère auprès de leurs coreligionnaires du corps de débarquement.

Agréez, Monsieur le Député, les assurances de ma haute considération.

Le Ministre de la guerre,
G. PICQUART.

Les aumôniers purent donc, en conséquence, approcher les soldats et remplir auprès d'eux les devoirs de leur ministère. Les PP. Bo-

______

(1) Lettre de M. E. Gautier.
(2) *L'Univers. — La Croix. — Le Journal des débats, etc., etc.*

— XXXIII —

naventure et Austinde obtinrent de suivre la colonne ; le P. Vincent alla porter ses soins aux malades hospitalisés à Ber-Rechid, et les PP. Stanislas et Théodoric restèrent à Casablanca, pour le service de l'hôpital.

Ils n'eurent qu'à se louer du Général commandant l'expédition, des officiers et des troupes. Les chefs mettaient une grande courtoisie dans leurs relations avec eux, et leur facilitaient autant que possible leur ministère.

« Le bien se fait, — écrit l'un d'eux, les visites que nous faisons aux soldats leur plaisent ; ils l'ont dit. Le P. Stanislas s'occupe des plus malades ; il a déjà obtenu un résultat pratique bien précieux (1). »

Les marins eux-mêmes ne furent pas exceptés de l'action bienfaisante des aumôniers. Le jour de Pâques, tous n'ayant pu descendre à terre pour y remplir leur devoir pascal, le P. Vincent fut autorisé à aller sur le cuirassé qui mouillait à 4 kilomètres du port, et eut la joie de procurer à un bon nombre des braves marins le bonheur d'accomplir leur devoir de chrétiens.

Les hostilités terminées, les PP. Austinde et Théodoric, dont le ministère n'était plus indispensable à Casablanca, reçurent du Vicaire Apostolique, l'ordre de se rendre à Oudjda, sur la frontière Nord-Algérienne.

Les troupes françaises étaient occupées à soumettre les tribus du Sud-Oranais sous le commandement du Général Vigy. Quelques familles catholiques plantaient leurs tentes sur ce territoire voisin de l'Algérie où la colonisation se présente plus facilement réalisable, que dans les autres contrées du Maroc.

Les deux Missionnaires se rendirent donc à Oran, où ils reçurent le plus bienveillant accueil de l'Évêque, Mgr Cantel. Les Pères espagnols de Casablanca leur avaient donné des lettres de recommandation pour des armateurs, excellents amis des Franciscains. Leur passage à Oran fut donc des plus encourageants.

A Oudjda, la situation fut bien peu gaie. Auprès des autorités militaires, même refrain qu'à Casablanca lors du débarquement :

« Nous ne vous connaissons pas ; vous n'êtes pas annoncés ; pas d'ordre à votre sujet !... — Mais, cependant, la lettre du Général Pic-

______

(1) Lettre du P. Austinde Castaing.

quart? — Elle concerne les troupes de la Chaouïa, mais pas nous... »

Que faire? Écrire pour solliciter une nouvelle autorisation? — Inutile, les hostilités sont terminées. Il n'y aura plus ni blessés, ni malades, ni morts. — Redoutant davantage la fatigue de l'inaction que les balles des Marocains, nos Missionnaires plièrent bagage à leur tour et remirent à des temps plus propices l'installation d'un poste missionnaire dans cette région. Le plus jeune prit le chemin de Rome en vue de conquérir le grade de Lecteur général pour l'enseignement de l'Histoire. L'autre alla refaire ses forces et se disposer à de nouvelles campagnes qui apparaissaient probables.

Tous deux, ainsi que les PP. Bonaventure, Vincent et Stanislas, rentrés dans le calme de la solitude, ne tardèrent pas à recevoir du Gouvernement Français la « médaille du Maroc, » bien à sa place, certainement, sur la bure de ces dignes et dévoués Missionnaires.

Mais il était dit que les Franciscains français avaient leur place marquée sur la terre du Maroc.

En date du 21 janvier 1910, Mgr Cervera écrit au Révérendissime Père Général :

« Mgr l'Évêque d'Oran me fait savoir qu'il y a des catholiques dans le poste d'Oudjda, à Berkane et à Martimprey — régions dépendantes de notre Vicariat — qui demandent des secours spirituels et l'administration des sacrements.

Comme les Pères Franciscains français se sont déjà rendus à Oudjda, il semblerait convenable que les mêmes, ou d'autres de la même nation, désignés par Votre Paternité, fussent de nouveau envoyés. Il importe que ce soit sans retard.....

Quand nos Pères seront parvenus à Oran, ils n'auront qu'à

me prévenir de leur arrivée ; ils recevront mes instructions et tous les pouvoirs nécessaires. »

Le P. Marie-Bonaventure Cordonnier n'hésita pas à reprendre la route de l'Afrique. Il était accompagné du P. Reginald Maillard, jeune et intelligent apôtre, qui ne demandait qu'à dépenser au service des âmes, une santé fort précaire cependant. Mais le zèle a-t-il toujours été proportionné aux forces physiques ?

L'établissement d'Oudjda a été fondé au prix des plus héroïques sacrifices. Comme il ne convient pas de louer les vivants, nous ne dirons rien des souffrances endurées par ces vaillants dont peuvent être fiers et l'Église, et la France.

Mais les forces humaines ont des limites. Le P. Marie-Bonaventure, — que les soldats du général d'Amade avaient surnommé le *Père Courage...* — dut cependant rendre les armes. Sa santé délabrée l'empêchait de pourvoir au bien spirituel des catholiques qu'il avait groupés dans cette paroisse d'Oudjda dont il est le fondateur et premier curé. Le P. Théodoric accourut pour le relever. Il a continué son œuvre et édifié une église, une très humble chapelle, où les catholiques sont heureux de pouvoir prier le Dieu de l'Eucharistie.

Au nord d'Oudjda, entre les montagnes et la mer, est la plaine fertile des Trifas, arrosée par la Moulouya. Le P. Reginald y a entrepris à Berkane et mené à bonne fin la construction d'une chapelle et l'installation d'un poste de missionnaires. Grâce à son zèle et à son savoir-faire, les colons français, de jour en jour plus nombreux, n'oublieront pas les intérêts supérieurs de l'âme, dans le labeur qu'ils y vont entreprendre pour la conquête des biens terrestres.

Voici, enfin, en quels termes le compte-rendu de l'*Aumônerie militaire coloniale libre* relate la fondation du poste de Taourirt par le P. Laurent Philippe, venu en juin 1911, à l'aide du P. Théodoric.

« ..... Taourirt est une étape importante sur la route d'Algérie à Fez, par Oudjda et Taza, et destinée certainement à demeurer un poste militaire. Déjà, au début de l'année 1911, le P. Théodoric Baccalerie était venu d'Oudjda visiter les postes de Taourirt et de Berguent. Mais cela était insuffisant et il fallait songer à un établissement fixe. Comment faire ? Comment acheter là-bas un terrain ? Y construire ? Où trouver les ressources ? La Providence allait venir à notre secours d'une façon imprévue et particulièrement touchante. Parmi les officiers français établis à Taourirt, il s'en trouva un qui songea à assurer à ceux qui lui succéderaient dans ce poste les secours religieux dont la privation lui était si dure. D'accord avec quelques camarades, il s'assura la propriété d'une vaste construction, utilisée comme magasin à grains, dans l'intention d'en faire la future chapelle de Taourirt.

L'occasion de réaliser cette bonne et belle action se présenta bientôt.

« La marche en avant des troupes françaises décida le P. Théodoric à se séparer de son collaborateur, le P. Laurent Philippe, et à l'envoyer en avant. Il fit en juillet une première tournée dans la région confiée à son apostolat.

« J'achève ma première tournée, écrit-il : Debdo, dix jours ; « Aïn-Drissa, trois jours ; Merada, sept jours. Depuis des siècles « aucun de ces lieux n'avait vu un prêtre catholique. »

« Son poste est à Taourirt, centre indiqué de toute la région, mais dans quelles conditions il y réside ! Il loge sous la tente et écrit à la Présidente de l'Aumônerie pour demander un secours qui lui permette de construire une maisonnette pour y dire la messe et y loger au besoin.

« C'est alors que la combinaison qui se préparait nous est révélée, et, au mois de novembre, le P. Laurent écrit : « Je suis depuis le 9, « date de mon retour d'Oudjda, installé dans la maison mise à ma « disposition, que je vais aménager immédiatement, de façon à en « faire une chapelle pour les fidèles et une résidence pour le Mis« sionnaire. Elle comporte deux grandes salles séparées par un « couloir dans le sens de la longueur, et une toiture en tôle que le « vent agite avec un bruit infernal. Elle a 15 mètres de longueur, « 10 mètres de largeur et 5 mètres de hauteur, et elle est située sur « un terrain de 20 mètres sur 30. C'est plus qu'il n'en faut pour le « moment. »

« Restait seulement à faire les aménagements indispensables, représentant une somme assez importante, car tout est hors de prix dans ces localités. Aujourd'hui les ressources sont trouvées et l'Aumônerie a tenu a y contribuer par l'envoi d'une somme de 300 francs et la promesse de pourvoir la nouvelle église des choses nécessaires pour l'exercice décent du culte.

« Nous pouvons bien dire sans crainte d'offenser sa modestie — puisque nous n'avons pas donné son nom — que l'officier français qui a pris l'initiative de cette fondation de la chapelle de Taourirt a accompli une belle action digne d'un chrétien et d'un fran·çais (1). »

Grâce à tous ces dévouements combinés, le Nord-Est du Maroc, qui était complètement dépourvu de secours religieux, est désormais assisté par nos trois Missionnaires français.

De nouveaux aumôniers volontaires n'allaient pas tarder à être demandés pour nos troupes de la région du Magreb.

Les journaux de l'époque ont redit l'émoi qui s'empara de l'Europe à la nouvelle que Fez était bloqué par les tribus marocaines rebelles, et quels dangers y couraient les malheureux Européens. D'après la convention d'Algésiras, la France et l'Espagne étaient chargées conjointement de « faire la police » au Maroc. Le Rif, à lui seul, réclamait tout l'effort dont l'Espagne était susceptible. Les Français entamèrent alors une campagne dans le Gharb, qui, bien que constituant la région la plus civilisée du Maroc, abrite une population frondeuse. C'est dans cette partie que sont situées les villes importantes de Fez, Méquinez, Ouezzan, El-ksar-el-Kébir.

Le général Moinier a dirigé avec tact et fermeté les opérations, et est encore à la tête des troupes du corps d'occupation. Pendant qu'il combattait, les négociations avec l'Allemagne aboutissaient à faire reconnaître à la France, par les puissances, le droit d'accepter le protectorat du Maroc qui lui était demandé par le Sultan lui-même, Moulay-Hafid.

Ce protectorat a été négocié par le représentant de la France M. Regnault, et le Sultan, en personne, puis ratifié par les Chambres françaises.

Mais cet acte insuffisamment compris des indigènes a servi de prétexte aux agitateurs marocains pour provoquer une tentative d'in-

(1) *Aumônerie militaire coloniale libre*, 16ᵉ Compte-rendu p. 18, 19.

surrection contre les Européens. Le 17 avril 1912, une partie des troupes chérifiennes massacrait ses chefs, et portait la dévastation et le meurtre, dans Fez, où trouvèrent la mort un grand nombre d'Européens.

C'est alors qu'a péri, victime de son dévouement aux âmes, le P. Michel Fabre, franciscain, débarqué ainsi que plusieurs autres de ses confrères français en 1911.

* *
*

Depuis que ce jeune et vaillant religieux, — dont on va lire la vie, — a mêlé son sang à celui de nos soldats en ajoutant son nom au glorieux nécrologe des Frères Mineurs morts au Maroc, de nouveaux Franciscains français ont abordé cette terre pour laquelle l'heure semble avoir sonné de s'ouvrir résolument à la civilisation.

Il n'y a pas de civilisation vraie, durable, sans l'Évangile. C'est JÉSUS-CHRIST seul qui peut opérer cette « pénétration pacifique » des âmes musulmanes, dont DIEU paraît avoir donné aujourd'hui le mandat à la France.

Et aujourd'hui encore, comme il y a sept siècles, le doux et ardent François d'Assise a offert au divin Sauveur, pour cette noble croisade, un groupe de ses fils de cette terre de France qu'il chérissait d'un amour tel qu'il lui valut son nom de François.

Les enfants ont compris le geste de leur Père. Ils se sont levés nombreux. Ils ont dit : Père, envoyez-nous !

Et à ces disciples que l'enfer avait juré d'anéantir, mais que la miséricorde de DIEU avait miraculeusement conservés pour des desseins inpénétrables, le Séraphique Patriarche a redit, comme à ses cinq proto-martyrs du Maroc en étendant sur eux ses mains bénissantes :

« Mes petits enfants, le Seigneur m'a ordonné de vous envoyer au pays des Sarrazins pour y annoncer et confesser sa foi..... N'ayez aucune crainte ! Car je vous dis que le Seigneur est avec vous et combattra avec vous !... »

Et ils sont partis, heureux d'avoir été trouvés dignes de rendre témoignage à Jésus-Christ.

Voici les noms des Franciscains français qui, depuis 1908, ont été envoyés au Maroc comme *aumôniers militaires libres,* ou pour le service religieux des colonies françaises.

RR. PP. Marie-Bonaventure Cordonnier
Théodoric Baccalarie
Austinde Castaing
Stanislas Boucher
Vincent Paumier
Laurent Philippe
Reginald Maillard
Dominique Bouchery
Julien Graciette
Michel Fabre
Urbain de Mugron
Henri-Joseph Kœhler
Joseph Hardy
Théophile Malaussena
FF. Clair Rouquayrol
Innocent Ducla
Joseph Lapaw

„Mes chers enfants
le Seigneur m'a coman-
de de vous envoyer chez les Sarrasins pour
y prêcher et confesser
la foi "

CHAPITRE PREMIER

Enfance.

Le village de Montclarat. — Fils de travailleurs. — Sauvé par saint
Joseph. — Bonté de cœur et piété. — Amour pour la sainte Eucharistie. — Un heureux caractère.

En plein massif méridional des Cévennes, au centre de la
profonde vallée où coule le Cernon, on peut apercevoir à
droite, en remontant la ligne de Béziers à Neussargues, un pic
abrupt au sommet duquel est juché, tel un nid d'aigle, un
petit village aux allures de forteresse. C'est Montclarat. Une
trentaine de maisons le composent autour de l'église. Il y avait
là, jadis, dès le Xe siècle, un château fortifié, demeure des sei-
gneurs de Montclarat. Mais plus rien ne subsiste du manoir.
La chapelle seule a résisté au temps et aux hommes, et son
petit vaisseau ogival primitif aux lignes simples et pures, ses
murs épais, percés d'étroites fenêtres en meurtrières, attestent
bien son origine médiévale, nonobstant les deux chapelles
latérales surbaissées formant transept, très vraisemblablement
ajoutées après la Réforme.

Le village de Montclarat appartient administrativement à la commune de Saint-Rome-de-Cernon dont il n'est distant que d'une lieue environ. Mais il forme une paroisse distincte, bien qu'il ne compte que 150 âmes.

A très peu d'exceptions près, la population est foncièrement chrétienne. Le fait de pourvoir aux nécessités du culte et à l'entretien de son pasteur, malgré le nombre si restreint de ses membres, est une preuve de grande générosité qui ne saurait être inspirée et soutenue que par l'esprit religieux le plus profond.

C'est au sein de cette nature paisible, dans ce milieu de foi et de piété, que naquit et passa sa première enfance celui qui devait s'appeler dans l'Ordre de saint François, le P. Michel Fabre et mourir tragiquement au Maroc, victime de son dévouement aux soldats français dont il était l'aumônier volontaire.

Sa vie est simple comme le devoir accompli. C'est à ce titre qu'il a semblé bon qu'elle fût écrite. Le P. Michel fut un brave sans forfanterie et sans faiblesse, un vrai soldat de Dieu.

Tout enfant il entend un appel qui le convie à s'enrôler dans la milice séraphique ; il dit allègrement : *Me voici*. Et il consacre au Seigneur sa pure jeunesse à l'âge où, d'ordinaire, on commence à la dissiper. Parvenu à l'âge d'homme, la Patrie le veut sous les drapeaux ; il répond : *présent*, et lui donne sans compter trois de ses plus belles années.

Rendu à son cloître aimé, devenu prêtre, captivé tout entier par un ministère qui lui prend tout son cœur, il entend dire que là-bas, sur la terre inhospitalière du Maroc, ses frères les soldats se battent et meurent en suppliant la mère-patrie de leur envoyer le prêtre de leur première communion ; P. Michel part en toute hâte.

« Mais, lui fait-on observer, vos parents octogénaires, vont avoir de la peine de votre départ ?

— Mes parents, répond-il, ah ! mes chers parents seront heureux si je meurs martyr. »

Et il est mort le bon petit Franciscain, simplement, bonnement, comme il avait fait toutes choses ; mais vraiment martyr de son dévouement pour Dieu, pour les âmes, pour la Patrie.

Ce brave, simple et humble, ce religieux fervent, mérite de n'être pas oublié. Sa vie pourra servir de jalon à la jeune génération qui se lève et cherche à bien orienter sa course.

Cyprien-Marius Fabre naquit donc à Montclarat, commune de Saint-Rome-du-Cernon, dans le Rouergue. Il fut baptisé le jour même de sa naissance, le 25 novembre 1880.

Son père, Pierre Fabre, et sa mère, Eugénie Pujol, étaient des Aveyronnais « de vieille race et des chrétiens de vieille foi. » Propriétaires d'une maisonnette modeste et de quelques pièces de terre, leur bien ne pouvait cependant pas suffire aux besoins d'une nombreuse famille. Alors le père Fabre, très estimé dans la contrée, devint berger d'un des nombreux troupeaux de brebis qui paissaient dans les bruyères parfumées du Larzac et fournissent le lait savoureux dont est fait le fromage renommé de Roquefort.

La mère, elle, élevait la famille grandissante et avec un courage tout viril, travaillait elle-même le petit domaine.

« Ma mère, disait un jour le P. Michel, était forte et vaillante comme un homme, c'est elle seule qui a élevé les murs de pierre qui enclosent notre propriété. »

« On arriverait à un chiffre considérable, a-t-on dit, si l'on comptait les saints qui ont passé leur enfance au milieu des brebis, au milieu des bœufs, au milieu des champs et loin des villes. »

Cette pure atmosphère des champs exerce sur l'âme comme

Vue de Roquefort.

sur le corps de l'enfant qui s'y épanouit une influence profonde et bienfaisante. Le P. Michel possédait un tempérament d'athlète et une âme délicieusement douce et bonne. Avec des manières imparfaitement affinées peut-être, il avait une vraie délicatesse de sentiment et d'expression. On en jugera par ses lettres.

« Quand on se promène dans les champs, a écrit un penseur chrétien, il se fait dans l'œil et dans l'oreille une harmonie douce et profonde, à laquelle concourent, dans un repos admirable, beaucoup de couleurs et beaucoup de musiques. Les feuilles des arbres, les fleurs des prairies, les oiseaux avec leurs mouvements et leurs chants, le bourdonnement confus de mille petits êtres qu'on ne voit pas, le murmure des ruisseaux, l'ondulation des rayons du soleil sur les collines odorantes, qui semblent presque onduler elles-mêmes et suivre les jeux de la lumière, la courbure naïve des troncs d'arbres et leurs branches non taillées, toutes ces choses se réunissent en une seule mélodie très grave, très simple, et les nombreux musiciens qui la composent en la jouant s'accordent si bien ensemble, que jamais le concert n'est troublé par une fausse note (1). »

Durant toute son enfance, l'âme du petit Cyprien fut bercée au rythme de cette mélodie chantée par la belle nature.

Il serait difficile d'imaginer spectacle plus grandiose, pittoresque et harmonieux à la fois, que cet immense cirque au sein duquel se dresse le pic de Montclarat. D'une part le *Causse* du Larzac s'élève en escarpements gigantesques et étend ses landes profondes jusqu'auprès de l'Aigoual qui culmine à 1 600 mètres d'altitude. De ce belvédère incomparable la vue s'étend, par les temps sereins, des Alpes aux Pyrénées, de Gavarnie au Mont Blanc. En face, ondulent des collines aux croupes verdoyantes bientôt dominées par les énormes falaises de Roquefort qui semblent de cyclopéennes citadelles préposées à la garde de la vallée. Et seul, isolé au centre de cet amphithéâtre de verdure et de roches, de pâturages et de forêts, Montclarat siège tranquille et simple, veillant sur les innombrables troupeaux de brebis qui troublent seules par leur bêlement le silence majestueux de cette solitude.

Mais plus encore qu'à la belle nature, c'est à sa pieuse et

(1) Hello, *Physionomie de saints*, p. 53.

vaillante famille que Cyprien dut la forte et douce tournure de son caractère.

Quelle avance sur le chemin de la vertu que d'y voir marcher, dès son jeune âge, en éclaireurs et en pionniers, ceux de de qui l'on tient la vie !

La famille Fabre était très religieuse. La digne mère, surtout, d'une foi ardente et de piété profonde, possédait cette clairvoyance et ce haut jugement que l'Esprit de Dieu communique aux âmes droites, même sans culture intellectuelle.

Six fois le foyer familial fut embelli par le sourire d'un nouveau-né. Des quatre filles, la troisième, Louise-Émilie, s'envola au ciel après deux ans passé ici-bas. Celle qui lui succéda, et sous le même nom, s'envola au cloître ; et les deux garçons, Joseph et Cyprien, échappèrent aussi au monde pour mourir tous deux sous la bure de saint François d'Assise.

Madame Fabre ne faillit pas un instant devant la face austère des devoirs que lui imposait la charge de cette famille nombreuse. Elle sut mener à bonne fin l'œuvre d'éducation de tout ce petit monde. Ferme et tendre, elle exigeait le respect, reprenait avec force, donnant à ces jeunes caractères l'habitude de se vaincre et de se dominer ; mais la tendresse tempérait les plus sévères mercuriales et adoucissait les corrections salutaires. Aussi tous ses enfants lui conservèrent-ils toujours, avec le respect, la plus absolue confiance et une forte affection que rien n'ébranla jamais.

Cyprien était le dernier des six, le benjamin ; et alors que les aînés, sensiblement plus âgés que lui, avaient déjà quitté le foyer de famille pour les rudes labeurs du combat pour la vie, lui, tenait compagnie à sa mère et grandissait sous son vigilant regard.

Déjà vers l'âge de quatre ans il avait failli mourir. Il fut atteint d'une pneumonie si grave que les médecins déclarèrent son état désespéré.

« Il me semble encore l'entendre râler, écrit sa sœur, et

Parents du P. Michel

notre mère, au chevet de son lit, sangloter à fendre l'âme. Toute la famille était là, très affligée. Les amis, les voisins essayaient de la consoler, mais en vain. Tout à coup, notre très chrétienne mère s'adresse au ciel, et sa prière est entendue. C'est le bon saint Joseph qui sauva notre Cyprien. Tous, nous nous vouâmes à lui ; on alluma un cierge à son autel, et ce n'est que lorsqu'il fut consumé que notre cher petit malade se trouva mieux, puis hors de danger. »

Son caractère compatissant et bon s'affirma de très bonne heure. Tout petit, il lui était intolérable de voir pleurer d'autres petits enfants. « Dès qu'il en apercevait un en larmes il s'empressait de faire l'office de maman ; et il réussissait à ravir, » ajoute sa sœur.

De même il était instinctivement porté vers les vieillards qu'il entourait de petites prévenances.

« Un jour une pauvre femme montait un sentier, chargée d'un sac rempli d'herbe. Dès que Cyprien l'aperçut, il alla en courant au-devant d'elle, la déchargea de son fardeau qu'il transporta à la maison. Pour récompense il reçut une pomme, mais n'eut rien de plus pressé que de la partager avec sa sœur et d'en offrir à sa mère. »

De bonne heure, sa sagesse et sa piété le firent promouvoir à la dignité de petit clerc, à l'église paroissiale. Il devint, dès lors, l'aide assidu du vénérable pasteur et son fidèle compagnon dans les visites aux malades.

Il ne serait pas rare, paraît-il, que les enfants de chœur, se familiarisant vite avec le divin service et abusant de la condescendance que leur vaut leur collaboration nécessaire, ne deviennent fort sans gêne et même dissipés. Renseignements pris, rien de semblable chez le petit Cyprien. Ce n'est pas qu'une taquinerie et un « bon tour » le laissassent jamais indifférent ; ni que les cris joyeux de camarades s'ébrouant dans la prairie voisine ne l'aient sollicité parfois à trouver moroses les soins de la sacristie. C'était, au contraire, un intrépide joueur, grand boute-en-train lui-même. Mais il aimait sa chère petite église, fort pieuse, avec son bel autel en pierre décorée, ses petits vitraux à travers lesquels filtrent mystérieusement des reflets d'arc-en-ciel, l'impressionnante statue du martyr saint Polycarpe, patron vénéré de la paroisse, étendu sanglant sur son bûcher. Qui sait les méditations naïves, les résolutions généreuses, les visions d'avenir, peut-être, qu'évoqua en ce jeune cœur, si naïvement impressionnable, la contemplation de ce héros des grands temps de foi !

Surtout, de toute la spontanéité de son âme pure, il aimait l'Hôte divin du saint Tabernacle qui exerce une si conquérante attraction sur les âmes simples.

Plus tard, dans ses premiers essais d'étudiant en théologie, il écrira :

« Dans l'ordre de la nature, il y a un soleil pour jaunir les moissons et fleurir les prairies ; il y a une terre féconde pour donner la sève aux arbres des collines et à l'herbe des vallons. Et dans l'ordre de la grâce il y a une source adorable, une source de vie où vient se désaltérer quiconque ne veut pas périr sous les ardeurs de la vie. Cette source qui répand à flots la grâce sur le monde, c'est l'Eucharistie.....

« Mais, hélas ! faut-il le dire, que d'âmes s'éloignent de vous, ô Jésus ! que d'âmes ne veulent pas de ces ondes salutaires et préfèrent brûler de la soif de passions ignobles..... Oh ! combien elles se trompent, ces âmes, et combien de larmes elles vous préparent, ô Jésus, vous qui les aimez, pourtant, depuis le sein de votre Père !

« S'il nous était donné d'embrasser d'un regard la terre entière, à côté des miséricordes eucharistiques, que d'ingratitudes, que de crimes nous verrions ! Car enfin, a-t-on jamais vu la haine, l'injustice, marcher le front haut comme aujourd'hui ? Le nombre des méchants est incalculable, et ils font le mal au grand jour. Cependant, malgré tant d'outrages, Dieu ne frappe pas le monde, qui respire, au contraire, dans une atmosphère de miséricorde inouïe. Comment expliquer la patience de notre Dieu ? Les Sodomes et les Gomorrhes ne révoltent-elles plus le Très-Haut ? Y aurait-il, aujourd'hui, plus de justes que de méchants ? Non, Dieu n'a pas changé, et le monde est aussi pervers qu'autrefois ; mais la voie de la miséricorde s'est élargie. Il n'y a plus dix justes, non, il n'y en a plus *qu'un seul* ; mais c'est le Juste par excellence, Celui d'où nous vient toute justice. Victime volontaire, enfermée dans ces millions de tabernacles qui sont semés d'un pôle à l'autre sur la terre, Jésus-Hostie sert de paratonnerre au monde contre les foudres divines. Où voulez-vous que pleuve le soufre de la vengeance céleste ? Pas une ville, pas une bourgade, pas un hameau, pas même une pierre en quelque sorte, qui ne soient protégés par le sang de Jésus-Christ...

«... O Jésus-Eucharistie, source de tant de chaleur et de vie, faites que vos bienfaits ne soient pas inutiles aux âmes qui vous ignorent, à celles qui vous délaissent, ne sachant ce qu'elles font. Attirez au foyer de vos tabernacles tant de cœurs que l'hiver de l'indifférence semble glacer sans retour. Ne demeurez pas seul la nuit et le jour ! Sans doute les anges du ciel vous adorent là où la flamme vacillante d'une petite lampe nous dit qu'est votre trône sur la terre ; mais, est-ce pour les anges que vous restez parmi nous ? Ouvrez donc, ô Jésus, toutes les digues de la source eucharistique pour inonder le monde de ses flots miséricordieux et éteindre l'incendie de la mort (1)... »

(1) *Amor et labor,* Fascicule III.

De tels accents d'admiration et d'amour partent, on le sent, d'une âme éprise dès longtemps, des charmes de l'adorable Hostie.

Nous savons qu'il fit sa première Communion avec une grande ferveur, alors que déjà il était en instances pour être admis au Collège Séraphique et, par conséquent, résolu à donner toute sa vie à ce Dieu, sourire et joie de son enfance. Il eut le bonheur d'apporter à cet ineffable rendez-vous un cœur que nulle influence délétère n'avait effleuré, grâce à la vigilance avisée de sa pieuse mère.

Aucun des contacts dangereux pour la pureté de son âme ne prévalut contre ce caractère nettement viril, fort éloigné des petites langueurs et rêveries amollissantes, qui s'affirma en lui de très bonne heure.

Bon et serviable, très enjoué, exubérant même, il devenait subitement sérieux et rougissait lorsque quelque chose de mal-sonnant venait à choquer sa délicatesse.

Les observations qui s'adressaient à ses petits compagnons de classe semblaient l'atteindre plus qu'eux-mêmes ; et il lui arriva de moraliser vertement l'indocile ou l'étourdi qui venait d'être grondé.

« N'as-tu donc pas honte, disait-il un jour à l'un d'eux, d'être toujours repris ? Allons, viens avec moi à la maison, nous ferons notre devoir ensemble. »

Il fit ses premières études à l'école primaire mixte du Nouzet, petit hameau blotti sur le revers de Montclarat. Par une bonne fortune que ne sauraient trop apprécier et revendiquer des parents chrétiens, l'école était tenue par une digne institutrice, capable et judicieuse, mais surtout, chrétienne convaincue et pratiquante. Après quarante années de labeur, elle a voulu prendre son repos, bien mérité, au milieu des excellentes familles formées par ses soins, ceux qu'elle appelle toujours « Mes enfants ; » et c'est avec émotion qu'elle a appris le trépas glorieux de « son cher petit Cyprien, si docile et si bon. »

C'est exactement le même témoignage qui lui est rendu par son vénérable Curé dans une lettre au Père Directeur du Collège Séraphique, alors qu'il sollicitait son admission.

« Cet enfant, disait-il, est sage, docile, obéissant, toujours prêt à faire ce qu'on lui commande, » et même, aurait-il pu ajouter, à faire plus qu'on ne lui demande. Et en voici un trait, raconté par M. le Curé lui-même, dans cette intéressante lettre :

« Il n'avait pas encore dix ans, dit-il, quand un jeune homme ayant laissé au Nouzet un sac de châtaignes lourd d'au moins 30 kilos, se réservant de l'y revenir prendre avec une monture, le petit Cyprien n'hésite pas à charger seul sur son épaule ce fardeau écrasant pour lui, et grimpe jusqu'au village, pendant un bon kilomètre, par une route raide et caillouteuse. Sa mère le gronda fort, et elle avait raison, ajoute paternellement le bon pasteur, car c'était trop lourd pour son âge. »

Ainsi préparé par une éducation saine et forte, dont la piété, l'amour de Dieu et la pureté du cœur furent la base, rien d'étonnant que la grâce divine soit venue prendre cet enfant pour l'élever, du milieu le plus humble, à la dignité de la vie religieuse, de la vie sacerdotale et apostolique, et en faire son martyr.

Sans vouloir créer une analogie entre le petit Aveyronnais et saint Pascal Baylon, il ne paraîtra pas déplacé d'appliquer au premier ce que l'Église, dans sa liturgie, chante du second au jour de sa fête.

« C'est dès son enfance qu'il posséda la crainte de Dieu et se préserva de tout péché. Bien que le plus jeune des siens, rien de puéril cependant, ne fut remarqué dans sa conduite. Il aimait à s'isoler du contact de la foule, faisait ses délices d'habiter le temple saint, et observait, malgré sa jeunesse, la loi de Dieu.

« Aussi le Seigneur l'a-t-il choisi pour en faire son serviteur ; il l'a pris du milieu des troupeaux ; il l'a enlevé aux humbles occupations de son état, à cause de sa droiture, de sa douceur et de la piété dont son âme était pleine . »

CHAPITRE II

Au Collège Séraphique

Vocation de Joseph Fabre. — Il devient Frère convers. — Vocation de Cyprien. — Générosité maternelle. — L'œuvre des Collèges Séraphiques. — Le Collège de Bordeaux. — Un élève consciencieux.

Un jour de l'année 1885, la famille Fabre reçut une visite qui devait avoir une influence décisive sur la destinée des deux jeunes garçons, Joseph et Cyprien ; celle de M. J. R***, jeune homme très estimé dans la commune, qui tentait un essai de vie religieuse chez les Pères Franciscains de Béziers (1).

Joseph Fabre, l'aîné des deux enfants, avait douze ans lorsque, pour la première fois, il eut la vision de la bure franciscaine. Son air ouvert, son ingénuité, attirèrent l'attention du Frère Ruffin (tel était le nom religieux de M. J. R***) qui entr'ouvrit devant le petit homme l'horizon de la vie séraphique.

Ses paroles ne tombèrent pas en terre ingrate. Au mois de septembre de la même année, Joseph écrivait naïvement au Fr. Ruffin :

« Mon cher Frère, je n'ai pas oublié qu'un jour vous m'avez dit que dans ma tête il y avait quelque chose dont on pourrait

---

(1) Après s'être éprouvé pendant quelques mois il dut, d'ailleurs, renoncer à suivre cette voie et rentra dans le monde où il est demeuré un modèle de fidélité à ses devoirs.

tirer parti pour l'Ordre Franciscain. Ces paroles m'ont fait bien réfléchir... et j'ai senti un attrait pour saint FRANÇOIS... Sur ce, je suis décidé à suivre votre exemple et à me livrer entre les mains *(sic)* des bons Pères Franciscains qui, dit-on, sont très aimables et bons pour les enfants de mon âge... Je suis complètement disposé à faire leur volonté. »

Cette demande fut transmise au Père Directeur du Collège Séraphique de Bordeaux qui en référa au vénérable Curé de Montclarat. Dès qu'il eut vent que les « négociations » étaient sérieusement entamées, le petit Joseph, d'un caractère très prompt, rédige et expédie une missive au Père Directeur et... s'empresse, sans plus attendre, de suivre sa lettre à quelques jours de distance.

« Mon Révérend Père, dit-il, je nagerais de joie *(sic)* si vous vouliez bien me recevoir au nombre de vos élèves du Collège Séraphique. Avec le secours du ciel je ferai tout pour me rendre digne d'être un de vos enfants... Ma reconnaissance pour vos bienfaits sera bien grande... »

Et il ajoutait en sourdine, au bas de la page : « Je pense que dimanche je serai à Béziers chez ma sœur, et nous irons trouver le Fr. Ruffin... »

Le bon frère reçut avec quelque étonnement ce précoce contempteur du monde et de ses vanités. C'est à grand'peine qu'il lui persuada d'attendre, chez sa sœur, la réponse à sa première lettre.

Les renseignements fournis par le bon Curé de Montclarat avaient été, heureusement, excellents. Aussi la quarantaine imposée au petit bonhomme ne fut pas longue. Vers la mi-octobre, ses vœux étaient comblés ; il entra au Collège Séraphique de Bordeaux. Sa conduite fut excellente, mais ses facultés intellectuelles n'égalaient pas sa bonne volonté. Sa mémoire se montra absolument réfractaire aux éléments de latin et de grec que, pendant deux ans, on s'efforça de lui inculquer.

En retour, il avait reçu du ciel un jugement pratique très sain, une remarquable aptitude aux travaux manuels, et une force musculaire étonnante.

En présence d'un insuccès qui n'était nullement dû à l'apathie ou à la paresse, et ses désirs de vie religieuse persévérant plus vifs que jamais, Joseph fut admis comme postulant Frère convers, avec la faveur d'attendre au Collège même l'âge canonique de son entrée au noviciat. Il devint ainsi le petit compagnon, le disciple du bon Fr. Cyriaque, dont le souvenir est en bénédiction dans les cœurs de tous ceux qui l'ont approché. Le temps de son entrée définitive dans l'Ordre étant venu, Joseph sollicita son admission dans la Custodie de Terre-Sainte. C'est là que, devenu le Fr. Pascal, il a vécu en bon religieux, vaillant travailleur, mais trop peu de temps, hélas ! A trente-cinq ans sa course était finie et il entrait dans son éternité.

La famille Fabre avait secondé cette vocation avec un admirable esprit de foi et une grande abnégation. Mais en donnant à Dieu le premier de leurs fils, ils pouvaient, du moins, très légitimement caresser l'espérance de voir le petit Cyprien devenir leur bâton de vieillesse. Sa bonté de cœur qui ne perdait pas une occasion de s'affirmer, promettait en lui le soutien et la consolation des dernières années que leur digne vie avait bien mérité. Mais, Fr. Pascal écrivait, de Bethléem, son bonheur d'être tout à Dieu. Le récit des belles solennités qu'il voyait s'accomplir dans les sanctuaires de Palestine faisait rêver le petit Cyprien...

A la Noël 1891, une mission fut donnée à Montclarat par un missionnaire diocèsain. Cyprien en reçut une commotion décisive ; aussitôt il confia à son bon Curé le secret désir de son cœur. Lui aussi voudrait bien devenir religieux franciscain, à l'exemple du Fr. Pascal, et missionnaire, si possible, afin de sauver les âmes comme le prédicateur qui venait de partir. Mais sa mère ? sa chère mère, qu'il appréhendait tant de faire pleurer !

Le bon pasteur bénit Dieu de ce qu'il daignait reposer sa main sur cet enfant, et il se fit l'avocat de Cyprien. Les admirables chrétiens qu'étaient le père et la mère Fabre se laissèrent convaincre, et ils résolurent de donner encore à Dieu leur petit benjamin. Mais ce soir-là on versa bien des larmes dans la petite maisonnette.

Les choses allèrent vite. M. le Curé se chargea des démarches auprès du Directeur du Collège Séraphique. En attendant la réponse, puis le délai imposé jusqu'aux vacances prochaines, pendant que la douce mère confectionnait le petit trousseau, on se mit vaillamment au latin, sous la direction de M. le Curé. Cyprien exultait. Sa joie déborde dans la petite lettre, un peu fruste encore, qu'il adresse à Bordeaux. Il presse, il supplie, il demande s'il peut partir. Le nouveau Père Directeur, le P. Thadée Fage, calme, d'un petit mot discret, cette noble impatience. Sa lettre lui trace, en quatre lignes, un programme bien nourri de vie pieuse et laborieuse pour les quelques mois qui le séparent de la rentrée. Mais l'insistance du postulant est telle que dès le mois de mai il lui est accordé de partir.

En ce jour, les anges de Dieu recueillirent le sacrifice de cette famille bénie et transformèrent en perles précieuses les larmes versées en l'humble logis. A vingt ans de distance, le cœur de la plus jeune des sœurs du P. Michel, devenue, elle aussi, religieuse et missionnaire en Grèce, en est encore ému.

« Oh ! comme il fut heureux, écrit-elle, le jour où on lui dit qu'il irait au Collège !... Mais son départ fit verser bien des larmes, à ma mère surtout. Quel vide dans le logis !... Elle aimait tant son benjamin ! et elle avait raison. Nature privilégiée, il avait pour notre mère de ces délicatesses, de ces attentions exquises dont ne sont guère coutumiers les jeune garçons...

« Un jour, nous étions tous deux assis auprès de notre mère. Nous causions, et nous jouissions d'être ensemble. Tout à coup, notre mère nous dit :

« Serai-je toujours heureuse, auprès de mes enfants ?...

« — Oh ! oui, lui dîmes-nous. »

« Mais, pour Cyprien ce oui ne disait pas assez. Il se lève, se jette dans les bras de notre mère, l'embrassant bien fort, il dit :

« Oh ! non, mère, je ne vous ferai jamais pleurer !...

Elle pleura, pourtant, la digne chrétienne, lorsque, poussant devant elle le petit bagage de son cher Cyprien, ils descendirent, tous deux, la côte de Montclarat. Et quand le train emporta son fils, son bien-aimé, elle dit, regardant le ciel :

« Seigneur, vous me l'avez donné, vous me le prenez, que « votre saint Nom soit béni ! »

Et c'étaient, de ses yeux, larmes résignées et aimantes qui allèrent, là-haut, se joindre aux pleurs que la Vierge MARIE versa sur son divin Fils au Calvaire.

Elle pleura, encore, à quinze ans de là ; mais ce furent alors, des larmes de joie, de bonheur indicible, quand elle le vit auréolé de la gloire du sacerdoce ; lorsqu'elle se courba sous sa main bénissante ; quand elle reçut, en sa poitrine, le DIEU descendu sur l'autel à la voix de son fils.

Oh ! que de mères se privent de l'inénarrable bonheur de ces larmes de joie, pour n'avoir pas eu le courage de dire le *Fiat* généreux de la séparation !... D'ailleurs, donner à DIEU ses enfants, est-ce donc les perdre ? Serait-ce, même, se vouer à une diminution d'amour de leur part ? — Avec son énergique

Couvent et Collège Séraphique de Bordeaux, vue extérieure.

concision, saint Paul nous dit, au contraire, ce que devient le cœur humain quand il suit la voie commune: *divisus est...* C'est désormais un cœur partagé, dont le père, la mère, n'auront plus qu'une partie, et ce ne peut plus être la première. Le cœur d'un consacré à DIEU, lui, loin de s'éparpiller et s'épuiser, concentre toutes ses énergies dans le grand, l'unique amour de DIEU auquel il semble emprunter quelque chose de sa puissance et de son universalité pour se reverser, en flots d'une inépuisable abondance, sur toutes les créatures en lesquelles il aperçoit et aime le divin que le Créateur y a mis.

Or, — nul n'y contredira, — après le Cœur de DIEU, Océan

infini de beauté et de bonté, ce qu'il y a de plus accompli ici-bas, c'est le cœur d'une sainte mère, c'est le cœur noble et bon d'un père. Au premier rang de tous les êtres auxquels il lui est donc permis, sur terre, de dire: « Je vous aime, » le Religieux place ceux que, dès sa petite enfance, il a révérés comme les plus proches images de son Dieu. Qu'importe qu'il ne soit plus là, auprès d'eux, pour le leur témoigner ! Ses frères, ses sœurs, qu'absorbent et retiennent dans les nouveaux foyers qu'ils ont fondés, leurs devoirs de famille, les préoccupations des affaires, leurs chagrins et leurs deuils, peuvent-ils toujours, mieux que lui, apporter à ces chers vieillards aimés consolations et paix ? Non, non ! L'expérience en est faite ; tous le proclament : l'enfant dont on reçoit le plus consolation et gloire, c'est celui que l'on a consenti à laisser Dieu s'unir dans la plus ennoblissante des élévations : le sacerdoce et la vie religieuse.

Cyprien Fabre entra donc au Collège Séraphique de Bordeaux, au mois de mai 1893. Il va y passer cinq années fécondes pour sa formation intellectuelle et morale.

Il ne sera pas sans intérêt de connaître cette institution franciscaine des Collèges Séraphiques, à laquelle nombre d'excellents Religieux doivent d'avoir pû réaliser leurs désirs de vie religieuse et apostolique.

A vrai dire, c'est dès le moyen âge que l'on retrouve, dans l'Ordre Séraphique, les traces d'une œuvre destinée, dans leurs couvents, à favoriser les vocations franciscaines. L'historien de Jehanne d'Arc, Simon Luce, dit le nom sous lequel on désignait ces pupilles de l'Ordre de saint François ; on les appelait « les petits enfants des Moines mendiants. » Quelques-uns de

Chapelle du Collège Séraphique de Bordeaux.

ces « petits enfants » ont écrit glorieusement leur nom dans l'histoire. Félix Perretti, le petit pâtre de Montalto, recueilli et élevé par les Franciscains, est devenu le Pape Sixte-Quint. En France, saint Vincent de Paul est la gloire des écoles séraphiques.

Toutefois, nous ne sachons pas que ces œuvres aient existé avant ce siècle, *sous leur forme actuelle*, ni qu'elles aient été, par conséquent, élevées à la dignité d'une institution à peu près unanimement adoptée par toutes les Provinces de l'Ordre, au point de constituer un des plus abondants moyens de recrutement de ses membres.

C'est ainsi que les Provinces Germaniques, reconstituées après le Kulturkampf, avec tant de succès, ont chacune leur Collège Séraphique très florissant. Telle la Province Sainte-Élisabeth de Thuringe, dont le Collège Saint-Joseph de Watersleyde, avec ses cent trente élèves, alimente abondamment chaque année le noviciat. Telle la Province de Saxe qu'une prospérité croissante a amenée à fonder sur les frontières de la Hollande, un vaste établissement où plus de cent enfants reçoivent la formation préparatoire au Noviciat. La Hollande et la Belgique ont également des Collèges nombreux dans lesquels une élite de jeunes Pères Franciscains, préparés soigneusement à leur tâche, si délicate et importante, assurent le recrutement régulier de ces Provinces prospères. L'Amérique, on n'en sera pas surpris, ne saurait être en retard dans cette voie. Elle avait même devancé ses sœurs de l'ancien continent par la création d'un Collège Séraphique parfaitement conditionné dès l'année 1858, dans la Province du Sacré-Cœur, à Cincinnati.

L'Italie, bien que sous une forme un peu particulière, à également adopté ces Collèges.

En France, c'est dès l'année 1871 que le T. R. P. Léon de

Clary, Ministre Provincial, fonda le premier Collège Séraphique. Le saint P. de Foresta, de la Compagnie de Jésus, avait déjà lancé avec succès les Écoles apostoliques. Les résultats encourageants, malgré les inévitables déboires inhérents à une œuvre de cette nature, engagèrent le P. Léon, comme plus tard les Barnabites, les Assomptionistes, les Dominicains, les Rédemptoristes, et toutes les Congrégations récentes, à prendre l'idée du P. de Foresta, en l'adaptant au but tout spécial de l'Ordre franciscain.

Les Écoles apostoliques reçoivent et éduquent les jeunes enfants en vue des Missions, mais avec la latitude pour eux de choisir, parmi les sociétés de prêtres séculiers et réguliers qui envoient dans les Missions, la Maison ou l'Institut qui répond davantage à leurs attraits.

Le Collège Séraphique, lui, serait exclusivement réservé à ceux qu'attireraient la *vie* et les *Missions franciscaines*. C'est pourquoi ce Collège eut ses débuts, très modestement, à l'ombre même du noviciat de la Province d'Aquitaine, à Branday. Là quatre enfants venus de Paris, de Bourges, de Montréa furent les premiers plants de la pépinière nombreuse que devait devenir le Collège Séraphique de Bordeaux. C'est à Bordeaux, en effet, qu'il fut très vite transféré tout auprès de Notre-Dame des Anges, à la rue de Pessac.

Raconter les débuts héroïques et les développements de cette œuvre, n'entre pas dans le cadre de ces pages, non plus que de dire quel consolant appoint elle a apporté à l'apostolat franciscain, en France, en Terre-Sainte, en Chine et enfin au Maroc. Il suffira de signaler que le vaillant Vicaire apostolique du Chang-Tong Oriental, Mgr Adéodat Wittner, s'honore d'avoir fait ses études dans cette maison, et lui témoigne, avec une touchante fidélité, la gratitude que son cœur lui a vouée.

Mgr Gabriel Maurice, Vicaire Apostolique du Chen-si, est également un ancien élève du Collège Séraphique de la Province Saint-Denys.

A l'heure où Cyprien Fabre était admis dans le Collège de Bordeaux, de notables améliorations venaient d'y être réalisées. Ce

MGR ADÉODAT WITTNER

n'était plus le Rivo-Torto du début, ainsi que l'on avait baptisé les premiers misérables locaux, mais un établissement spacieux, très simple et sain, pouvant abriter cinquante élèves. Le personnel enseignant s'était aussi augmenté, sinon dans les proportions qu'auraient rigoureusement exigé le nombre des élèves et l'importance de l'œuvre, du moins autant que le permettait l'état de la Province surchargée de travaux apostoliques de toutes sortes. Mais si le corps professoral n'était pas nombreux,

MGR GABRIEL MAURICE
en costume de mandarin.

du moins comme l'on y était uni! Et comme on s'y multipliait! Le souvenir en est doux à tous ceux qui y vécurent à cette époque. Et la leçon que ne cessèrent d'y recevoir les élèves qui s'y sont succédé, c'est l'exemple d'une parfaite union des professeurs autour de leur vénéré Directeur; la générosité dans un labeur excédant, parfois, les forces, mais jamais la bonne volonté; la charité la plus prévenante, et une sainte et très expansive gaieté. Quelle bonne rondeur, quelle virilité dans le coup d'œil calme et fort du P. Adéodat qui préludait là, à son insu, au maniement d'un vaste Vicariat apostolique en Chine! Lorsque, les jours de promenade il avait dit: « Amenez-moi mon cheval! » c'était un frémissement de petites jambes qui s'apprêtaient à couvrir 30 kilomètres en 5 heures. Le cheval, — gros bâton recourbé, — faisait sonner les dalles des trottoirs, voler les pierres du chemin, et l'on allait, allègres, jusqu'aux sources de Gazinet; on trempait son morceau de pain dans l'eau fraîche, on buvait en passant, comme les soldats de Gédéon et, à l'heure exacte, on était de retour. Que si, d'aventure, quelqu'un de ces futurs conquérants du monde faisait mine de traîner la jambe, alors, avant d'aller offrir nos hommages à Notre-Dame du Perpétuel Secours, Reine et Maîtresse de céans, l'indomptable cheval entreprenait une marche au pas rhytmé par-devant les jardins entourant la grande cour; on saluait, au passage, la chapelle de la Sainte-Famille; ensuite seulement on allait se reposer.

La poésie, la musique, étaient cultivées avec amour par le Père G. M*** Les matins de grande fête, pendant la Messe de communion, il eût semblé, parfois, qu'une âme chantait, là-haut, dans la tribune, et que les anges accompagnaient sur la harpe éolienne.

Quelle ardeur et quels exemples, chez le P. Henri, devenu, lui aussi, au Chang-Tong, missionnaire, et si zélé collaborateur de Mgr Adéodat ! Nul n'oublie les brûlantes allocutions des jours de retraite du mois, et les appels vibrants à l'esprit de foi, à l'abnégation, au martyre. Et quelle activité que rien ne semblait pouvoir rassasier ! Ni la tenue laborieuse d'une classe importante, ni la direction magistrale de la *Revue Franciscaine,* ni les trop rares instants consacrés à un ministère fécond auprès d'âmes d'élite.

Et qui n'aurait gardé souvenance des délicates attentions, des soins judicieux et opportuns, surtout de la sage prudence, de cet esprit si résolument ennemi des innovations téméraires qu'était le bon et maternel Père M. J***

R. P. Henri Vielle

devenu, dans la suite, Directeur si dévoué et aimé de ses anciens confrères !

Chez tous (car on ne saurait tout faire revivre), chez ces Religieux résolus que la sollicitude des Supérieurs avait placés auprès de cette intéressante jeunesse pour la former au plus grand des idéals, quels entraînements invincibles vers les hauts sommets de la piété, du devoir, du labeur vaillamment soutenu pour l'amour du Seigneur JÉSUS-CHRIST que l'on sentait bien le Maître dans cette bénie maison !

Une âme d'enfant pure et droite, comme celle du petit Cyprien, pouvait-elle ne pas recevoir de tous ces contacts une impression décisive ? Selon la naïve expression de son frère, il se mit totalement « entre les mains » des Pères que DIEU lui donnait et il se laissa docilement former. Son cœur était tout grand ouvert, sans replis ; on y pouvait lire à fond. Déjà préparé par sa judicieuse mère à l'assouplissement précoce de sa volonté, il n'éprouva nulle peine à s'adapter au règlement dont il devint un tenant accompli.

Un de ses condisciples et compatriotes, entré au Collège la même année que lui, porte ce jugement auquel souscriront tous ceux qui l'ont alors connu :

« S'il fallait, d'un mot précis, le caractériser, je dirais qu'il était *consciencieux* en tout. » Convenons que l'éloge, pour être bref, n'en est pas moins éloquent.

« Durant plusieurs années de son séjour au Collège, continue le P. M. B*** il remplit les fonctions de « réglementaire, » et cette charge ne lui avait pas été confiée sans motif. Il était très exact, consciencieux, la règle vivante. Grand joueur devant le Seigneur, intrépide, entraînant, le plus souvent victorieux, il ne nous faisait pas pour autant grâce d'une minute ; et l'instant où l'aiguille de l'horloge touchait l'heure était celui où sa main touchait la chaîne de la cloche. »

Il nous revient, en effet, de l'avoir vu souvent s'arracher en hâte aux charmes pressants d'une belle partie de billes et se diriger vers la cloche, entouré d'un essaim de lutins qui, le sachant implacable, essayaient par toutes sortes de tours d'entraver sa marche, afin de retarder, ne fut-ce que d'une seconde, le signal du silence. Mais en vain, il était *incorruptible.* « C'est l'heure ! c'est l'heure ! » disait-il.

Cette bonne figure d'excellent Religieux ne sera, certes, en rien rabaissée, lorsqu'on saura qu'il ne fut jamais, dans ses études, un élève brillant, une tête de classe. D'un jugement droit, de goût très sûr, d'imagination gracieuse même, il n'avait pas l'intelligence prompte, ni la mémoire très facile. Et puis, il faut le dire, il eut la fortune, bonne ou fâcheuse, au gré de chacun, d'avoir constamment des condisciples très alertes, ouverts et bûcheurs.

« Eh ! donc, disait-il avec son ton brave homme qui le caractérisa toujours, il faut bien un dernier puisqu'il y a des premiers. Autant moi qu'un autre !... »

Il était pourtant bien loin d'en prendre stoïquement son parti, et de se laisser tranquillement traîner, résigné, à l'arrière-garde. D'une ténacité remarquable, jamais l'insuccès ne le découragea ; jamais chagrin de la réussite de ses condisciples n'assombrit son front ; il s'en réjouissait au contraire avec une franche cordialité. Tant de bonne volonté, de persévérance et de surnaturel entrain le sauvèrent. Son courage empêcha son professeur de se décourager. Ses lettres, ses essais, donneront d'ailleurs une idée de sa manière, fort simple mais pas banale du tout, à laquelle l'amena un travail acharné ; il justifie une fois de plus, l'adage que l'on se plaît à redire aux écoliers éprouvés : *Labor omnia vicit improbus.*

« Mais si ses notes d'étude n'étaient que passables, nous rappelle son compagnon déjà cité, il faut reconnaître que toute les autres étaient excellentes. »

Au Collège Séraphique, les notes de conduite jouent un rôle considérable.

Elles sont le moyen à peu près unique d'obtenir la stricte observation d'une discipline fort exacte, encore que paternelle. Les arrêts, les pensums y sont inconnus. La proclamation des notes, le dimanche soir, devant tout le corps professoral réuni, revêt un caractère de véritable solennité et est un frein merveilleux pour régler cette exhubérante jeunesse et la maintenir dans la belle voie du devoir. On peut arriver au Collège aussi blasé que l'on voudra sur le point d'honneur ; après la deuxième séance nul n'y résiste. Une mauvaise note, une observation, on les redoute comme le feu, et ils ne sont pas rares ceux qui passent des années entières sans en mériter une seule.

Le secret de cette puissance des *notes*, il faut, sans doute, le chercher dans l'ardent et très légitime désir qu'ont ces enfants, de l'estime des maîtres et de leurs condisciples ; mais par-dessus tout, dans l'esprit de foi qui leur fait regretter la moindre négligence comme un manquement envers Dieu, dont la tendresse les environne. Tout enfant inaccessible à ce sentiment ne tarde pas à se trouver dépaysé au Collège, et se voit sans surprise, rendu à un milieu où l'on ne fréquente pas si haut.

Nous avons parcouru les registres des notes du Collège, et durant les cinq ans que Cyprien Fabre y a passés, nous n'avons pu relever d'observation sérieuse. Au 12 juin, par exemple, nous voyons qu'il fut signalé pour « avoir chanté en salle d'étude durant le silence... »

En l'année 1897, un jour du mois de mai, le T. R. P. Othon, Provincial, entra inopinément dans la grande salle d'étude du Collège, entouré de tout le personnel enseignant, et y fit cette sensationnelle déclaration :

« Mes chers enfants, nous voulons vous renvoyer dans vos familles,... nous ne voulons plus de vous au Collège !... »

Consternation et surprise, sur tous les bancs ; mais le sourire du Très Révérend Père démentait la sévérité du discours...

« Mes chers enfants, — reprit-il, — après en avoir délibéré en Définitoire, après l'avis de vos PP. Directeurs et Professeurs,

nous avons résolu de vous envoyer passer les grandes vacances dans vos familles... »

A ces mots, une salve d'applaudissements et de trépignements de joie ébranle la salle. On fut long à se calmer ; et c'est d'une oreille fort distraite que l'on écouta la paternelle exhortation du Très Révérend Père, sur la manière de profiter des vacances en vue de la vocation religieuse et apostolique.

Les raisons qui dictèrent cette innovation, l'épreuve du temps les a victorieusement consacrées. D'autres œuvres similaires sont entrées, depuis, dans cette même voie, et sans nul doute, un jour viendra où, de la coutume contraire, il ne restera plus qu'un souvenir.

C'est dans la joie débordante de son bon cœur de fils que Cyprien revit sa famille après quatre ans d'absence. Mais sa brusque réapparition sur la scène du monde dont il était déshabitué ne fut-elle pas une épreuve pour son fragile cœur d'adolescent ? Dans le naïf mais aveugle élan de son enfance, il avait renoncé, du fond de son âme, à cette vie dans le monde, sans trop mesurer cependant la profondeur des sacrifices auxquels il s'engageait. Qu'allait-il faire maintenant ? L'esprit ouvert aux choses de l'intelligence, — devenu, lui, pauvre petit enfant de berger, un jeune homme instruit, capable de revendiquer une place au banquet de la vie, et non pas la dernière, sans doute, — irait-il, de nouveau, se replacer sous un joug austère et consommer à jamais son immolation ?

Ces pensées se sont-elles présentées à lui ? Son cœur le prévint-il, par de certains tressaillements, des sacrifices qu'il consentirait en poursuivant sa marche vers la vie immolée du cloître ? Eut-il quelque hésitation ? nous l'ignorons. C'est le secret du Roi.

Mais quand vint la date fixée pour solliciter sa réadmission au Collège, en toute indépendance et spontanéité, il signa sa demande d'une main ferme ; et, le jour venu, il rentra Bordeaux aussi joyeusement décidé que lors de son départ. L'épreuve des vacances avait même mûri sa vocation. Il savait ce qu'il quitterait un jour, et il le voulait d'une volonté franche et sans repentance.

Ce fut sa dernière année à Bordeaux. Il la passa, comme il avait passé les autres, dans le joyeux accomplissement de son devoir.

« Je ne me souviens pas de l'avoir jamais vu triste, nous dit son condisciple ; sa vie semblait être un épanouissement continuel, et l'on aimait à vivre dans le rayonnement de sa gaîté débordante et saine, comme on aime à se tenir dans la lumière vivifiante du soleil. »

Cette joie constante, indice d'une grande paix intérieure, Dieu l'accorda à sa droiture, à sa bonté de cœur, à sa piété. Car il était d'une piété profonde, sincère et forte, encore qu'exempte de toute démonstration. Dès l'an 1895, il avait mérité d'être admis dans le Tiers-Ordre de saint François, et il s'estimait grandement heureux d'être déjà « un peu Franciscain » en attendant son admission au Grand Ordre, qu'il désirait ardemment de cœur et sollicita officiellement le 12 juillet 1898.

Le T. R. P. Othon, Ministre Provincial, lui ouvrit les portes du couvent de Pau où se trouvait le Noviciat, ainsi qu'à six autres de ses condisciples du Collège Séraphique.

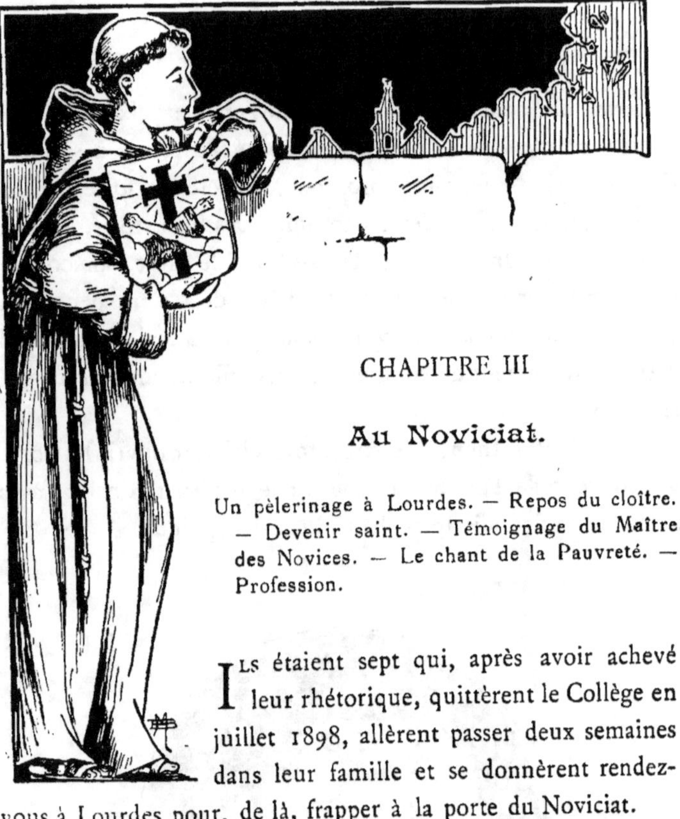

CHAPITRE III

Au Noviciat.

Un pèlerinage à Lourdes. — Repos du cloître.
— Devenir saint. — Témoignage du Maître
des Novices. — Le chant de la Pauvreté. —
Profession.

ILS étaient sept qui, après avoir achevé leur rhétorique, quittèrent le Collège en juillet 1898, allèrent passer deux semaines dans leur famille et se donnèrent rendez-vous à Lourdes pour, de là, frapper à la porte du Noviciat.

Elle est touchante l'évocation de ces adolescents en marche vers la montagne du sacrifice, s'arrêtant en route afin de demander à la divine Mère les forces pour gravir l'abrupt sentier.

Voici comment l'un de ces pèlerins, déjà cité d'ailleurs, retrace cet épisode d'une plume que n'ont pu dessécher les arides spéculations de la philosophie.

« Avant d'entrer au Noviciat, nous fîmes ensemble, les sept postulants du Collège, un pèlerinage à Lourdes. Nous allions nous consacrer à MARIE avant de nous consacrer à DIEU, et pour en être plus dignes. Nous eûmes sans doute, alors, de bien douces émotions, mais j'avoue me souvenir mieux de notre joie immense que de tout autre sentiment. Nous avions dix-sept, dix-huit, vingt ans, et il nous semblait, en prenant le chemin du couvent, que nous allions à la conquête du monde. La gloire des hauteurs pyrénéennes nous environnait ; nous nous sentions vaguement appelés à de grandes destinées ; nous nous moquions du monde que nous n'avions qu'entrevu, nous brisions des idoles, et c'était comme une sorte d'ivresse. Volontiers nous aurions crié à tous notre joie, comme FRANÇOIS d'Assise, et chanté aux vallons, aux montagnes, aux forêts : « *Præco sum magni regis !...* Nous sommes les hérauts du grand Roi !... »

« Je me souviens très bien que notre cher Cyprien Fabre se distinguait par son entrain. Je le revois encore, sur le lac de Lourdes où nous voulûmes excursionner ; sur le Calvaire, à Lourdes, puis à Bétharram. Sur cette dernière colline nous prîmes un repas rustique qu'il fut impossible d'achever, tant nous étions pressés de jeter un dernier regard, de dire un dernier adieu à ce site charmant et d'arriver enfin à Pau où le cher Noviciat nous attendait. »

Le monde est tout surpris que l'on aborde au cloître en chantant. Le cloître n'a-t-il pas des alentours de tombeau ? N'y entend-on point les gémissements du sacrifice ? Tombeau où vont s'ensevelir, derrière les lourdes portes et grilles massives, la jeunesse, l'espoir, la vie. Autel où longtemps la victime expirera vivante, mourant avant son dernier soupir à tout ce qui fait le bonheur, la liberté de voir et d'avoir ?

Eh bien, oui ; nous n'y contredisons point, le cloître est un tombeau, le cloître est un autel. Mais un tombeau, où l'on entre mort pour en sortir vivant. Mais un autel où l'on renaît de ses cendres. N'est-ce pas la traduction de la sublime parole de saint Paul : « *Mortui estis et vita vestra abscondita est cum Christo in Deo ?* » Entendons chanter ce tombeau par la plus chrétienne plume de littérateur que ce siècle ait connu. Voici comment Louis Veuillot, au sortir d'une de ses retraites à Solesmes, célèbre cette vie religieuse dont il avait vraiment pénétré l'intime et que si peu de mondains connaissent et apprécient.

« Ombre sainte du cloître ! bénignes et pieuses influences ! L'homme qui vient ici, se transforme par un travail invisible, mais sûr. Ce qu'il y a de mauvais succombe, ce qu'il y a de bon se développe et fructifie. Moi-même, pèlerin de hasard, hôte d'un instant, qui n'ai point la grâce du sacrifice, je sens, pour ainsi dire, que toute ma sève prend un autre cours sur ce sol de bénédiction, où pourtant je n'enfonce pas à jamais les racines de ma vie. J'y trouve contre mes passions une force nouvelle, je contemple d'un autre regard mes desseins et mes espérances, je souris avec dédain aux plans si laborieusement ébauchés de ma fortune, je vois que j'ai quelque chose de meilleur et de plus sage à faire que de me préparer des succès où mon âme ne gagne rien. Seigneur, j'ai voulu dire en entrant : *C'est ici le lieu de mon repos !* Mais je n'y fais qu'une halte, et dès demain, je tends ma voile pour chercher encore, à travers ces flots moins troublés que moi-même, les parages inconnus où vous m'appelez. Je ne résiste pas, je ne murmure pas ; ma raison sent bien ici que la paix est dans l'obéissance. J'obéis, je pars, mais je pleure. En quelle solitude se taira comme ici l'éternelle tempête de mes désirs ? Quelles harmonies charmeront mon oreille et mon cœur autant que ces cantiques sans cesse élevés vers vous ? Quels hommes trouverai-je, dont les discours et l'exemple m'inspirent davantage cette heureuse soif de vous appartenir, et de ne considérer ma vie que comme un don de votre grâce, qui n'est point à moi, mais à mes frères ici-bas, et dans le ciel à vous (1)!

Plus heureux que cet incomparable pèlerin, Cyprien Fabre était au cloître « pour y enfoncer à jamais les racines de sa vie. » Après une semaine de recueillement où se turent, en lui, les derniers bruits du monde qu'il venait de fuir, et s'adoucit

en son cœur l'impression du tendre adieu de sa mère, il revêtit la bure de saint FRANÇOIS d'Assise. Sa tête fut rasée, ses reins

(1) Louis VEUILLOT, *Les gens qui ne pensent pas*, p. 441.

ceints d'une corde, ses pieds dépouillés de leurs chaussures, et un nom nouveau fut imposé à celui qui commençait à revêtir un nouvel être. On le mit sous la protection du grand Archange, Prince de la milice céleste ; il devint le Frère Michel.

Le soir même de sa prise d'habit, 12 août 1898, agenouillé dans sa petite cellule devant son crucifix, il écrit :

« Me voici, maintenant, ô mon Dieu, revêtu de cette armure sainte après laquelle j'avais tant soupiré, et qui doit me défendre jusqu'à ma mort contre les ennemis de mon salut. Merci ! oh ! mille fois merci, de la grande grâce que vous venez de m'accorder. Faites, ô mon doux Jésus, que je reste toujours fidèle à ma sainte vocation ! que je porte dignement et saintement le saint habit de la pénitence, non pas pour paraître plus humble et plus pauvre aux yeux des hommes, mais pour devenir plus saint et mériter la récompense que vous avez promise au serviteur fidèle. »

Et après avoir tracé une grande croix sur le petit carnet, il ajoute :

« Au pied de votre croix, ô Jésus ! je veux apprendre à souffrir et à agir. »

Devenir saint, voilà dès ce premier jour son objectif. Il répète sans cesse dans ses notes cette résolution. Il goûte et fait sienne cette maxime de l'Abbé de Rancé, qu'il grave en bonne place, dans son précieux carnet : « Vivre sans vivre en saint, c'est vivre en insensé. » Et plus loin : « Je prends, ô mon Dieu, la ferme résolution de devenir un *vrai Frère Mineur*, tel que notre Père saint François le désire... — Tous les jours je veux demander à Dieu la grâce d'être un saint religieux... — Les plus saints ne sont pas les moins imparfaits, mais les plus courageux. »

Et avec son esprit éminemment positif, il cherche comment passer des principes à l'action. Il comprend quel est le fondement de cette perfection qu'il veut à tout prix édifier en lui, et il se jure de travailler coûte que coûte à devenir *humble*.

Voyons, maintenant, si ce furent paroles en l'air. Celui qui nous le dira est éminemment qualifié pour le faire ; il le connut, il le suivit dans l'intime ; c'est son Père Maître.

« Le Fr. Michel, nous écrit-il, fut, dans toute la force du terme, *un bon novice*. Durant son année d'épreuve, il est vrai, rien d'extraordinaire ne le signala à mon attention ; mais jamais, non plus, je n'eus le moindre reproche à lui faire. Sa perfection consista à suivre tout simplement, tout bonnement, avec autant de soin que possible la vie commune, cette grande et aussi la plus féconde des mortifications.

« En dehors des pénitences prescrites par la règle, les règlements particuliers du noviciat, je ne le vis rien faire d'insolite ; pas même d'exercice de piété tant soit peu marquant, à part ces pratiques ordinaires libres auxquelles se livrent habituellement les fervents d'une communauté, mais qui n'attirent ni les regards ni l'attention de personne.

« Doué d'une heureuse santé, il n'usa d'aucune dispense durant tout son noviciat, se levant rigoureusement chaque nuit à minuit pour l'Office des Matines ; observant dans toute leur intégrité les deux Carêmes et autres jeûnes prescrits par la Règle ; ne manquant pas une seule fois, bien que ce fût facultatif, l'Heure Sainte qui se faisait régulièrement chaque jeudi dans ce cher et recueilli petit Oratoire du Noviciat ; se laissant charger, en plus de ses fonctions, quand il ne s'en chargeait pas lui-même spontanément, des travaux les plus pénibles du Noviciat et même de la Communauté.

« Aussi tous sans exception, Père Maître et ses jeunes confrères, l'estimaient et l'aimaient, parce qu'il était bon, doux, dévoué, charitable. Du reste, la charité n'était pas la seule vertu, ni même, si je ne me trompe, sa vertu dominante. A

Couvent des Franciscains à Pau.

mon avis, dans son cœur aucune vertu ne dominait ni n'était dominée. Toutes s'y développaient dans les mêmes proportions, et c'est pourquoi on ne distingnait, au premier abord, rien d'extraordinaire en lui.

« Chez la plupart des âmes on voit le développement des vertus se produire d'une manière inégale. L'humilité, par exemple, s'y épanouira plus que l'obéissance ; la mortification plus que la charité, ou le contraire. Et c'est ce qui donne aux saints leur caractéristique spéciale. Fr. Michel, lui, avait un tempérament spirituel parfaitement conforme à son tempérament physique. Tout y était en exact équilibre. Il possédait à égal degré l'humilité, l'obéissance, la charité, l'esprit de prière et d'oraison, l'amour et l'observance de sa Règle, la ponctualité, l'ordre. Rien d'héroïque, sans doute ; mais non plus rien de diminué en lui. C'était vraiment le type du « bon novice » dont tout le monde était satisfait : Père Gardien, Père Maître, et autres Pères et Frères qui vivaient sous le même toit.

« Et, chose digne d'être notée, tout le monde, dis-je, était content, sans en excepter lui-même ; non qu'il tirât vanité des dons que Dieu avait mis en lui, mais parce que sa conscience ne lui reprochait rien.

« Il aimait Dieu de toute son âme, il le servait de tout son cœur, il faisait son possible pour lui être agréable ; et alors il ne pouvait être qu'heureux et content. C'était un véritable enfant du Séraphique Père, portant avec une joie toujours souriante le joug suave et léger du Seigneur (1). »

Ce témoignage était trop précieux pour que rien en fut omis. D'une plume aussi autorisée, il constitue l'éloge le plus parfait qui se puisse dire d'un religieux. Car il n'est que le développement des brèves paroles de l'Esprit-Saint par lesquelles le divin Maître lui-même a voulu être magnifié : *Bene omnia fecit...* « Il a bien fait toutes choses. »

Fr. Michel fut toujours, en effet, un réalisateur : *fecit*. Les natures faibles entendent volontiers et reçoivent la vérité ; mais trop souvent en restent aux bons désirs. Lui, *realisait* les

---

(1) Témoignage du R. P. Samuel Bonnefous, ex-Maître des Novices.

pensées que l'Esprit de Dieu suscitait au fond de lui-même.

Omnia. Pas d'exception, pas de distinction entre ce qui est plus ou moins parfait, sûrement ou douteusement permis. Il y allait sans calculer, comme un soldat que le son du clairon fait bondir de sa couche et se précipiter au feu, sans se dire : Que m'adviendra-t-il ?

Bene. Il soignait ses actions. Très méthodique et persévérant, il parvenait à réussir au-delà de toute prévision dans les choses de l'esprit. Quant aux travaux manuels, il y avait une aptitude remarquable et dans tous les genres. Aussi, comme on le mettait à contribution ! Les colossales ornementations qu'imaginait l'actif et entraînant P. Bruno, Gardien du Couvent, aux grandes fêtes, requéraient inévitablement le concours du bon Fr. Michel. Il clouait, sciait, frappait de toutes ses forces et de tout son cœur, pour, l'instant d'après, psalmodier ou chanter avec un entrain égal.

La vie du noviciat est loin d'être monotone, comme il semblerait au premier abord. Chaque action y est à sa place, avec le temps voulu pour la bien faire ; l'une n'empiète pas sur l'autre ; ainsi donc, pas de fièvre ni d'énervement. De plus, tout y est parfaitement ordonné et équilibré ; la prière vocale y a son temps, puis cède le pas à l'oraison intime avec Dieu. Les belles cérémonies liturgiques alternent avec les exercices du cloître, le travail en silence avec les gaies et franches récréations. La vulgaire monotonie de la nuit elle-même se voit interrompue par la grave et élevante psalmodie des Matines, instant béni, de minuit à 1 heure, où l'on se sent si près de Dieu alors que le monde en est si loin.

« Quand vous dansez au milieu de toutes les magies du monde, a écrit L. Veuillot, dans ces nuits plus spécialement consacrées à vos plaisirs ; quand de toutes parts, atteints de démence, riches et pauvres remplissent les salons de leurs vanités et les rues de leurs clameurs ; les religieuses se rendent tour à tour dans leur humble chapelle. Là, devant le tabernacle, qu'une lampe éclaire faiblement, chacune d'elles reste

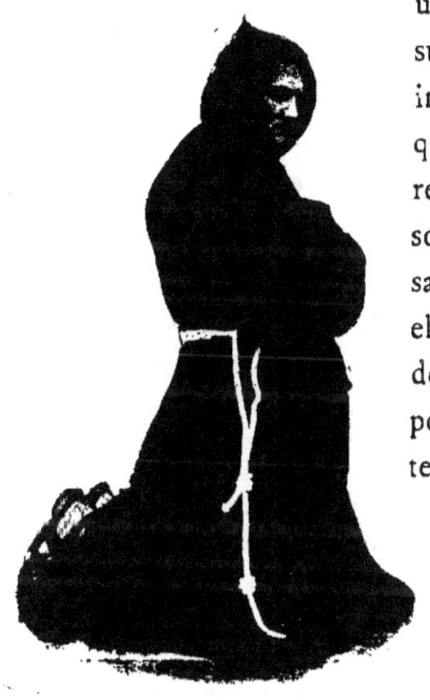

une heure prosternée, le front sur la terre, les bras en croix, immobile comme un cadavre qu'on va ramasser bientôt, et rendre à la poussière d'où il est sorti. Ce qu'elle fait là, vous le savez. Elle prie, elle prie pour elle et pour ses sœurs, sans doute, mais surtout elle prie pour vous, elle prie afin d'écarter de vous la terrible colère de ce Dieu clément, qui vous aime en vain et à qui vous ne songez pas (1). »

Le Franciscain, lui aussi, consacre à la prière d'intercession et à la pénitence les heures de jour et de nuit que ne réclame pas le service apostolique des âmes. Et c'est ce qui fait sa joie et sa force. Il fréquente avec les anges dans la divine psalmodie ; il est reçu en audience intime par le Très-Haut durant les bénis instants de l'Oraison. Ensuite il va déverser son cœur tout empli de saint amour sur les âmes

(1) L. Veuillot, *Les libres penseurs.* Livre supplémentaire, p. 454.

pour les purifier et les embraser. Sous les humbles arceaux de son cloître on pourrait graver ce que le grand écrivain catholique déjà cité voyait inscrit au front d'une âme privilégiée dont il traduit les transports : « Vivre d'amour, mourir d'amour, renaître pour l'éternel amour ! »

Le noviciat, chez les Frères Mineurs, dure un an complet, à l'issue duquel le novice, s'il est admis, émettra les vœux simples d'obéissance, de pauvreté et de chasteté. A plusieurs reprises, durant cette année, on vit le Fr. Michel, prosterné, selon la coutume, au milieu du réfectoire en présence de toute la communauté, solliciter les suffrages qui lui feraient espérer l'admission définitive que le T. R. Père Provincial seul a le droit d'accorder. Les archives en témoignent, les votes lui furent toujours favorables. Durant le dernier trimestre, il se prépara donc avec ferveur à émettre l'acte le plus grave de sa vie, la donation totale de lui-même à DIEU. Sans doute, l'Église et l'Ordre ne regardaient pas encore de trois ans cet acte comme irrévocable, mais de sa part, à lui, nulle restriction. C'est pour toujours qu'il allait s'engager à observer la Règle de sainteté donnée par saint FRANÇOIS au monde et qui n'en est plus à compter le nombre de ses couronnés, resplendissant au firmament de l'Église.

Tranquille et serein, il jeta un dernier et limpide regard sur toutes les obligations qui seraient désormais les siennes, sur ce qu'il quittait du monde, et ce qu'il embrassait au cloître. Il mesura sa volonté à la règle de l'obéissance, et se trouva de taille à la briser pour s'y ajuster. Il sonda son cœur, consulta ses tendresses, et ne se crut point téméraire en le trouvant trop grand, trop noble, pour être satisfait des affections d'ici-bas ; il lui assigna l'Infiniment aimable comme seul terme de ses désirs.

Quant aux richesses du monde, celles à la conquête desquelles il aurait pu marcher, il les envisagea une dernière fois, avec toutes leurs séductions et leurs promesses.

Puis, résolument, s'adressant l'apostrophe du tentateur : « *Hæc omnia tibi dabo,...... si cadens.....* » Non ! non ! s'écriat-il se prosternant à deux genoux devant le crucifix, muet témoin de ses combats et de ses triomphes. — Puisqu'il faudrait tomber, pour les avoir, et tomber jusque dans la boue, je n'en veux pas. Seigneur Jésus, vous m'avez montré ce que vous pensiez de toutes ces poussières ; vous avez voulu naître, vivre et mourir pauvre. La pauvreté volontaire sera ma richesse. Je n'aurai qu'un seul habit pour vêtir mes épaules, et il sera de bure comme celui des pauvres.

Afin de courir plus allègre dans la voie de la croix, à votre suite, ô Jésus ! je m'en irai pieds nus ! Vous serez vous-même mon trésorier, mon trésor. C'est à vos amis que je demanderai humblement le morceau de pain nécessaire à ma vie !

« O Pauvreté ! Doux amour de pauvreté, combien je t'aimerai !

« Pauvreté, ma pauvrette, l'humilité est ta sœur ; il te suffit d'une écuelle et pour boire et pour manger.

« Pauvreté ne veut que ceci : du pain, de l'eau, et un peu d'herbes. Si quelque hôte lui vient, elle y ajoute un grain de sel.

« Pauvreté chemine sans crainte ; elle n'a pas d'ennemis : elle n'a pas peur que les larrons la détroussent.

« Pauvreté frappe à la porte des gens ; elle n'a ni bourse, ni besace ; elle ne porte rien avec elle si ce n'est son pain.....

« Pauvreté meurt en paix ; elle ne fait pas de testament ; on n'entend pas parents et parentes se disputer son héritage.

« Pauvreté, pauvrette, mais citoyenne du ciel, nulle chose de la terre ne peut réveiller tes désirs.....

« Pauvreté, grande monarchie, tu as le monde en ton pouvoir, car tu possèdes le souverain domaine de tous les biens que tu méprises.

« Pauvreté, science profonde ; en méprisant les richesses, autant la volonté s'humilie, autant elle s'élève à la liberté.....

« Pauvreté gracieuse, toujours en abondance et en joie ! Qui peut dire que ce soit chose injuste d'aimer toujours la pauvreté ? (1) »

Le 15 août 1899, en la fête de MARIE Triomphante en son Assomption, Fr. Michel s'enrôla dans l'armée de la pauvreté volontaire. Il émit les vœux sacrés de religion entre les mains du T. R. P. Othon, Ministre Provincial, et en présence du Fr. Pascal, son frère aîné, venu de Terre-Sainte.

Après la cérémonie, recueilli dans sa petite cellule, il se hâta de confier à son carnet l'engagement suivant :

Le 15 août 1899. — O JÉSUS ! moi, Fr. Michel, votre indigne enfant, « je fais vœu et promets à DIEU Tout-Puissant, à la bienheureuse MARIE toujours vierge, à notre bienheureux Père saint FRANÇOIS, à tous les saints, d'observer toute ma vie la Règle des Frères Mineurs.....

« Seigneur, faites que je sois fidèle à ces saints engagements ! Que jamais, comme Judas, je ne vous trahisse. Faites-moi mourir plutôt que de devenir un enfant rebelle de la sainte milice de votre grand amant, saint FRANÇOIS. »

FR. MICHEL, O. F. M.

(1) OZANAM, *Poètes franciscains.* Les poésies de Jacopone, p. 237.

La bonté enfante des prodiges ; elle fait même des poètes. Notre cher Frère n'avait jamais laissé soupçonner qu'il cultivât les muses. Mais un jour, cherchant le moyen le plus extraordinaire par lequel il témoignerait à un de ses frères, qui prononçait ses vœux, combien il lui était uni dans ce grand acte, il se lança et commit ces quelques strophes qui seraient certainement couronnées à l'Académie de la Bonté. Elles redisent, d'ailleurs, les sentiments que lui-même avait ressentis en pareille circonstance ; c'est ce qui nous invite à les transcrire ici :

> Ah ! je le sens, pour bien vous dire
> Ce que j'éprouve en ce beau jour,
> Du ciel il me faudrait la lyre,
> D'un ange il me faudrait l'amour.
>
> Oh ! que les plus pures délices
> Inondent, frère, votre cœur !
> Vous avez goûté les prémices
> Du vrai, de l'unique bonheur !
>
> O Pauvreté, sois sa richesse !
> Obéissance ! son drapeau
> Chasteté ! qu'il t'aime sans cesse
> Qu'il soit à toi jusqu'au tombeau !

Et maintenant, la première étape de sa vie religieuse est franchie. La voix de l'obéissance parle ; Fr. Michel va partir pour Béziers, afin d'y affronter les études de philosophie et continuer sa formation franciscaine si heureusement commencée. La candeur de son âme éclate sur son visage heureux. Souriant il était entré dans ce tombeau mystique qu'est le noviciat, souriant il en sort.

La bonté rayonne en lui, jointe à la plus délicieuse des simplicités.

Il possède déjà, fortement accentués, les traits de la physionomie du « vrai religieux, » si remarquablement burinés, en ces
mots, par L. Veuillot.

« Que Dieu te bénisse, homme d'or, jeune cœur plein des
vertus antiques ! Tes pareils, rares en tout temps, semblent
n'exister dans le nôtre que comme une dernière protestation
du bien contre le mal vainqueur. Tu cours docilement à tes
devoirs, tu pries Dieu, tu aimes les pauvres, tu respectes les
Supérieurs, tu travailles sans te plaindre, tu ne sais pas faire un
mensonge, tu n'es pas jaloux, tu te loues de ton sort obscur !..... »

« J'ai vu ce miracle, — ajoute le grand écrivain catholique
— j'ai vu le marbre brut devenir cette statue parfaite. »

Cet éloge semble convenir, trait pour trait, à notre nouveau
religieux.

CHAPITRE IV

Vocation missionnaire — Philosophie.

Un départ pour la Chine. — L'aspirant missionnaire. — Parents
admirables. — Nouveau pèlerinage à Lourdes. — L'étude de la
philosophie. — La dispersion.

EN quittant son Noviciat, le Fr. Michel emportait un secret
dont seul son Directeur et le T. R. P. Provincial avaient
reçu la confidence. — Il désirait être missionnaire.

Au Collège Séraphique, un jour, lui et ses jeunes compagnons avaient été fortement remués en apprenant que le
P. Adéodat Witner, un des professeurs, avait obtenu de partir
pour le Vicariat du Chang-Tong Oriental, en Chine. Ce Vicariat, qui compte environ 9 millions d'âmes, venait d'être spécialement attribué aux Franciscains des Provinces françaises. Sous
la direction de Mgr Césaire Schang, profès du Couvent de
Pau, il commençait à prendre son essor à travers les difficultés
premières, gage des bénédictions de DIEU. — La venue d'une
âme fortement trempée comme l'était le bon P. Adéodat,
devait être pour le vénérable Vicaire Apostolique une consolation et un aide.

C'est à Bordeaux, dans l'église conventuelle de N. D. des Anges, qu'eut lieu la cérémonie du départ. Ils étaient deux : le P. Adéodat et le P. Solano, professeur lui aussi, au Collège, pendant quelque temps. Les jeunes Séraphiques assistèrent, palpitants d'émotion, à cette cérémonie poignante et grandiose. Une foule sympathique remplissait la nef de l'église. Le R. P. Thadée, Directeur du Collège, fit vibrer tous les cœurs en commentant la parole évangélique : *Misit illos binos ante faciem suam...* etc. — Et pour terminer, c'est au milieu de l'émotion unanime que le Père raconta les adieux de saint Paul aux fidèles de Milet. Il redit les conseils d'une sagesse surhumaine adressés aux anciens d'Éphèse par l'Apôtre, et comment, unissant ses prières à celles de la foule agenouillée sur la grève, ils pleurèrent tous ! Et tous vinrent successivement donner à Paul l'accolade fraternelle, désolés surtout à la pensée de ne le plus revoir. Et ils l'accompagnèrent ensuite jusqu'au vaisseau (1).

Nul ne se doutait en ce moment que l'un des deux partants serait un jour Évêque titulaire de Milet, de cette cité d'Asie dont parlait l'orateur, et où avaient eu lieu les adieux de saint Paul.

Mais c'est le cœur bouleversé que les élèves du Collège entendirent ces paroles, en même temps que se dressa, devant leurs yeux agrandis par la vision soudaine de l'Apostolat, la grande figure de l'Apôtre des nations. Le chant du départ de Gounod, d'un souffle si puissant, enleva leurs jeunes enthousiasmes. Et quand ils s'approchèrent de l'autel pour y baiser les pieds des Missionnaires, prosternés à deux genoux devant ces héros, leurs pères, dont ils recevaient en ce moment, la

----

(1) *De Actibus Apost.*, cap. xx.

plus éloquente des leçons, plus d'un en son cœur fit le serment de les suivre un jour, si Dieu agréait leur désir. De ce nombre fut Cyprien Fabre.

Cette flamme missionnaire fut de nouveau ravivée par la venue au Collège, les premiers mois de 1898, du Vicaire Apostolique du Chang-Tong luimême, de Mgr Césaire Schang. Les récits du bon Évêque sur la détresse morale des pauvres Chinois enlisés dans leur paganisme, remuèrent cette jeune âme.

Aussi, le 22 juillet de la même année, en adressant au T. R. Père Provincial sa demande d'admission au noviciat, il rendait compte des motifs qui le poussaient à solliciter cette faveur, et disait :

FR. Michel au sortir du Noviciat

« J'ai sincèrement demandé à Dieu de me faire connaître ma vocation, et après avoir bien prié, je vois que Dieu m'appelle à la vie franciscaine et que je dois fuir le monde pour me sanctifier et faire mon salut. Mais, — ajoute-t-il plus loin, — si je vous demande de m'admettre au nombre de vos enfants, c'est encore pour le bien des âmes ; car je veux être missionnaire.

« Je veux rentrer au noviciat pour me former à cette vie si belle et si grande de l'apostolat, afin que, plus tard, je puisse aller gagner des âmes à DIEU. J'espère que vous voudrez bien m'admettre afin que je sois au plus tôt un fils de saint FRANçois, et un soldat de plus dans la milice franciscaine. »

A peine rendu au Couvent de Pau, il lui fut donné de revoir l'Évêque missionnaire. Trois jours après sa prise d'habit, il assistait à l'Ordination sacerdotale, par Mgr Césaire, d'un fervent novice, le Fr. Louis Gauthié, qui, sa profession émise le 19 suivant, prenait le chemin de la Chine avec son consécrateur, et y devenait un missionnaire accompli.

Durant les débuts de son noviciat, le Fr. Michel eut l'avantage de vivre aux côtés d'un autre novice de grande ferveur et que brûlait le zèle missionnaire. Il se nommait le Fr. Apollinaire Dufrançois. Dans la cérémonie d'ordination de son compatriote et ami, le P. Louis Gauthié, les nouveaux novices purent admirer avec quel recueillement et quelle dignité il remplit les fonctions de Maître des cérémonies. Spectacle touchant que celui du vieil Évêque missionnaire ayant à ses pieds ces deux jeunes amis, ses futurs enfants, animés du même désir de s'immoler pour DIEU et pour les âmes, dans le vaste empire de Chine.

A quelque temps de là, devenu prêtre lui aussi, le P. Apollinaire fut nommé professeur et préfet de discipline au Collège Séraphique. Il remplit cette dernière charge avec une maturité consommée, un tact parfait. Malgré sa santé sérieusement compromise, il n'hésita pas à partir pour le Chang-Tong, dès que les Supérieurs le lui permirent, heureux d'aller donner son dernier souffle pour ses chers Chinois.

S. G. Mgr CÉSAIRE SCHANG, évêque de Vaga,
Vicaire apostolique du Chan-tong oriental.
Décédé le 8 septembre 1911.

Dieu lui accorda de se dévouer durant trente mois seulement. Puis il l'appela au repos de l'éternité. — Mais sa courte vie avait été un apostolat fécond. Il rayonna l'amour de Dieu sur toutes les âmes qui l'approchèrent (1).

Vers le mois de mai 1899, le noviciat reçut la visite de Mgr Fogolla et du Fr. André Bauer, les futurs martyrs de Taï-uien-fou. Mgr Fogolla (2) fit aux novices une Conférence sur la Chine ; le Fr. André édifia grandement et amusa beaucoup cette jeunesse par sa gaîté et son zèle simple et débordant.

La bénédiction que l'Évêque donna aux novices porta ses fruits. Parmi ceux qui la reçurent se trouvaient le P. Arsène Dulsou, mort en Chine, où il s'est dévoué sans compter durant quatre ans ; le P. Pierre Seyrès, lui aussi apôtre intrépide du Chang-Tong ; le P. Junien Laroche, qui fait aimer le bon Dieu à Tripoli ; enfin le P. Michel, destiné dans les desseins de Dieu à arroser de son sang la terre du Maroc.

Ces visites de Missionnaires, et ces exemples ne pouvaient que maintenir l'âme de notre novice dans l'orientation où

(1) Voir *Trente mois en Chine* ou *Vie du P. Apollinaire Dufrançois*, par le T. R. P. Othon, O. F. M. Imp. Francisc., Vanves *(Seine.)*

(2) En 1900, ont été massacrés au Chan-si Septentrional, le Vicaire Apostolique, Mgr Grassi, son Coadjuteur. Mgr Fogolla, le P. Théodoric Balat, le P. Élie Facchini, le Fr. André Bauer, tous les cinq de l'Ordre des Frères Mineurs, sept prêtres indigènes, sept Franciscaines Missionnaires de Marie, et une foule de simples fidèles.

Le P. Théodoric Balat appartenait à la Province d'Aquitaine, et le Fr. André Bauer à la Province de France.

Voir *Deux martyrs franciscains de l'Ordre des Frères Mineurs :* Le R. P. Théodoric Balat et le Fr. André Bauer — Aperçus biographiques. L. de Kerval. Imp. Franc. Miss. 1903.

— *Vie de la Mère Marie-Hermine de Jésus et de ses compagnes,* massacrées au Chan-si. Imp. Franc. Miss. 1902.

l'avait mise le départ du P. Adéodat. Dans le silence et l'intimité de la prière, il sondait son cœur et invoquait le Dieu de lumière et de force. Lorsque le T. R. P. Provincial visitait ses

MGR GRÉGOIRE GRASSI
Vic. apost. du Chan-si sept.

R. P. FRANÇOIS FOGOLLA
son Vicaire Général en 1896.

massacrés le 9 juillet 1900.

chers novices, notre aspirant missionnaire, qui avait pour son Supérieur majeur la candide et confiante affection d'un petit enfant, lui ouvrait son âme.

Nous retrouvons, dans les Archives, cette lettre qu'on ne nous reprochera pas de citer tout au long, tant elle met en son jour cette belle âme toujours égale à elle-même.

Pau, 8 mai 1899.

Très Révérend et bien-aimé Père,

« Je n'ai pas oublié la recommandation que vous m'avez aire de vous écrire avant le 19 mai ; au contraire, chaque jour j'ai attendu avec grande impatience ce temps désigné, et puisqu'il est arrivé, je m'empresse de vous faire connaître encore une fois de plus mon désir et de vous demander la permission de le réaliser, si telle est la volonté du bon Dieu.

Fr. André Bauer

« Depuis que vous m'avez donné l'espoir de pouvoir partir au mois de septembre, je n'ai cessé d'adresser tous les jours une fervente prière à la Sainte-Famille pour qu'elle m'obtienne cette grâce. Mais cette prière ne suffit pas, bien-aimé Père, pour une affaire aussi importante ; aussi, dès ce soir, je commence une neuvaine à saint Joseph. J'espère que ce grand saint qui est si puissant au ciel, viendra à mon secours, qu'il éclairera votre Définitoire (1) et qu'il me donnera à moi plus de ferveur et de courage pour faire le sacrifice, si le bon Dieu le demande.

(1) Le Définitoire est le Conseil de la Province.

D'ailleurs, que de grâces ne vous a-t-il pas obtenu à vous, mon Révérend Père ! Assurément il ne me refusera pas, à moi, votre fils en saint François, ce que je lui demande.

« Je suis bien jeune encore, il est vrai ; et, sans doute, vous devez vous demander si j'aurai assez de courage pour supporter toutes les peines et les épreuves qui m'attendent là-bas, en Chine, et même si je pourrai souffrir le martyre s'il le fallait. Ah ! bien-aimé Père, tout cela m'a bien fait prier et réfléchir. Cependant la voix du bon Dieu est plus forte ; je sens qu'il m'appelle et qu'il me donnera le courage, malgré mon jeune âge, de supporter toutes les peines et les épreuves de la vie de missionnaire.

« Oui, ce sera bien dur s'il faut mourir comme le bon P. Victorin ; mais qu'importe après tout, cinq ou six jours de souffrances, en comparaison d'une éternité de bonheur !

« Ah ! sans doute, les Chinois pourront martyriser mon corps, ils pourront le maltraiter à leur gré ; mais ils ne pourront jamais toucher à mon âme. Aussi, bien-aimé Père, je ne crains pas, avec le secours de la prière et l'assistance de Dieu, de refuser jamais de subir le martyre ; au contraire, je serais heureux de verser mon sang pour ces pauvres Chinois, afin que le bon Dieu les éclaire de la lumière de la foi.

« Enfin, je vous le dis sincèrement, je crois que c'est la volonté de Dieu que je sois missionnaire. Cependant, j'ai encore bien peu d'expérience pour décider une affaire aussi importante ; aussi, je m'abandonne tout entier entre vos mains. Si vous m'accordez de partir, ah ! je partirai heureux et content ; heureux d'aller souffrir pour Jésus-Christ, et content de satisfaire le désir de mes parents qui, avant de mourir, me verront partir de bon cœur.

« Maintenant, s'il faut que je fasse mon service avant de partir, je ne vous le cache pas, bien-aimé Père, le sacrifice sera bien dur, plus dur même que celui de partir ; mais votre volonté est celle du bon Dieu ; aussi qu'il soit fait comme il le voudra.

« Pour moi, je ferai le 19 la sainte Communion à cette intention, avec le plus de ferveur possible. J'espère que vous, de votre côté, vous ne m'oublierez pas au saint Sacrifice de la Messe, et que le bon Dieu écoutera favorablement vos prières et les miennes.

A Dieu donc, Très Révérend Père ; je reste toujours votre enfant tout dévoué en saint François.

Fr. Michel.

Qu'admirer le plus dans ces lignes calmes et limpides comme l'âme qui les a dictées ? Quelle confiante et aimante simplicité dans les épanchements du petit novice dans l'âme de son Supérieur, la vivante représentation, pour lui, de la paternité divine ! Quelles pensées élevées, quels sentiments humbles de sa petitesse, quel recours à la toute-puissance de Dieu pour en espérer l'aide dans le plus cruel des sacrifices entrevus !

Et n'est-il pas touchant de voir invoquer, au nombre des motifs qui militent en faveur de son départ précoce, *le bonheur qu'éprouveraient ses parents de le voir, avant leur mort, devenu missionnaire, peut-être martyr ?* Oh ! quel jour ne jette pas, cette simple phrase, sur l'âme de ces admirables chrétiens ! Grand Dieu ! faites-en renaître, sur notre France, de ces héros ! Donnez aux mères l'abnégation sublime de l'humble Aveyronnaise !

Qu'elles comprennent quelle gloire il y a d'avoir donné au monde un prêtre, une victime « pour la Foi et pour la Patrie ! »

La décision si ardemment sollicitée fut contraire aux espoirs
du novice. Les Supérieurs estimèrent, sans doute, qu'il y au-

LE R. P. THÉODORIC BALAT

rait quelque imprudence à envoyer dans la lointaine Chine,
avant sa majorité, avant son service militaire, et à condamner,
par conséquent, à un exil de presque toute sa vie, ce religieux

qui, une fois aux prises avec la réalité, se repentirait peut-être
de cette si grave résolution. Le doigt de Dieu était là évidemment. La Providence réservait cette âme pour un autre apostolat, tout en agréant ses désirs de vie missionnaire et de martyre. Elle ne lui épargnerait pas l'épreuve de la caserne, parce
que de cet enfant ingénu et timide, elle voulait faire un apôtre
des soldats.

Docile et toujours joyeux, Fr. Michel s'inclina devant la
volonté divine exprimée par ses Supérieurs, et il attendit le
moment de Dieu en conservant jalousement en son cœur le
trésor de l'appel qu'il avait entendu.

Sur le point d'émettre ses vœux, il vit arriver à Pau son
frère. Après six ans passés dans la Custodie de Terre-Sainte,
le Fr. Pascal avait obtenu de revoir ses vieux parents, et il
accourait assister à l'engagement de son cher petit Cyprien, le
15 août 1898. Les conversations des deux frères n'étaient pas
de nature à éteindre le feu sacré du zèle qui brûlait en leur
cœur. Fr. Pascal était un dévoué de la garde des Lieux-Saints.
Il considérait comme un honneur unique de vivre sa vie religieuse dans ces sanctuaires vénérés, d'être le gardien du tombeau de Jésus-Christ et de la Crèche de Bethléem. Fr. Michel
ne rêvait que Chine, mandarins et martyre. Comme ils se comprenaient !

Ensemble ils quittèrent le couvent de Pau et se rendirent à
Béziers, mais obtinrent de faire halte à Lourdes. Leur compatriote et ami, le Fr. Marie-Bernard, les accompagnait, se rendant, lui aussi, au séminaire de philosophie pour y faire ses
études. Laissons-lui redire ces instants de ferveur et de joie
passés dans l'intimité auprès de l'Immaculée.

« Une année plus tôt nous étions venus demander à la sainte

Vierge de bénir notre bonne volonté et de nous accorder de faire un fervent noviciat. Nous étions, de nouveau, à ses pieds pour la remercier et la supplier de nous rendre fidèles à nos vœux. Ce second pèlerinage eut un autre caractère que le précédent. Ce n'était plus la joie un peu bruyante des postulants qui donnaient congé au monde avec entrain. Un bonheur plus intime possédait nos âmes qui étaient si heureuses de s'épancher dans le cœur maternel de MARIE. Nous étant consacrés au Fils, il nous semblait que nous appartenions davantage à la Mère; et ce furent des heures délicieuses que nous passâmes auprès d'elle.

Église des Franciscains à Béziers .
Façade extérieure.

Drapés dans notre chère bure et auréolés de notre timide et modeste ferveur, nous attirions un peu les regards des nombreux pèlerins qui affluaient en ce moment, mais nous n'en avions cure, absorbés, malgré la foule, dans ce bonheur que tous les jeunes profès connaissent bien, et qui leur donne une âme neuve, légère, qui a des ailes.

« Le pèlerinage national venait d'arriver à Lourdes ; nous y prîmes part, nous vîmes un miracle, et nos acclamations se mêlèrent aux acclamations de la foule que l'abbé Garnier, de sa voix vibrante, invitait à glorifier le Seigneur passant au milieu de nous en faisant le bien.

« Ces grandes manifestations extérieures n'apaisèrent point notre désir extrême de ferveur. Nous passâmes la nuit en prières, dans le recueillement de la Crypte, ou sous le regard de MARIE, à la Grotte. »

Les heureux et fervents pèlerins eurent la pensée délicate d'aller présenter leurs respects aux Révérendes Mères Clarisses de Lourdes, et de solliciter leurs prières.

« Je me souviens encore, continue le P. Marie-Bernard, de l'impression que firent sur nous ces grilles austères derrière lesquelles s'immolaient les Grandes Sœurs de l'Ordre Séraphique. Il nous semblait bien que nos sacrifices n'étaient rien auprès de ceux de nos Mères. Et pourtant, la vénérable Mère Abbesse voulut bien s'émerveiller de notre jeune ardeur.

« Quel âge avez-vous, mes bons frères ?

— Dix-huit ans, ma Révérende Mère.

— Oh ! que vous êtes heureux de vous donner ainsi au bon DIEU dans la fleur de l'âge !... Que c'est beau !... »

Et nous, nous nous sentions tout humbles et par la pensée, nous nous courbions sous la bénédiction de cette âme vénérable, qui nous semblait notre aïeule bénissant ses petits-enfants. »

Ils s'arrachèrent enfin à tout ce que Lourdes renferme de charme prenant pour l'âme de foi et dévouée au culte de MARIE, et d'un trait vinrent à Béziers où, résolument, ils se mirent à l'étude de la philosophie.

Le Père Maître des étudiants du couvent de Béziers, sollicité de donner son appréciation sur ses jeunes disciples, écrivait un jour, ces notes brèves sur le Fr. Michel.

« Ce Frère possède une intelligence suffisante. Aptitude remarquable pour les travaux manuels qu'il aime beaucoup. Caractère facile et ouvert, très serviable et dévoué ; ne compte pas avec la peine. »

Et il ajoutait: « Que seront, pour lui, au point de vue intellectuel, les trois années de retard qu'il doit passer à la caserne ? »

Dans ces dernières lignes, semble percer quelque inquiétude au sujet des études de notre jeune Religieux. Nous savons déjà que ses classes ont été laborieuses ; qu'il n'a conquis son admission dans l'Ordre qu'à force de ténacité et de piété. Qu'en fut-il, pour lui, des études de philosophie ?

Assurément il n'avait pas un attrait naturel pour cette science. Son esprit s'orientait plus volontiers vers les connaissances qui requièrent moins d'acuité intellectuelle. D'instinct très positif, il lui fallait de grands efforts pour concentrer son attention sur des raisonnements abstraits, sur des considérations métaphysiques et autres questions exposées dans le langage si nouveau pour lui de l'École.

Eh bien, ces études philosophiques, qui en ont fait gémir plus d'un, ne le troublèrent, ni n'altérèrent sa sérénité. Gaillardement, avec sa bonne humeur inlassable, il s'attela à San-Severino, et le défricha d'arrache-pied. Pour le traité de la logique ce fut fort bien ; il était en pays de connaissances dans le domaine du bon sens. Nous n'oserions affirmer qu'il eût une aussi exacte vision des choses dans l'étude du temps, de l'espace, du point et de la ligne. Mais l'histoire de la philosophie le fit se retrouver lui-même, et il reprit sa bonne plume qui lui avait aidé, déjà dès le Collège, à faire de si précieux résumés, et il entreprit une collection de notes fort judicieuses sur tous les philosophes anciens et récents. Sans parvenir à être brillant, il continuait à rester solide, et s'apprêtait à démentir heureu-

Église des Franciscains de Béziers, *chœur des Religieux.*

sement, malgré l'interruption des trois ans de caserne, la vague inquiétude de son Directeur. Pour tout le reste, régularité, piété, esprit religieux, pas de fléchissement. Cette âme conti- nuait son chemin vers la sainteté pratique d'un pas égal, sans précipitation mais constant, comme un soldat en marche.

Vers cette époque, une grande angoisse pesait sur les âmes religieuses. Elles qui croyaient s'être assurées, au prix des plus douloureux sacrifices, le droit de prier en paix derrière leurs murailles et de s'immoler, elles qu'un seul désir animait, se dévouer, se dépenser au service de toutes les misères, au soulagement de toutes les infortunes, des projets, dès longtemps et savamment combinés, allaient les jeter dans la rue, tout en proclamant le grand principe de la liberté d'association. Ce furent des heures de cruelle anxiété. Et au ciel seulement on connaît les soupirs et les larmes qu'arrachèrent à tant de pauvres âmes les perspectives de se voir replongées dans le monde qu'elles avaient fui. Et quand bien même, dans la perpétration de ce retentissant forfait, ceux qui menèrent la bande ne se fussent proposés que d'atteindre quelques « moines ligueurs » comme on l'a dit, jamais la postérité calme et sereine ne comprendra et n'absoudra. Les échos de ces temps néfastes lui rediront le bruit des asiles que l'on viole, et le sanglot d'innocents que l'on chasse. Elle percevra le ricanement lubrique d'indignes mandataires installés, en légère société, jusque dans les saints parvis en deuil de leurs anges ; et pendant ce temps, sur la route des frontières, allant en quête de la liberté, les pas résolus de ceux dont il a été, heureusement dit : « Les chênes et les moines sont immortels... »

La postérité entendra cela, et elle flétrira les uns et admirera les autres. Les « hommes de joie et les hommes de proie » elle les marquera au fer rouge. Les victimes purifiées par leurs larmes, grandies par leurs sacrifices, elle les acclamera, elle les glorifiera.

Mais c'est là une des pages de l'avenir. L'heure présente, hélas ! est encore l'heure de l'exil.

Les Franciscains de France, durent, en effet, s'ils voulurent obéir à Dieu plutôt qu'aux hommes, abandonner leurs cloîtres à la rapacité de ceux qu'un euphémisme facile appela du nom de liquidateurs, et portant en leur âme le deuil de la liberté, ils se dirigèrent, qui vers les missions lointaines, qui vers le Canada, vers la Hollande, vers l'Helvétie, vers l'Italie. Mais à l'approche de cette échéance redoutable, la sollicitude des Supérieurs s'était émue. Il y avait, dans les divers couvents de l'Ordre, en France, une nombreuse jeunesse remplie d'espérance. La rendre brutalement à la vie séculière, la pensée n'en vint pas même aux Provinciaux. Mais, pour achever sa formation normale et lui permettre de réaliser dans la suite ses rêves d'apostolat, il fallait lui demander l'un des plus grands sacrifices quand on est jeune, et qu'on est Français : s'expatrier, s'exiler volontairement. De plus, bon nombre de ces étudiants étaient mineurs. L'exil, dans ces conditions, serait-il du goût des parents ? Le T. R. Père Provincial coupa court à toute difficulté pour l'avenir en demandant à tous ceux qui étaient dans ce cas, de se procurer l'assentiment écrit de leurs parents ou tuteurs à leur exode. Et ce fut fait, dès la fin de l'année 1899. Mais nul n'obtint *carte blanche* mieux que le Fr. Michel, à qui son bon Curé transmettait le consentement suivant, complet et explicite :

« Vous êtes à la veille, peut-être, de partir pour l'étranger, et comme mineur, le consentement de vos parents est absolument nécessaire. Vous savez, et je puis certifier aux Révérends Pères Supérieurs, que c'est de grand cœur que vos parents vous ont consacré à Dieu. Je puis certifier, encore, qu'ils donnent aux Supérieurs le libre et plein consentement, de vous envoyer où ils voudront. »

Le Fr. Michel se hâte, joyeux, de transmettre ces lignes à son Supérieur, puis il ajoute :

« Pour moi, je suis toujours disposé à faire votre volonté et à servir et aimer le bon JÉSUS, même dans la plus dure des épreuves, s'il lui plaît de nous l'envoyer. »

Mais un autre exil, une autre épreuve l'attendait.

CHAPITRE V

A la Caserne.

Rude épreuve. — Toujours vaillant. — L'apostolat
auprès des soldats. — Religieux quand même. —
« Puisque vous faites bien, restez-y » — Dévouement
et charité. — Le typhus. — La délivrance.

LES temps sont déjà loin où les catholiques
étaient fortement émus à la nouvelle qu'allait être levée pour les séminaristes, l'immunité du service
militaire. Et cependant, n'était-il pas légitime, cet émoi ? Oui!
Ce qui était un mal alors n'a pas cessé de l'être, encore que
DIEU ait visiblement tiré quelque bien de ce mal. Pourquoi donc
le séjour des clercs à la caserne est-il considéré comme *une
épreuve que Dieu a permise et qu'il faut accepter avec courage et
patience?* (1)

L'Église aurait-elle craint de voir les jeunes lévites se présenter plus rares à la porte de ses Séminaires à la perspective
de ne se voir plus favorisés de l'exemption du service ? On ne
saurait lui prêter cette pensée, à elle qui n'offre à son clergé
que labeurs et privations, avec le seul espoir d'une récompense là-haut. Puis les faits ont démenti la supposition.
Suspecter son patriotisme, ce serait oublier les constants

(1) Règl. des sémin. sold. de Lyon.

exemples de dévouement désintéressé de ses prêtres, de ses religieux, qui n'ont jamais reculé devant l'austère vie des camps lorsqu'on a bien voulu les autoriser à y porter les secours de leur ministère. Ce serait biffer de l'histoire glorieuse de la France le nom d'innombrables missionnaires, les meilleurs pionniers de l'influence française dans les pays nouveaux.

Non, ce n'est pour aucun motif humain que l'Église a réprouvé cette mesure, fallacieusement revêtue des apparences de l'égalité. Le jeune clerc, séminariste ou religieux, est un futur prêtre. Jésus-Christ, un jour, doit lui prêter sa voix pour redire au monde les paroles de vie qui ressuscitent les âmes ; il lui empruntera son cœur, afin, par lui, d'aimer, de pardonner, de consoler, de sanctifier. Quel est le jeune homme appelé de Dieu, à qui sa mère aurait confié, au jour de sa première Communion, le calice d'or de sa première Messe, ne le presserait désespérément sur son cœur en se voyant tombé dans un cloaque infect ?

Hélas ! qu'étaient, que sont encore les casernes de tout pays ? Si notre pauvre jeunesse contemporaine offre, sous toutes les latitudes, le désolant tableau de la décrépitude avant l'âge, sans nul doute la leçon du désordre lui est venue tout d'abord de cette chaire de pestilence qu'est la presse et certaine littérature moderne. Mais, et tel est aussi le sentiment de grands penseurs actuels, c'est la caserne surtout, et avec elle, et par elle, la révélation des plus ignobles industries qui sont l'écueil funeste où glissent et s'embourbent, contaminés en leur corps et en leur âme, la foule des jeunes gens trop préparés par ailleurs à ces honteux naufrages.

Comment ne reculerait-il pas, d'instinct, le jeune lévite, au moment d'aspirer cette viciante atmosphère ? Comment ne saisirait-il pas à deux mains son cœur, ce cœur qu'ont mis vingt ans à lui façonner pur et noble ses deux Mères, celle de son foyer et l'Église, et ne chercherait-il pas à l'élever bien haut au-dessus de toutes ces corruptions avec lesquelles il lui faut vivre deux années durant, dans les exhalaisons d'une odeur de mort ?

Non ! si l'Église appréhende pour ses clercs le service militaire, ce n'est ni lâcheté, ni égoïsme ; mais pudeur, respect, et responsabilité des âmes ; de l'âme du futur prêtre, ce continuateur de Jésus-Christ ; des âmes, aussi, sur lesquelles le cœur du prêtre est appelé, — soleil bienfaisant — à projeter ses rayons de foi, de pureté et de divine charité.

Mais, ainsi que le constate avec une tristesse résignée un auteur, ami du Séminariste soldat, « toute récrimination est impuissante et inefficace. Le fait est là ; il faut quitter le séminaire ; il faut laisser cette chapelle bénie, témoin des premières émotions du futur prêtre !

« Il faut remplacer les salles du Séminaire ou du Noviciat par les chambrées de la caserne... Au lieu des conseils paternels de maîtres vénérés, il faudra recevoir les froids et brusques commandements de ceux qui vous enseigneront la théorie militaire !...

« Mais les épreuves permises et voulues par Dieu ne sont pas sans mérites. Donc, en avant ! Pas de plaintes inutiles. Dieu, d'ailleurs, vous redit à chacun : *Sufficit tibi gratia mea.* »

Le Fr. Michel partit pour trois ans, vers la fin de 1901. Il fut incorporé, à Lyon, au 158e d'infanterie alpine, en résidence à la caserne Bissuel, près Perrache.

Sur ces entrefaites, la Province franciscaine d'Aquitaine, à laquelle appartenait notre jeune religieux, se vit privé de son chef. Le T. R. P. Othon, qui remplissait la charge de Ministre Provincial pour la troisième fois, fut appelé à Rome et chargé de représenter les Provinces de la huitième Circonscription de l'Ordre comme Définiteur Général. L'heure était angoissante. Perdre un chef éclairé, au grand cœur et à la volonté ferme, au moment du combat, n'était-ce point la débandade, le désastre ? La divine Providence ne le permit pas. Elle envoya à notre Province anxieuse le T. R. P. Raphaël qui recueillit et continua avec douceur et fermeté l'œuvre de son prédécesseur.

C'est désormais avec lui, que durant son exil à la caserne, Fr. Michel correspondra chaque mois, suivant le règlement des religieux soldats, édicté par le T. R. P. Othon.

Mais quelle fut son attitude en arrivant dans son nouveau milieu ? Ce serait méconnaître son caractère d'une si constante unité que de le supposer découragé ou défaillant.

Pour avoir changé de terrain, son âme ne perdit pas ses racines. Sous la tunique bleu et le pantalon rouge, son cœur demeura le même que sous la bure.

Bien plus : à la révélation de réalités jusque là insoupçonnées par son âme ingénue, il sentit naître en lui l'ardent désir de travailler au bien moral de ces chers soldats, frondeurs, parfois, peut-être, mais cœurs d'or.

Plus tard, rentré dans le recueillement du cloître, il écrivit pour ses jeunes confrères, aspirants à l'apostolat, comme lui, quelques pages sous ce titre : « Les Œuvres militaires. Réflexions d'un ancien soldat. »

Il y signale sans ménagement les écueils que le conscrit inexpérimenté est exposé à rencontrer *aux alentours de la caserne,* ainsi que les navrantes conséquences, pour tout son avenir, de l'oubli des pratiques religieuses.

Il fait remarquer que le jeune homme sous les armes c'est le futur père de famille de demain. Il lui est avantageux de puiser, dans la forte discipline militaire, les habitudes d'endurance et d'oubli de soi qui font l'honneur de la race française. Mais cette générosité héréditaire, ce mépris splendide du péril qu'envient au soldat français toutes les nations du monde, notre jeune auteur montre que la religion en est la source la plus pure et la plus féconde. Il supplie ses confrères, les apôtres de demain, de s'intéresser aux œuvres de soldats, de travailler à rendre notre vaillante jeunesse de plus en plus respectueuse de Dieu et de l'autorité ; soucieuse de l'honneur national et des intérêts supérieurs de la grande famille qu'est la patrie.

Il cite la parole de Mgr de Ségur, le grand ami des soldats : « Que si la religion n'est pas en honneur dans l'armée, celle-ci, au lieu d'être le couronnement de toutes les œuvres en sera le tombeau. (1) »

« Vous me direz peut-être, ajoute-t-il : « Que peut-on faire à la caserne, aujourd'hui qu'est supprimé pour elle le culte officiel de la religion catholique ? J'en conviens, l'exercice *légal* de la religion est supprimé ; mais a-t-on supprimé la liberté

---

(1) *Les œuvres militaires* ne manquent pas, heureusement, en France. Il n'est pas une seule ville de garnison qui n'ait un ou plusieurs prêtres dévoués s'occupant avec zèle et succès des jeunes militaires. — Mais ces œuvres *d'à-côté* suffisent-elles ? Nos voisins les Suisses, et bien d'autres avec eux, ne le pensent pas. Durant les grandes manœuvres annuelles, les soldats catholiques des milieux helvétiques ont la consolation d'être accompagnés par le « Capitaine aumônier. »

Le samedi soir on tire des fourgons la grande tente-chapelle ; et, le dimanche matin, tous les soldats qui le veulent assistent à la Messe. A l'Élévation, les honneurs militaires sont rendus au Dieu de l'Eucharistie, par un peloton choisi parmi les soldats catholiques.

du soldat ? On a défendu au prêtre l'accès de la caserne ; a-t-on défendu au soldat l'accès du prêtre (1) ?

Mais, pour notre ardent religieux, le mot *impossible* n'est ni français, ni franciscain.

« Comment ? Est-ce que l'attitude perverse et destructive de tout sentiment religieux que l'on affecte pour l'armée, loin d'être une raison de se croiser les bras et de se lamenter en voyant sombrer dans un naturalisme abject l'élite de notre France, n'est pas, au contraire, un pressant motif de tenter un vigoureux sauvetage ? »

« Mais quels sont, lui demande-t-on, les moyens de sauver ces âmes ?

— Les moyens ? reprend-il ; l'un des plus sûrs et des plus efficaces est le Cercle militaire, mais le Cercle militaire qui s'empare du soldat tout entier.

« Le recrutement des membres d'un Cercle militaire n'est pas difficile. Rien de plus aisé. Gagnez, au début, trois ou quatre camarades d'une même compagnie ; vous avez là suffisamment pour multiplier vos éléments en peu de jours. Les nouvelles recrues se font si facilement, à leur tour, apôtres ! Puis, tout groupe est une attraction.

« Le plus difficile est de retenir le soldat au Cercle. Il ne faut pas oublier que le soldat est corps et âme ; il faut donc agir sur les deux. Si le soldat ne trouve pas, au Cercle, de la musique, des livres, des journaux, une buvette à bon compte, on ne l'y reverra plus.

(1) Il y a eu, malheureusement, certaines mesures, édictées par un personnage de néfaste souvenir, pour rendre impossible au soldat cet accès du prêtre. Mais on semble s'éloigner de jour en jour de l'esprit qui dicta ces dispositions et d'autres, aussi anti-patriotiques qu'anti-chrétiennes.

« Ah ! conclue-t-il, si dans chaque garnison il y avait nombre suffisant de directeurs zélés qui, sérieusement, s'occupent des soldats, les jeunes gens y apprendraient à devenir plus hommes à tous les points de vue ! »

Quand, plus tard, il eut accepté d'être aumônier militaire libre au Maroc, il s'écria avec un accent qui puisait sa sincérité dans le souvenir des tristesses entrevues durant son service :

« Oh ! que je vais faire du bien à ces chers soldats ! »

A travers toutes les fatigues crucifiantes du service militaire le plus astreignant, au milieu des amertumes et des dégoûts qui ne cessèrent de l'abreuver dans ce milieu si éloigné de son idéal, toujours, cependant une pensée le consola et le soutint : il pouvait faire quelque bien à ses chers soldats. Il nous suffira de faire une cueillette dans la nombreuse correspondance qu'il entretint avec ses Supérieurs durant ces trois années, pour y saisir sur le vif cette âme courageuse et zélée.

Après les premières semaines du début il écrit au T. R. P. Raphaël :

« Vous devez, Très Révérend Père, attendre, sans doute, avec grande impatience, de mes nouvelles, pour savoir ce que je suis devenu depuis que j'ai quitté le couvent de Béziers ? Comme on vous l'a déjà dit, le bon Dieu m'a envoyé à Lyon au 158e d'infanterie. Je suis très heureux de ce choix, car la sainte Vierge, qui est la Patronne de cette ville, ne m'abandonnera pas...

« A mon arrivée je suis allé saluer les bons Pères Capucins qui m'ont très bien reçu, et m'ont recommandé de venir passer toutes les journées du dimanche chez eux, ainsi que les soirées de la semaine. »

Bientôt, il ne tarde pas à constater quel vaste champ d'apos-

tolat offre la chambrée à une âme zélée, et il forme des projets
que son tact et sa prudence lui font réserver pour le temps où
son premier grade ajoutera à son ascendant naturel sur ses
camarades.

Il se réjouit de se rencontrer avec quatre autres séminaristes

Groupe de Chasseurs *(la Classe)*.
† Fr. Michel.

ou religieux qui font leur service dans le même régiment.

« Comme cela, nous pourrons nous encourager les uns les
autres, et faire un peu plus de bien, car, hélas ! il y en a
à faire !... »

Il conclut par une pensée surnaturelle et une délicate attention :

« Laissez-moi vous dire, Très Révérend Père, que j'ai prié ce
matin tout spécialement pour vous, à Notre-Dame de Four-

vières, ainsi que pour notre Province. J'ai demandé aussi à la sainte Vierge de bien me protéger et me conserver toujours ma vocation religieuse. »

C'était là son grand souci : rester fidèles à ses engagements sacrés. Dans ce but, il multiplie tout ce qui peut être pour lui une sauvegarde. Il fait connaissance du zélé Curé de Sainte-Blandine, M. l'abbé Faurax, grand ami des soldats.

« Je vais le voir toutes les fois que cela est possible, dit-il ; il me donne de salutaires conseils pour conserver ma vocation au milieu des dangers de la caserne. Je ne regrette qu'une chose ; c'est de ne pouvoir aller passer toutes les soirées chez lui, car là je pourrais travailler un peu, lire quelques bons livres ; mais nous sommes retenus tous les soirs, soit pour une revue, soit pour des théories supplémentaires. »

Et ailleurs :

« Tous les dimanches nous nous réunissons, mes deux compagnons (1) et moi, chez les bons Pères Capucins. Le matin nous faisons la sainte Communion ; ensuite, le reste du jour nous assistons à tous leurs offices. De sorte que nous pouvons goûter un peu les délices de la vie religieuse et la tranquillité du couvent. »

N'est-ce pas l'indice d'une vocation fortement ancrée, que de rechercher, comme son élément, la solitude du cloître et la prière, alors que, dans une grande ville, tant de distractions, même fort honnêtes, mais futiles, sollicitent un jeune cœur qui a gémi, toute une semaine, dans le rude assujettissement d'une caserne ?

Mais l'âme du Fr. Michel revenait aux choses de la vie reli-

_____

(1) Fr. Hugolin et Fr. Conrad, étudiants franciscains, qui faisaient également leur service militaire à Lyon.

gieuse comme un ressort un instant comprimé retourne à son état normal. Il s'appliquait même à ne jamais quitter Dieu, ni durant les absorbants exercices de sa charge, ni pendant les heures inoccupées de la caserne, heures vraiment redoutables que Satan exploite avec succès.

Par un héroïque esprit de foi, il voulait voir Dieu en tous ceux qui l'entouraient, sa volonté en tout ce qui lui advenait.

« Oh ! écrit-il, ce mois a été bien rude ; mais je pense que le bon Dieu aura tenu compte de mes peines et que je n'aurai pas perdu mon temps ! »

Une autre fois il dégonfle ainsi son cœur et s'encourage lui-même par les pensées surnaturelles :

« Vous dire que j'ai été heureux durant ce mois, je ne le puis pas, car, hélas ! il a été bien dur, bien pénible. Le bon Dieu l'a voulu ainsi, sans doute, pour que nous fassions, nous aussi, notre Carême en compensation du jeûne et de l'abstinence qui ne nous ont pas été possibles.

« Malgré mes peines et mes épreuves, je conserve toujours la joie et la gaieté que j'avais au couvent, car je me dis : Mon Dieu, je fais votre sainte volonté ! par conséquent, pourquoi m'attrister et me décourager ? La souffrance est légère, la gloire sera infinie. »

Et certes, s'il parle de souffrance ce n'est pas qu'il fût douillet ; mais la vie d'un Alpin est rude.

« Depuis quinze jours, écrit-il encore, nous sommes à la Valbonne et la vie que nous y menons est bien pénible à cause du mauvais temps. Nous sommes presque continuellement dans l'eau et il arrive souvent que nous n'avons pas de linge pour changer. Il faut avoir une santé de fer pour y tenir, et surtout la grâce de Dieu ; autrement je crois bien que je serais, depuis longtemps, comme bien d'autres, à l'hôpital. »

Ce qui aggravait, pour lui, les soucis et les fatigues c'est qu'on l'avait promu caporal. Il n'en avait pas ressenti de l'orgueil, mais s'en félicitait, cependant, car, disait-il avec simplicité, « je pourrai faire un peu plus de bien et accomplir quelques actes de charité de plus envers mes pauvres frères d'armes. »

A une lettre du couvent où on lui fait remarquer qu'il écrit moins souvent, il répond :

« Le temps me manque ; du matin au soir, je n'ai pas un seul moment à moi. Même, parfois, le dimanche, j'ai juste le temps de courir chez les bons Pères Capucins pour assister à une Messe et faire la sainte Communion.

« Il y a six mois, montant en grade, je pensais avoir un peu plus de tranquillité, et par conséquent plus de temps libre. C'est le contraire qui est arrivé. On m'a nommé caporal d'ordinaire, et mes occupations, au lieu de diminuer, ont triplé. Figurez-vous qu'il faut m'occuper à la fois, de mon escouade, de la nourriture et du blanchissage de la compagnie, et enfin, avec cela prendre le service comme les autres caporaux.

Déjà j'ai demandé au capitaine de m'enlever ce dur fardeau ; mais pour toute réponse il m'a dit : « Puisque vous faites « bien, restez-y ! » Alors, que faire, sinon se soumettre à la volonté des supérieurs qui est celle de Dieu ? »

Il faisait bien, et il faisait du bien. Il ne se contentait pas, auprès de ses camarades, de l'apostolat de l'exemple ; rempli de zèle pour redresser leurs idées erronées sur la religion, et les aider à fuir la contagion du vice, il puisait dans la bibliothèque d'un des complaisants amis qu'il s'était faits à Lyon, et durant les longues soirées d'hiver, il intéressait la chambrée par des lectures remplies d'à-propos.

Son cœur compatissant le porta, même, lui le petit pauvre à qui manquait tout superflu, à assister discrètement une honorable famille momentanément très éprouvée. La chose fut découverte d'une manière fortuite, et voici comment :

Ses correspondances n'arrivaient plus aussi fréquentes à ses Supérieurs. L'un d'eux, de passage à Lyon, le lui fit remarquer et en manifesta quelque peine. Le bon Fr. Michel, que rien ne crucifiait comme de faire souffrir qui que ce soit, eut une contenance très embarrassée, rougit et répondit timidement :

« Si je n'écris pas, c'est afin d'économiser les timbres. »

— Oh ! mais, lui dit le Père, vous poussez trop loin l'esprit de pauvreté, cher Frère Michel. N'y aurait-il pas quelqu'autre raison ?

— Oui, » répondit-il, incapable de feindre.

Et il raconta comment il s'était aperçu de la détresse de cette famille. A dater de ce jour, toutes ses petites ressources y passèrent ; celles qu'on lui adressait, de temps à autre, du couvent, et les cinq francs que sa bonne mère lui envoyait de loin en loin ; sa ration quotidienne de pain de la caserne, prit la même route, et l'admirable enfant n'hésitait pas, le soir, après les marches les plus fatigantes, à s'imposer les 5 kilomètres qui le séparaient de ses amis pour aller les consoler et les secourir.

« Mais alors, pauvre ami, comment vous arrangez-vous vous-même ?

— Oh ! reprit-il ; ne vous tourmentez pas à mon sujet. J'ai de bons camarades qui partagent avec moi. »

Sa bonté et sa simplicité lui créèrent d'autres amis que ceux qu'il secourut dans leur malheur. Parmi les membres de la Fraternité du Tiers-Ordre, placée sous l'obédience des Pères de sa Province, plusieurs eurent l'occasion de le connaître ; ils l'apprécièrent et l'aimèrent.

Nous nous contenterons de citer les pieux et distingués Supérieurs des deux Fraternités, M. le Docteur et Mme Debauge. Ils avaient compris l'âme droite du Fr. Michel, et ils aimaient à l'admettre à leur table. A son tour, Fr. Michel s'ingéniait à découvrir un moyen de témoigner sa reconnaissance à ses hôtes qu'il vénérait et affectionnait filialement. L'occasion s'offrit à lui, propice, durant son séjour à Modane. Un renard fut découvert, rôdant autour du campement, pour grignoter les restes abandonnés par les soldats. Fr. Michel lui tend un piège ; il confectionne des boulettes qui recélaient de traîtreuses allumettes, et les laisse traîner éparpillées sur la neige. Maître renard, sans défiance, croque l'appât, et... y laissa sa peau, une magnifique fourrure d'hiver que Fr. Michel s'empressa d'apporter à Lyon et d'offrir à ses charitables amis qui la gardent, en belle place d'honneur.

A la nouvelle de sa mort tragique, voici en quels termes le vénéré Docteur, Supérieur de la Fraternité, en écrit au T. R. Père Provincial :

« Notre retraite a été attristée par la nouvelle de la mort du saint Religieux qui a été massacré au Maroc. Nous connaissions depuis longtemps le bon P. Michel Fabre. Nous avions eu souvent le bonheur de le voir lorsqu'il faisait son service militaire à Lyon. Nous comprenons toute l'étendue de la perte que fait l'Ordre des Franciscains.

« Le P. Michel était destiné à faire beaucoup de bien. Il en avait déjà fait beaucoup. Cette mort, qu'on peut bien dire un véritable martyre, vient dignement couronner une vie de dévouement et de charité.

« Le P. Michel n'avait qu'un désir, faire du bien aux âmes. Il y réussissait admirablement.

« Il savait si bien se faire aimer, que personne ne pouvait

Groupe de soldats alpins.

résister à ses bons conseils... Il aura, dans le paradis, un beau cortège d'âmes qui lui auront dû leur salut éternel. »

Les régiments d'infanterie alpine envoient tour à tour la moitié de leurs bataillons faire un long séjour et de laborieux exercices dans les Alpes. Le tour de la Compagnie à laquelle appartenait Fr. Michel arriva. Il partit pour Modane, et ce ne furent certes pas des mois de villégiature réconfortante qu'il y passa. Dans une lettre à son ancien Professeur du Collège il raconte ainsi les travaux et les fatigues qu'il venait d'endurer :

« Depuis trois mois, nous sommes au Mont Cenis en train de réparer une route militaire que l'hiver avait complètement dégradée. C'est là que votre lettre est venue me trouver. Je voulais bien y répondre de suite, mais impossible de trouver, dans ce pays sauvage, un peu d'encre et de papier. Aller au bureau de la compagnie ? Cela aurait été peine inutile, car nous avons un sergent-major si aimable, qu'il ne peut voir personne au bureau, si ce n'est pour un motif de service. Aussi je profite, aujourd'hui, de ce que je suis descendu à Termignon, pour vous donner de mes nouvelles.

« Je puis vous dire, mon cher Père, que malgré la grande chaleur qu'il fait dans les autres pays, ici, nous avons déjà beaucoup souffert du froid, et un peu de la fatigue. Nous couchons sous des tentes, et la neige nous a déjà tenus, pendant plusieurs jours, sans rien faire. Durant quinze jours, nous avons travaillé dans un glacier qui avait, au moins, 300 mètres de longueur et 8 mètres d'épaisseur. Je vous assure qu'il n'y faisait pas bon. Toutes les 20 minutes nous étions obligés de sortir pour faire un peu de pas gymnastique afin de nous réchauffer. »

C'est durant un de ces séjours dans les Alpes qu'il fut atteint du typhus et se vit à deux doigts de la mort.

Autour de lui nombre de ses compagnons succombèrent, et, hélas ! sans le secours d'un prêtre. La désolation de ces pauvres jeunes gens de mourir ainsi, loin des leurs, sans la réconfortante parole de la religion, sans que leur âme croyante ait pu se sentir purifiée dans l'aveu sacramentel, sa propre détresse, tout cela se grava dans sa mémoire à jamais. Et lorsqu'il lui fut proposé, plus tard, de courir au Maroc pour y assister les soldats français, il s'en souvint, et ce lui fut un stimulant.

Il guérit et prit un congé de convalescence. C'est auprès de sa douce mère qu'il alla réconforter son âme et son corps ; car la pieuse femme ne cessa jamais de se préoccuper de la vocation religieuse de son fils, ainsi qu'il l'atteste dans une lettre. Il ne pouvait plus aller retremper son courage dans un des couvents de l'Ordre ; les hôtes en étaient partis. Il en exprime sa douleur au T. R. Père Provincial :

« Mon grand regret c'est de voir que tous nos bons Pères ont été chassés ; je n'aurai maintenant aucun couvent où je puisse me retirer. Le bon Dieu le veut ainsi, que sa sainte volonté soit faite ! Soyez sûr, Très Révérend Père, que je reste toujours votre enfant, et que malgré la haine des méchants qui vous font partir, mon cœur est auprès de vous la nuit et le jour. »

En revenant de voir sa mère, il passe à Béziers, saluer sa sœur qui y est établie. Il ne résiste pas au désir de revoir le couvent où il a vécu deux des années de sa vie religieuse.

« On dirait, écrit-il, un nid sans oiseaux, ou, si vous l'aimez mieux, un tombeau où tous nos Pères seraient ensevelis. Aussi, à cette vue, oubliant mon courage militaire, je n'ai pu retenir les larmes de mes yeux. »

Revenu à Modane, il y compte les jours qui le séparent de la délivrance. Il écrit avec plus d'instance à ses frères qui l'attendent, par delà la frontière. »

« Je vous envoie, dit-il gracieusement, comme souvenir des Alpes, une carte avec des fleurs de neige que j'ai cueillies au sommet du Mont Cenis où, jeudi dernier, nous sommes allés faire une reconnaissance, avec un froid d'hiver et de la neige jusqu'aux genoux.

« Si le T. R. Père Provincial est auprès de vous, donnez-lui
de mes nouvelles et dites-lui que je suis toujours son enfant
en saint FRANÇOIS, et que jamais ni le froid ni la neige des
Alpes ne glaceront mon cœur. »

Et quelques jours avant la fin de son service il annonce sa
joie :

« Bientôt nous allons rentrer à notre caserne de Leseillon pour
y être désarmés et, de là, venir vous rejoindre au plus vite.....
Oui ! maintenant mon cœur est content d'être délivré d'un si
lourd fardeau. J'ai vu le monde, ses joies, ses plaisirs et ses
misères, et j'ai vu que tout cela n'est rien. L'amour de DIEU
et l'immolation, voilà ce qu'il y a de plus beau ici-bas, et
c'est ce que je veux, à votre exemple, venir acquérir, en revê-
tant de nouveau mon saint habit religieux. »

Il rentra au couvent, en effet ; et on a pu dire que ce fut
comme s'il ne l'avait jamais quitté. Dès le premier jour il se
retrouva lui-même, pieux, régulier, fervent, avec ce quelque
chose de doucement grave que l'épreuve avait ajouté à sa
physionomie toujours ouverte et gaie.

CHAPITRE VI

Vie d'étudiant.

L'Université de Fribourg. — Très Révérende Mère Marie de la Passion. — La grotte maçonnique. — Réparation et immolation. — Profession solennelle du Fr. Michel. — Mgr Jacquet. — Un départ pour les Missions.

CE sera à jamais la gloire du petit canton suisse de Fribourg d'avoir compris, d'avoir voulu, d'avoir réalisé l'œuvre capitale de l'Université Catholique. Les raisons de l'opportunité des hautes Écoles, dans l'Église, le distingué Recteur de l'Institut Catholique de Paris, trop tôt ravi par la mort à cette cause qui lui fut si chère, les a magistralement mises en lumineuse évidence dans ses beaux discours de rentrée (1).

A ceux qui semblaient ne pas comprendre la nécessité de cette institution et des sacrifices qu'elle exige, il répondait éloquemment : « C'est dans les Facultés de l'État, c'est dans les hautes Écoles que s'opère la transformation de la science sereine en science athée, ennemie de la morale et de la foi.

(1) Voir *Œuvres de Mgr d'Hulst*, t. II.

C'est dans des Facultés, c'est dans des Écoles du même rang, que doit s'élaborer une transformation meilleure, celle qui, préservant le dépôt des vérités nécessaires, l'enrichira des conquêtes nouvelles du savoir, et fera honneur à DIEU de tous les progrès de la pensée humaine (1) »

Faire honneur à DIEU de tous les progrès de la pensée humaine ! Tel est également le programme que s'est imposé, dans la création de l'Université de Fribourg, le grand homme d'État catholique, M. Georges Python, et que l'ont aidé à poursuivre les professeurs d'élite venus à son appel des nations les plus diverses. Voulue par Léon XIII, confirmée et encouragée par Pie X, cette œuvre extraordinaire, hors de proportion avec l'humilité des ressources dont peut normalement disposer un petit canton agricole de 120 000 âmes, mais dirigée dans sa voie par une main de fer et une intelligence d'élite, cette œuvre se voit sur le point d'être parachevée par la création de la Faculté de Médecine.

Grâce à un homme de foi et d'énergie, grâce à la confiance que lui a faite le vaillant petit peuple fribourgeois, désormais, au centre des nations européennes, existe et rayonne un foyer intense de lumière, une haute École de toutes les sciences, au service de l'Église catholique.

Déjà dès l'année 1898, alors qu'était à peine à son aurore cette grande œuvre, le P. Othon, Provincial d'Aquitaine, eut l'occasion d'entretenir dans l'intime son fondateur, et il comprit quelle ressource pouvait offrir, l'heure venue, à ses jeunes étudiants, les apôtres de demain, cette institution éminemment pénétrée de l'esprit catholique. Et il posa les bases d'une

(1) MGR D'HULST, *Discours de rentrée du 18 novembre 1886.*

FRIBOURG

Vue générale.

Le Convict de la grotte.

Bibliothèque Cantonale.
et le Lycée.

installation destinée à devenir, dix ans plus tard le « Convict Marianum » ou maison d'études pour les étudiants franciscains fréquentant les Cours de l'Université.

C'est à l'inlassable dévouement d'une grande âme, la Très Révérende Mère Marie de la Passion, Fondatrice de l'Institut des Franciscaines Missionnaires de MARIE, que le Très Révérend Père Raphaël dut de pouvoir réaliser l'œuvre préparée par son prédécesseur.

Déjà dès l'année 1888, la Mère Fondatrice avait pris possession, à Fribourg, d'une grotte et d'une maison attenante, rue Grand'fontaine. Cette grotte et cette maison ont toute une histoire.

La franc-maçonnerie avait essayé d'instituer dans cette caverne un culte mystérieux. Les traditions et la disposition des lieux en font foi. Mais les agissements de la secte ne trouvèrent pas de correspondance chez les catholiques habitants de Fribourg, et elle dut songer à *liquider* son étrange immeuble.

Par une suite de circonstances providentielles, la Mère de la Passion fut amenée à connaître l'existence de ce temple maçonnique, et son grand cœur ne recula devant aucun sacrifice pour l'arracher à l'enfer et le donner à JÉSUS-CHRIST.

Nombreuses furent les épreuves que lui valurent cette détermination. Mais DIEU secondait son projet. La grotte fut finalement acquise, purifiée, et l'adoration perpétuelle du Très Saint-Sacrement remplaça les ténébreuses pratiques des suppôts de Satan.

Quant à la maison sise en contrebas de la grotte, elle fut également enlevée à sa destination antérieure, qui n'avait rien de monastique, et devint la résidence des blanches Missionnaires. Là elles prièrent, souffrirent, s'immolèrent, « victimes

TRÈS RÉVÉRENDE MÈRE MARIE DE LA PASSION
Fondatrice et Supérieure Générale
de l'Institut des Franciscaines Missionnaires de Marie,
décédée le 15 novembre 1904.

volontaires pour l'Église et pour les âmes (1) » et travaillèrent à effacer, à force de sacrifices et de ferveur, le souvenir de l'impiété et de la licence qui avaient fui devant elles.

C'est là, c'est dans ce sanctuaire si cher à sa piété, que la Très Révérende Mère Marie de la Passion reçut les Franciscains de la Province d'Aquitaine. Elle leur en céda l'usage pour un temps indéterminé, et installa sa propre communauté dans un des quartiers supérieurs de la ville.

Lorsque, en septembre 1904, le Fr. Michel fut libéré du service militaire, c'est vers Fribourg, c'est vers la grotte qu'il se dirigea.

Ne trouvant plus, en France, aucun couvent de son Ordre, il fut heureux de retrouver là ses anciens frères d'armes de la caserne et du noviciat. Et, dès son arrivée, comme une sentinelle qui n'a fait que changer de poste, il se remit simplement, joyeusement, aux exercices de sa vie religieuse et aux études en vue du sacerdoce.

La vie du religieux-étudiant, du Franciscain, n'est que la continuation de sa formation monacale, à laquelle s'adjoint une vie de solides études en vue des divers ministères apostoliques qu'il devra exercer. C'est donc, en premier lieu, à le former aux vertus et pratiques de la vie claustrale que tendent tous les exercices de sa vie quotidienne.

Le modeste Convict de la rue Grand'Fontaine, dénommé aussi Convict de la Grotte, était loin d'offrir à cette jeunesse toute les facilités matérielles voulues pour le plein épanouissement de leur vie conventuelle. Il avait fallu de laborieux et ingénieux calculs pour arriver à transformer cet immeuble

(1) Formule des vœux des Franciscaines Missionnaires de MARIE.

étrange en demeure régulière de jeunes moines. Mais, finalement, tout y fut : les cellules, le cloître, le chœur.

C'étaient, il faut l'avouer, d'humbles, de très humbles cellules, là-haut, dans es combles, parmi les poutres. Le cloître, suspendu aux flancs du rocher, possédait une vue splendide sur le grand toit du singulier monastère. Le chœur..... oh ! le chœur ! n'en disons rien de malséant ; à part la décoration fantaisiste du plafond qui gagnait à être vue dans la pénombre et les reflets rougeâtres des briques

Chœur du Convict franciscain de la Grotte.

nues, nul n'en médit jamais. Et son grand et beau Calvaire posé sur le roc vif, au-dessus de l'entrée béante de la sombre grotte, ce Calvaire, fut pendant des années le livre aimé où se plurent à lire, durant les bénis instants d'oraison, les jeunes disciples du divin Crucifié.

Pour tout le reste, ils eurent assurément la partie belle, les malins critiques, et ne se firent pas faute de chanter en prose et en vers les invraisemblables dispositions de leur Thébaïde.

Dans un recueil où cette jeunesse exhubérante consignait un peu de tout, projets généreux d'avenir, mélancoliques souvenirs du passé, on relève de loin quelque pointe à l'adresse d'un gîte, qu'ils bénissent la Providence de leur avoir donné, mais dont les agréments discutables les laissent rêveurs.

Un jour de pluie, sans doute, l'un d'eux maugréa quelques vers irrévérencieux à l'égard de la vénérable demeure, en formulant ainsi les commandements de l'Étudiant franciscain à la grotte :

> Sous les tuiles tu grilleras
> Pendant deux longs mois seulement.
>
> Le reste de l'an gèleras
> Soufflant dans tes doigts fortement.
>
> Par la lucarne humeras
> L'air qui te vient si chichement.
>
> Et tout cela accompliras
> Sans pleurs, sans murmures..... gaiement.

Un des plus gais était, sans contredit, Fr. Michel. Que lui importait à lui de gravir soixante-douze marches pour se rendre au chœur ? N'avait-il pas gaillardement escaladé les flancs abrupts des Alpes ! Les bas-fonds sombres et humides lui étaient moins pénibles que les glaciers où l'avait terrassé la typhoïde. Et sa modeste cellule, si difforme et étroite qu'elle fût, ouvrait, au moins, sur deux ciels; par le carreau du toit, sur le ciel de là-haut où étaient ses espérances; et par sa petite entrée, sur le ciel d'ici-bas, vers le pieux oratoire des étudiants où résidait en permanence, le Jésus de son cœur.

« Depuis que Jésus a choisi ses apôtres, nous savons comment il façonne les ouvriers évangéliques ; il les sépare, il les attire, il les instruit, il les éprouve. *Quittez vos filets, quittez votre père ; laissez les morts ensevelir leurs morts* : voilà la séparation.

Venez à ma suite, je vous ferai pêcheurs d'hommes : voilà l'attraction.

Puis viennent les doux colloques, où durant trois années, le Maître divin révèle à ses confidents les célestes secrets : *Je vous ai fait connaître tout ce que j'ai appris de mon Père.*

Enfin voici l'heure de l'épreuve : *Satan vous a réclamés comme sa proie ; il veut vous passer au crible. Le pasteur sera frappé et les brebis seront dispersées ; veillez et priez pour ne pas être submergés dans la tentation.*

« Quand les élus ont passé par toutes ces phases de la formation apostolique, alors seulement ils peuvent entendre la parole créatrice qui fait d'eux les précepteurs et les sanctificateurs du monde : *Allez, enseignez, baptisez les nations* (1). »

L'heure de la *séparation* avait sonné de bonne heure pour le Fr. Michel ; et à mainte-reprise, il avait été mis en demeure de renouveler son détachement : à sa prise d'habit, à l'émission de ses premiers vœux, et à l'issue de son service militaire ; car sa nouvelle rentrée au couvent, après cette dure épreuve, revêtait, certes, tous les caractères d'un nouveau et très généreux sacrifice.

Le 4 octobre 1905, en la fête de saint FRANÇOIS d'Assise, il était mûr pour prononcer les plus irrévocables engagements. Il émit ses vœux solennels, et ce lui fut une consolation de faire ce grand acte en présence de celui qui avait déjà reçu sa profession simple, le T. R. P. Othon, revenu depuis peu de

---

(1) MGR D'HULST, *Panégyrique de saint Ignace.*

ENTRÉE DE LA GROTTE

Rome. Il s'y était préparé en étudiant avec ferveur le Séraphique saint FRANÇOIS, et nous trouvons consignés, sous sa signature, dans la petite Revue des Étudiants, encore à son début, les sentiments que lui inspirait la connaissance intime du Séraphique Pauvre d'Assise.

Cloître de San Remo
Noviciat des Franciscain d'Aquitaine.

« Le cœur des saints est liquide, dit-il avec saint Bonaventure, ce n'est pas un diamant sur lequel les souffrances de l'humanité glissent sans laisser de traces ; ce n'est pas une pierre qu'elles ne percent que goutte à goutte ; non, c'est un or pur, qui se fond et se change en un torrent dans lequel elles-mêmes viennent se fondre et disparaître. » Et il révère, en son Père FRANÇOIS, « le séraphin tout d'or en fusion, embrasé par l'amour de DIEU et l'amour des âmes (1). »

(1) *Amor et labor*, Fascicule V, p. 70.

Ce séraphin terrestre sera son modèle. Il travaillera, lui aussi, à épurer complètement son cœur, afin de devenir tout imprégné d'amour de Dieu et des âmes.

Avant que d'être un brillant ostensoir et d'auréoler de ses feux, sur nos autels, le Dieu-Eucharistie, l'obscur minerai demande à être arraché à la terre, et puis brisé ; ensuite l'eau et le feu le séparent de tout alliage. Le ciseau de l'artiste en dégage, alors, le chef-d'œuvre dont le Très-Haut ne dédaignera pas de faire son trône ici-bas.

Au jour de son ordination sacerdotale, le Fr. Michel devait devenir cet « ostensoir vivant du Sauveur » qu'est le Prêtre, ici-bas. Aussi, dans le silence laborieux du cloître, devait-il s'appliquer à briser, à épurer, à façonner son cœur en vue de ses hautes destinées.

C'est très résolument qu'il avait renoncé à toute propriété en vue de sa profession solennelle. Sans doute sa fortune terrestre n'était pas considérable. Mais, au dire de saint Grégoire, quand on quitte tout ce que l'on possède, — ne fut-ce qu'une méchante barque et quelques filets de pêche, — on quitte beaucoup, et l'on mérite le centuple ici-bas, et, dans l'autre monde le royaume du ciel.

Comme François d'Assise, le Fr. Michel n'avait plus rien, ne voulait plus rien.

Lorsque la mort de sa mère fut survenue, quelques jours à peine avant son propre trépas, il put écrire à l'aînée de ses sœurs :

« Je ne sais si ma mère vous aura dicté ses dernières intentions au sujet du partage des biens de famille. Pour moi, c'est entendu, je ne prends rien..... » Il voulait vivre en vrai pauvre, et c'est en vrai pauvre qu'il est mort, ses bourreaux l'ayant dépouillé de tout, même de ses vêtements.

Mais, séparé des siens, totalement, généreusement, il ne cesse pas de les aimer avec tendresse et sollicitude tout en élevant bien haut leurs pensées et leurs affections.

Voici en quels termes il exprime, en décembre 1906, ses souhaits de nouvel an à son père et à sa mère :

« Bonne et heureuse année ! chers parents. Bonne année, avant tout pour votre âme ! Que Dieu la conserve toujours pure ! Qu'il vous accorde la grâce de vous tresser une nouvelle couronne de mérites durant cette nouvelle année. Les années qui passent sur nos têtes deviennent des diadèmes de gloire, ou de fausses couronnes, selon l'usage que nous en faisons. Si nous les employons à servir et à aimer le bon Dieu, elles seront pour nous des couronnes de gloire ; si nous faisons comme les méchants qui l'offensent sans cesse, il est certain qu'elles ne nous serviront de rien, loin de là !

« Bonne année, ensuite, pour la santé. Vous êtes déjà avancés en âge ; vous avez besoin de ménager vos forces ; aussi je prie le bon Dieu de vous conserver comme il l'a fait jusqu'ici, si c'est son bon plaisir. »

Et dans sa correspondance avec ses sœurs et ses beaux-frères c'est le même ton de virile tendresse, de surnaturel souci de leurs âmes.

« Chère sœur et cher beau-frère, en ce commencement d'année où tous les cœurs s'épanouissent, vous pensez bien que le mien ne peut rester muet. Aussi je m'empresse de venir vous offrir mes meilleurs vœux et souhaits de bonne année...

« D'abord, pour commencer par les souhaits les plus nobles, les plus spirituels, je vous désire à tous la paix du cœur. Je souhaite que toutes les vertus chrétiennes fleurissent dans vos âmes. Je prie le bon petit Jésus de la crèche de vous accorder toutes les joies célestes qu'il est venu apporter au monde la nuit de Noël...

« A ces vœux que je forme pour vos âmes, j'ajoute des vœux pour votre santé. La santé est un don très précieux, surtout pour vous qui devez travailler afin de gagner votre pain quotidien... Sans doute, avec la maladie et la souffrance on peut mériter et gagner le ciel, si on les accepte de bon cœur ; toutefois, vu votre condition, la santé semble préférable. Cependant, si le bon Dieu, dans ses desseins incompréhensibles pour vous, vous envoyait la souffrance ou la maladie, il ne faudrait pas lui en vouloir, car Dieu a une raison dans tout ce qu'il fait et permet. Mais alors je lui demanderai de vous envoyer en même temps la force et le courage de supporter ces épreuves avec résignation et confiance.

« Je ne vous souhaite pas la richesse, oh ! non, car elle ne procure jamais le vrai bonheur, mais favorise plutôt la paresse, et ne donne ordinairement à l'âme que tristesse et ennui... Et puis, que dirait, d'un tel souhait, l'Enfant Jésus, lui qui a daigné naître dans une pauvre et misérable étable ? Ce que je vous souhaite, c'est que le bon Dieu vous donne le nécessaire pour vivre honorablement et chrétiennement.

« Tels sont les vœux que je forme pour vous, chère sœur et cher beau-frère. Pour Marinou et sa petite sœurette, j'en ajoute un de plus, c'est qu'elles grandissent toutes deux, comme le petit Jésus, en âge, en science et en sagesse..... »

Avec sa sœur religieuse le ton est plus intime sans cesser d'être surnaturel. Leurs deux âmes se comprenaient si bien et s'aimaient tant !

« Pourquoi faut-il être aussi éloignés l'un de l'autre, lui écrit-elle d'Athènes. Ces jours-ci, je comptais depuis combien de temps je ne t'avais pas vu. Il y a treize ans ! Mes yeux se sont remplis de larmes en pensant que peut-être je ne te reverrai plus. Et je me disais : Il n'y a que pour le bon Dieu qu'on puisse faire de tels sacrifices. Je ne sais pas pourquoi, je vois tout en noir. Je pense à mes parents qui sont bien âgés, et tout cela me remplit d'une tristesse que je suis obligée de vaincre..... Écris-moi tout de suite, j'ai hâte de savoir de tes nouvelles..... »

Et il répond :

« Console-toi, chère sœur, voici la lettre tant désirée. J'ai tardé à t'écrire, c'est vrai ; mais, que veux-tu ? Tu sais bien que l'homme propose mais que c'est Dieu qui dispose ?... »

Et il lui raconte aimablement mille détails intéressants :

« Figure-toi, ajoute-t-il, que j'ai montré à mon Supérieur l'aube que tu m'as brodée ; il l'a trouvée très belle et il m'a dit : « Que vous êtes heureux d'avoir une si bonne sœur !... »

Bien détaché du monde et tendrement, mais surnaturellement uni aux siens, son âme se laissait doucement *attirer* par l'amour du Sauveur Jésus qui le préparait à devenir son prêtre. Mais rien n'a transpiré de ses entretiens intimes avec Dieu dans cette période de sa vie religieuse. D'une piété très exacte, ainsi que son Père Maître l'a fait remarquer, il n'était pas coutumier des démonstrations ni des épanchements. On a pu voir, cependant, quelles ardeurs il entretenait en son cœur pour la sainte Eucharistie ; et les paroles citées (1), si tendres pour le divin Prisonnier, sont de l'époque la plus rapprochée de son retour de la caserne.

Quelques mois après, il fait part au T. R. P. Raphaël de la

(1) Chap. 1ᵉʳ, p. 9.

joie qu'il a éprouvée en assistant à la profession solennelle de quatre de ses frères, « qui enfin dédaignant, pour jamais tous les plaisirs du monde, ont voulu se consacrer complètement à Dieu par les vœux de notre sainte Règle. »

« Ah ! pour dire, ajoute-t-il, les sentiments qui animaient, en ce jour, leur cœur ; pour exprimer les bienfaits que Dieu a dû répandre sur eux en cet acte solennel, il faudrait avoir été, comme eux, immolé en holocauste. Mais mon heure n'a pas encore sonné. Aussi je me tais et j'attends cette heure solennelle et unique dans la vie pour goûter après ces heureux frères les délices et les charmes que Jésus accorde à ses victimes volontaires. »

L'heure sonna, ainsi qu'on l'a vu, et voici les pensées que l'heureux profès confia au petit carnet, son confident des grands jours :

4 octobre 1905.

« O mon doux Sauveur, voici le grand jour ! le jour où, enfin, il m'est donné de me consacrer tout entier à vous. Depuis longtemps je désirais vous offrir cet holocauste ; mais par un dessein de votre divine bonté, et pour le bien de mon âme, vous avez retardé la date de ce beau jour. Soyez-en béni ! Maintenant qu'il est arrivé, je me consacre complètement à vous.

« Je vous consacre mon âme avec toutes ses facultés et toutes ses puissances ; je vous consacre mon cœur avec toutes ses affections ; mon corps, tout le sang de mes veines, toutes les forces de mon être, afin de les employer uniquement pour votre gloire et le salut des âmes.

« Seigneur, je me donne à vous pour la vie. Je m'engage à

vivre dans l'obéissance, la pauvreté et la chasteté. Faites que je sois fidèle à ces saintes promesses.

« MARIE IMMACULÉE, saint Joseph, saint Michel, saint FRANÇOIS, mon séraphique Père, soyez les témoins de ces promesses que je viens de faire à DIEU et aidez-moi à y rester fidèle. »

Cette fête, de sa profession solennelle, n'était que le prélude de son ordination au sous-diaconat. Il reçut cet Ordre sacré des mains de Mgr Jacquet, de l'Ordre des Frères Mineurs Conventuels, archevêque de Salamine, dans la grotte même qui sert

S. G. MGR JACQUET
archevêque de Salamine.

de chapelle extérieure au Convict. La chronique du séminaire mentionne cette touchante cérémonie et ajoute :

« Au repas de midi de ce jour, dimanche 8 octobre, nous avions le plaisir de voir à notre modeste table Mgr Jacquet et le T. R. Père Gardien des Conventuels de Fribourg. Avec cette amabilité et cette sympathie que nous lui connaissons tous, Monseigneur a porté un toast qui a réveillé bien des échos dans nos cœurs.

« C'est avec un réel plaisir, a dit Sa Grandeur, que je viens « faire les ordinations dans cette grotte, parmi cette Commu- « nauté religieuse, au service de laquelle je ne veux pas comp- « ter pour me dépenser, car c'est une Communauté de Frères « Mineurs, de Missionnaires, qui iront travailler au champ de « Dieu, non seulement en Europe, mais jusque sur les plages « de Chine. Pour vous, chers Ordinands, souvenez-vous de « cette coïncidence providentielle : c'est dans une loge de « francs-maçons que vous avez reçu l'onction sainte, de ces « francs-maçons qui vous ont chassés de France. C'est donc « une revanche que vous prenez sur eux ; et le vœu que je « forme pour vous est que, demain, vous la preniez complète. »

« Pareils accents pouvaient-ils laisser froids ceux qui ne songent qu'à combattre pour la cause de Jésus-Christ ? Comme cette parole a mis le soleil en nos âmes !..... »

Dans son mot gracieux et de pensée si élevée, le Prélat consécrateur vient de faire allusion à un fait qui a son intérêt. C'est que la grotte, taillée en forme de chapelle, en pleine masse du rocher qui surplombe la côte de Grand'Fontaine, est l'ancienne loge maçonnique dont il a été question plus haut. Au-dessus de la porte d'entrée, dans le cintre, se voient encore les insignes de la secte, de même que dans l'intérieur sont con- servés certains vestiges très authentiques des louches pratiques des Frères trois-points.

C'était une vraie consolation pour les religieux, enfants de saint François, de prier et s'immoler dans ce lieu en réparation des outrages que le divin Sauveur y a subis de la secte infernale. Leur mission a été reprise, depuis qu'ils ont quitté ces lieux,

S. G. Mgr ÉTIENNE-MARIE POTRON, O. F. M.
évêque titulaire de Jéricho.
décédé à Fribourg *(Suisse)* en 1905.

par les Franciscaines Missionnaires de MARIE, qui avaient été les premières, d'ailleurs, à inaugurer la réparation euch aristique dans cet antre de Satan, purifié. Sur l'entrée de la grotte se trouve encore la belle statue en fonte de saint Michel terrassant le dragon (érigée par les Franciscains), et au-dessous on lit ces paroles : « *Superabundavit gratia ubi abundavit delictum*..... La grâce a surabondé, où le crime s'était multiplié. »

C'est, en effet, dans cette loge, devenue un sanctuaire vénéré, que reçurent l'onction sainte, de nombreux Fils du Patriarche d'Assise, soit des mains de Mgr Jacquet, soit de celles de Mgr Potron, Évêque franciscain bien connu. C'est de là, également que partirent pour la mission du Chang-Tong Oriental les étudiants devenus prêtres : P. Arsène Dulsou, P. Joseph Gérenton et P. Pierre Seyrès. La flamme missionnaire dévorait le cœur de ces trois jeunes religieux depuis leur entrée au noviciat, les deux derniers même, depuis le Collège Séraphique. Ils avaient rêvé de partir ensemble ; mais ils durent se disjoindre. Le P. Arsène s'embarqua aux premiers jours de l'année 1905. Les PP. Joseph et Pierre seulement en novembre de la même année.

Le 26 de ce mois, les deux partants furent fêtés par leurs condisciples qui, en cette circonstance, multiplièrent leurs attentions, leurs discours et leurs chants. Fr. Michel ne fut pas des derniers. Dans une séance qui fit époque, au séminaire, on chanta les grandeurs et les gloires de l'apostolat. De jeunes frères poètes firent rendre à leur lyre des sons d'autant plus harmonieux qu'ils émanaient de cœurs aimants et délicats.

Le Fr. Michel, lui, lut un à-propos très suggestif intitulé : « Le soldat et le missionnaire. » Dans un parallèle très bien mené, il montre combien ces deux âmes, celle du soldat et du missionnaire, sont faites pour s'entendre, pour s'aider, mais surtout combien l'emporte sur l'autre la mission de l'apôtre, soldat de DIEU. Qu'on en juge par quelques extraits :

« ..... Non content de sacrifier à sa patrie tout ce qu'il a de plus cher, le soldat lui, sacrifie encore sa vie. Est-elle en danger ? aussitôt il part, il court, il traverse, s'il le faut, les mers et va mourir silencieux et résigné sur les plages les plus lointaines, joyeux même de verser son sang pour la noble cause qu'il défend. — *C'est à la mort que je vous envoie,* disait en 1870, un officier français à l'un de ses soldats à qui il confiait une mission périlleuse.

« Je le sais, général, répond le brave soldat, aussi j'y cours. » Voilà l'héroïsme du soldat.

« Celui du missionnaire, croyez-vous qu'il sera moindre ? Non certes. Lui non plus ne craint pas de donner sa vie pour l'Église. Malgré la prison, les fers, le martyre qui peut-être l'attend, il va au milieu d'un peuple barbare et inhumain travailler à la conquête des âmes, de ces âmes qui lui sont plus chères que sa vie. Je dirai même que son héroïsme est plus grand que celui du soldat. Le soldat en allant au feu, agit souvent sous l'empire de l'enthousiasme, sous l'œil de ses chefs, de qui, peut-être, il attend une récompense. Le missionnaire, lui, n'agit que sous le regard invisible de DIEU, c'est son courage seul qui le retient sur le champ de bataille. »

« ..... Au milieu du danger le soldat a un guide, un soutien ; il a le drapeau, emblème vivant de sa patrie. Sous ses plis ondoyants il sait que palpite l'âme de son pays, il sait que combattre sous son ombre c'est combattre sous le regard de toute la nation. Il se rappelle, en le voyant, que des milliers de braves comme lui, ont mieux aimé mourir que de se livrer à l'ennemi, et ce souvenir lui donne du courage et de l'audace.

« Le missionnaire, lui aussi, a son drapeau qui lui rappelle sa noble mission, qui est son guide et son soutien au milieu du péril, et ce drapeau c'est la croix. Que de glorieux souvenirs elle fait revivre dans son cœur ! Elle lui représente l'Église tout entière avec ses légions d'apôtres, de vierges, de saints et de saintes, Jésus-Christ son chef et son modèle. Ah ! il sait, lui aussi, que des milliers de martyrs l'ont rougie de leur sang, que des chrétiens sans nombre l'ont baignée de leurs larmes et ont trouvé à ses pieds, consolation et espérance. Aussi, un regard jeté sur ce noble drapeau, suffit pour ranimer son courage et le rendre plus fort que jamais.

« Révérends Pères, — concluait-il, — ce drapeau vous l'emportez avec vous ; il sera votre guide et votre soutien. Allez le déployer aux yeux de ces infidèles qui ne le connaissent pas encore. Allez grossir la petite armée séraphique qui combat là-bas avec un courage sans égal et un dévouement sans borne. Comme eux, allez vous couvrir de gloire et de mérites, nos cœurs vous accompagnent et ne vous quitteront jamais (1). »

Le soir de la même journée, les adieux solennels furent faits dans la chapelle du Convict. Le chroniqueur raconte en ces termes cette scène émotionnante :

« Les professeurs et les élèves du Pensionnat du Petit-Rome étaient là. Après un pieux commentaire de l'Évangile du jour qui, providentiellement, se trouva être celui où Notre Seigneur choisit soixante-douze disciples et les envoya, par groupes de deux, là où Il devait passer, afin qu'ils disposassent les âmes à la réception de la divine semence, le T. R. Père

(1) *Amor et labor*, Fascicule III, page 143.

Commissaire Provincial plaça sur la poitrine des missionnaires le signe de notre Rédemption, la croix, arme et bouclier de l'apôtre. Ainsi :

> Lorsqu'au beau temps des preux une âme semblait mûre
> Pour les nobles combats, quand l'enfant semblait fort
> Et que son jeune cœur bouillonnait sous l'armure,
> On lui mettait en main l'épée au pommeau d'or,
> Et le parrain disait : Mon fils, sois fier et brave,
> Va ! meurs pour ton blason !..... (1)

Cette émouvante cérémonie terminée, on chanta le splendide passage de l'Oratorio de Gounod « Rédemption » où les voix modulent si divinement avec les paroles :

> Oh ! qu'ils sont beaux, sur les montagnes,
> Les pieds des messagers, ministres de la paix !.....

Puis chacun des assistants baisa les pieds des hérauts de l'Évangile, et serra sur son cœur, peut-être pour la dernière fois, les nouveaux chevaliers de JÉSUS-CHRIST.

« Oui, partez, chers amis ! franchissez les mers et les espaces, apportez aux païens infortunés les lumières de la foi avec les bienfaits de notre sainte religion ! Oh ! quittez, quittez notre bien-aimée patrie, et que vos généreux dévouements rejaillissent sur elle en torrents de grâces et de bénédictions ! (2) »

Cette cérémonie, ces adieux touchants, étaient bien faits pour rappeler au Fr. Michel ses douces premières émotions de

(1) P. Henri-Joseph Kœhler, O. F. M.
(2) *Amor et labor*, Fascicule III, p. 134.

Bordeaux et raviver en lui le désir de la vie missionnaire. Il ne cessa, en effet, de l'entretenir en son cœur ; et lors de la dernière visite canonique que fit de la Province le T. R. Père Raphaël, avant d'en remettre le fardeau à son successeur, il put noter sur son carnet, sous le nom du P. Michel : « Il songe toujours à la Chine !... »

Ainsi Dieu continuait à l'attirer à lui, par les appels successifs aux Ordres sacrés, et en excitant en son cœur le désir, plus ardent que jamais, de l'apostolat et du martyre.

CHAPITRE VII

Vie d'Étudiant *(Suite.)*

Beauté de la vie conventuelle. — Le chant dans le cloître. — Le Cercle Saint-Raphaël. — *Amor et labor.* — Le doyen des étudiants. — Délicats souhaits de fête. — La naïveté littéraire.

Séparée du monde par le sacrifice, attirée vers Dieu par l'amour, l'âme choisie a besoin de *lumière.* Il lui en faut pour se reconnaître elle-même dans les dédales de la vie intérieure ; il lui en faudra plus encore pour devenir le guide des autres et les préserver des écueils (1). »

C'est dire que l'aspirant au sacerdoce doit mener de front le travail intérieur de son âme, et l'étude, nécessaire à son ministère futur.

Les exercices conventuels aident puissamment, dans l'œuvre de sa formation, le jeune religieux, futur apôtre. Sa vie religieuse est la source de sa force et de son pouvoir de conversion auprès des âmes.

Lorsque le moine franciscain apparaît devant les foules, quand ce « Démosthène du peuple (2) » parle, ce qui frappe, ébranle et subjugue les âmes, assurément c'est sa bure, sa tête

(1) D'Hulst, *Panégyrique de S. Ignace.*
(2) Lacordaire.

et ses pieds pénitents ; c'est l'affirmation dans tout son être d'un mépris radical des aises de la vie et la recherche unique des biens célestes. Mais ce qui surtout va au cœur et le bouleverse jusqu'au plus intime de lui-même, l'arrache à la fascination de la bagatelle et le donne à la vertu et à Dieu, c'est ce quelque chose d'indéfinissable et de très puissant qui se dégage d'un homme qui vient de la solitude ; c'est le reflet, sur son front, de ses entretiens avec Dieu ; c'est le rayonnement, dans tout lui-même, de sa vie austère.

Le moine-apôtre n'est vraiment apôtre que parce qu'il est moine.

Rien, donc, que de très normal et d'indispensable, si les maisons où la jeunesse franciscaine est appelée à se former sont l'objet d'une sollicitude spéciale de la part des Supérieurs.

Au Convict de Grand'Fontaine, quelles que fussent les difficultés qu'offraient la disposition des locaux, la vie régulière et fervente battait son plein. L'élan, le soufle surnaturel et l'entrain ne manquaient pas parmi les étudiants.

C'était un beau spectacle que celui de ces trente jeunes Religieux psalmodiant avec piété et gravité, l'Office canonial. Les jours de grande solennité, c'est avec enthousiasme que l'on accueillait la proposition de remplacer la simple psalmodie des Matines et Laudes par le chant solennel ; et quel empressement de tous à se prêter aux belles cérémonies prescrites, dans ces cas, par le Cérémonial Séraphique !

On chante beaucoup, dans le cloître. Pour implorer la bénédiction de Dieu, pour lui dire son action de grâces, pour le louer, l'âme religieuse donne des ailes à sa voix ; elle chante.

Et le chant du cloître ne ressemble pas aux chants du monde. Il est simple et doux ; il ne vise pas à étonner les échos de nos nefs ; il s'exhale du cœur comme un soupir ; il laisse l'âme au recueillement et à la prière.

Notre Fr. Michel aimait beaucoup le chant grégorien. Lui et ses frères y donnaient tous leurs soins et l'exécutaient à ravir. Maint habitué des Offices de la Grotte a avoué qu'il venait chaque dimanche puiser dans ce chant si recueilli un renouveau de ferveur, et un réconfort pour toute la semaine.

Le chant grégorien n'attirait pourtant pas seul toutes les sympathies de notre jeunesse étudiante, au cœur poétique, à l'esprit ouvert.

Un jour de fête de famille, le Fr. Michel s'en explique avec sa bonne rondeur coutumière :

« Cette fête serait incomplète, dit-il, si, fêtant un *Maître* en musique, nous ne parlions point de cette aimable sœur de la prière et de la poésie. Il est vrai, ajoute-t-il modestement, que pour en parler avec dignité il faudrait être soi-même artiste, qualité, hélas ! que je ne puis m'attribuer.

« Mais, que Dieu a bien fait de nous donner cet art merveilleux sans lequel tout, ici-bas, ne serait que tristesse et ennui !... »

Et il évoque le souvenir de la caserne, des rudes marches et grandes manœuvres où son courage aurait défailli sans les relevants accents de la musique militaire qui scandait avec vigueur la marche de Sambre-et-Meuse.

Il aime, surtout, en elle la « convertisseuse des âmes. » « Qu'est-ce qui a valu à l'Église le grand saint Augustin ? n'est-ce pas la musique ? n'est-ce pas le chant des hymnes et des psaumes qui, comme il l'assure lui-même, arracha son âme au joug de l'erreur, et la ramena à la vérité ? Et le Xavier des Indes Occidentales, saint François Solano, et le grand missionnaire de France, le bienheureux Grignon de Montfort, comment convertissaient-ils les âmes ? sans doute par leur parole éloquente et sainte. Mais que de cœurs se sont laissés toucher par les mélodies du violon de saint François Solano ! que de pécheurs ont été guéris, grâce aux beaux cantiques du bienheureux Grignon de Montfort ! »

Les pieuses cérémonies, le beau chant d'Église, les divers exercices de la vie conventuelle faisaient donc les délices de notre jeune religieux et l'aidaient à alimenter en son âme la ferveur. Mais il était loin de négliger pour autant cette autre source de lumière qu'est l'étude.

C'est avec grande édification que nous avons trouvé, après sa mort, de très volumineux recueils manuscrits, tous de sa propre main, sur les divers traités de la Théologie dogmatique et morale. Il y a là le témoignage d'un travail personnel considérable, et d'une étude très consciencieuse de la science la plus indispensable au prêtre. C'est à une application constante qu'il dut de posséder très bien les règles de la Théologie morale ; et, plus tard, dans les discussions contradictoires des Cas de conscience étudiés en commun, chaque semaine, par les Professeurs du Collège, toujours la solution apportée par le P. Michel était lumineuse, juste, appuyée sur de solides références.

Il fréquenta certains cours à l'Université, avec ses confrères, mais ne fut pas attiré par le désir de la grande science. Il convenait bien d'ailleurs, avec sa simplicité coutumière « qu'il n'y avait pas en lui l'étoffe d'un futur lecteur de philosophie ou de théologie. »

Son idéal était autre, il voulait être missionnaire. Et le missionnaire, c'est un prédicateur et un homme d'œuvres. Aussi salua-t-il avec joie et empressement un moyen de formation à l'apostolat proposé aux étudiants de Grand'Fontaine peu après l'époque où lui-même revint de la caserne.

Les Statuts de l'Ordre, pour la direction des Études, après avoir réglé la matière, le mode et la durée des études fondamentales pour les jeunes Religieux, prescrivent l'institution d'un cercle de belles-lettres, *circulus politiarum litterarum,* où tous les étudiants, par la parole et par la plume, assoupliraient leur esprit, affineraient leur style, afin de se préparer graduellement au ministère apostolique (1).

Quand on est jeune et que l'on brûle de convertir le monde, on a tôt fait de passer de l'idée à l'action. Le 1er février 1905, le Cercle Saint-Raphaël était constitué, son programme, son fonctionnement déterminés. Pour devise, on adopta la suivante : « *Pro Christo, amor et labor...* » marquant bien par là ce que l'on entendait : travailler pour JÉSUS-CHRIST ; et que ce travail ne desséchât point les cœurs, ni ne les enorgueillît, mais se tournât à l'amour.

Comme corollaire de cette institution, fut décidée une petite Revue autocopiée qui publierait ceux des travaux les mieux réussis et porterait à tous les « amis dispersés » les nouvelles et le souvenir aimant des jeunes. Son titre, inspiré de la devise, fut : *Amor et Labor.*

Dès le premier fascicule, Fr. Michel écrit le compte-rendu de tous ces faits, d'une plume enthousiaste. Il cite la lettre approbative du T. R. Père Provincial, et ses dernières paroles : « Je vous laisse comme encouragement la parole de saint

---

(1) *Singulis mensibus habeatur circulus politiarum litterarum in quo verbo et scripto exerceantur ingenia, stylus perpoliatur, et juvenes, per gradus, ad apostolicum ministerium præparentur.* » (Stat. pro reg. stud. in Ord. Fr. Minorum, art. 18.)

Raphaël : « *Pax vobis ! nolite timere. Benedicite **Deum** et narrate omnia mirabilia ejus...* » La paix soit avec vous ! Ne craignez pas. Bénissez Dieu et racontez ses merveilles... (1)

A cette approbation ne tarda pas à s'en joindre une autre, la plus encourageante pour les jeunes auteurs, parce que la plus haute. Le Rme Père Général de l'Ordre, P. Denys Schüler, dès la réception du premier numéro de cette petite revue, daigna écrire de sa main :

« *Benedico amantibus et laborantibus !* »

Fr. Dyonisius Schuler,
M. G.

Combien fut heureuse et encouragée cette chère jeunesse studieuse, il n'est pas besoin de le dépeindre. Tout le monde se mit à l'œuvre avec entrain.

Durant les quatre années qu'il passa au séminaire, le Fr. Michel sut bien mettre à profit les séances du Cercle, et l'hospitalité de la revue. Il a publié de nombreuses petites études, fait d'intéressants compte-rendus de séance. Son début fut un acte d'amour à « l'Eucharistie, vie du monde » dont on connaît déjà un extrait (2). Puis, vinrent ses « Réflexions d'un ancien soldat, » et diverses études sur des sujets de morale.

Très remarqué et même cité, fut son article intitulé : « La Clef des cœurs. » C'est la *bonté* qu'il célébra dans ces douces pages ; il parla de l'abondance du cœur avec une véritable éloquence.

Ces exercices de composition, de style et d'élocution lui

(1) *Tobie.*
(2) Voir plus haut, p. 9.

S. Exc. Mgr DENYS SCHULER,
archevêque de Nazianze,
ancien Ministre Général de l'Ordre des Frères Mineurs.

furent très salutaires, et on vit, selon qu'il l'écrivit lui même, « son intelligence s'épanouir,... ses énergies se dépenser,... son cœur se dilater... (1) » Il se sentait devenir apôtre.

Il n'avait pas, d'ailleurs, que ce champ d'action où exercer son zèle et déployer ses facultés. Pendant longtemps, son rang de profession lui conféra l'honneur et la charge de « doyen des étudiants. » L'honneur, il ne montra jamais qu'il en tirât quelque fierté. — Quand à la charge, c'est avec la meilleure grâce du monde qu'il en acceptait tous les dérangements qu'elle impose.

Nul n'était plus complaisant que lui pour accompagner l'étudiant en quête du socius requis dans les sorties hors des locaux du séminaire, aux heures de clôture. Nul ne se chargeait avec autant de bienveillance de suppléer le « frère d'humilité » pour le balayage, le « sacristain » les grands jours de fête. Personne ne sollicitait en vain sa charité pour quoi que ce fût. C'était, vraiment le *minister et servus* du séminaire, le premier et l'humble serviteur de tout le monde.

Il est un art bien rare, délicat et fort périlleux, où font lamentablement naufrage de très instruits et beaux parleurs. C'est celui de « faire les compliments. » Ce genre de littérature est d'un maniement difficile. Pour y réussir l'habileté ne suffit pas ; il faut aussi un bon cœur, et surtout du tact.

Telle était la qualité du Fr. Michel ; aussi fut-il excellent, chaque fois que sa dignité de doyen lui conféra l'honneur d'offrir des vœux à ses Supérieurs ou à des hôtes de marque. Nous en citerons deux exemples, que l'on ne trouvera certainement pas dans les « manuels du parfait secrétaire » édité

(1) *Amor et labor,* Fascicule I, p. 6.

à l'usage des malheureux à court d'idées ou de sentiments.

Voici en quels termes il présentait les vœux de bonne fête des étudiants, au T. R. P. Raphaël, Provincial, en avril 1908.

Très Révérend Père,

« En ce beau jour de la Saint-Raphaël permettez aux jeunes Tobies de la Province d'Aquitaine, dont vous êtes le guide et le protecteur, de vous offrir leur hymne de reconnaissance. Il n'est pas long. Trois strophes seulement le composent ; et encore ces strophes sont-elles en prose. Mais, n'en déplaise aux poètes, la prose peut être, aussi bien que les vers, le langage du cœur ; or c'est uniquement celui-là que nous voulons vous parler aujourd'hui.

« La première strophe chante votre *bonté* ; la seconde votre *amour* pour nous ; la troisième notre *affection*.

« La bonté ! quelle belle vertu ! Y a-t-il au monde une puissance qui puisse lui être comparée ? Elle réalise des merveilles. Partout où elle passe on dirait qu'elle sème des miracles. A son contact la joie renaît. Ses charmes irrésistibles gagnent les cœurs même les plus fermés. Pour tout dire, en un mot, elle est pour ceux qui jouissent de ses bienfaits, la petite goutte de rosée, la brise du matin qui procurent le bonheur et raniment le courage. C'est cette vertu qui valut à l'archange saint Raphaël l'affection du jeune Tobie. C'est elle aussi, Très Révérend Père, qui vous a gagné nos cœurs. Ils sont à vous, et aujourd'hui plus que jamais.

« La deuxième strophe chante votre *amour* pour nous. Bien des fois et en bien des manières, vous nous l'avez témoigné, et nous l'avons bien ressenti. Votre cœur est un peu comme notre

Province, il n'a pas de limites. Chacun de nous y a sa place marquée, j'allais presque dire sa cellule.

« Ce matin, durant votre Messe, une pensée m'a frappé..... Pensant au Calice et à l'Hostie que vous teniez entre vos mains, je me disais : Oh! de combien d'amour cette petite hostie est le foyer! Que d'âmes vont y puiser la vie et le courage! Le cœur de notre Très Révérend et bien-aimé Père ne pourrait-il pas lui être comparé ? N'y puisons-nous pas tous les jours plus d'intensité de vie religieuse, plus de force dans les épreuves, plus de constance contre les efforts de nos persécuteurs ?

« Que j'aimerais énumérer tous les bienfaits dus à votre amour ! Mais je n'en finirais pas, tant la liste en serait longue. Qu'il me suffise de vous dire un particulier « merci » au nom des Étudiants, pour les délicates attentions et le dévouement sans bornes que vous ne cessez de leur témoigner. On l'a dit bien souvent, et bien mieux que je ne saurais l'exprimer : La jeunesse c'est l'avenir qui se prépare, c'est l'espérance qui s'épanouit, c'est le soleil qui se lève et monte à l'horizon. C'est pour ces raisons, sans doute, que vous nous traitez en enfants gâtés ? Vous comptez cependant, en retour, que nous répondrons à vos désirs. Eh bien ! soyez-en sûr, Très Révérend Père, dans la mesure de notre possible et avec la grâce de Dieu, nous remplirons, j'en ai la ferme confiance, les espérances que vous fondez sur nous. A votre école, d'ailleurs, nous aurons appris à nous dévouer, et à nous sacrifier pour les âmes, pour l'Ordre, et surtout pour notre chère Aquitaine.

« Enfin laissez-moi vous dire combien notre *affection* pour vous est grande. Aujourd'hui, nous n'avons de pensées que pour vous. Nos bouches n'ont qu'une seule voix pour vous dire combien nous vous aimons.

LE T. R. P. RAPHAEL DELARBRE,
ex-Procureur Général de l'Ordre des Frères Mineurs.

« Nous voudrions bien, pour vous témoigner cette affection, payer nos dettes de reconnaissance ; mais elles sont trop élevées, nous nous déclarons insolvables. Aussi comptons-nous qu'un plus riche que nous, le bon Dieu, viendra à notre aide. Aujourd'hui, ce matin, nous avons imploré ses largesses, nous continuerons à le faire encore, et nous sommes sûrs qu'il exaucera nos prières, car il aime les cœurs reconnaissants, et il sait combien est grande notre reconnaissance. »

Ce qui donne, évidemment, tout leur prix à ces paroles simples et bonnes, c'est leur accent de sincérité. Le P. Michel a toujours révéré et aimé du fond de son bon cœur ses Supérieurs, tous ses Supérieurs. D'un grand esprit de foi, il montait directement jusqu'à Dieu qu'ils représentaient. De plus, son humilité, et le penchant naturel de son esprit le portaient plutôt à voir le bon côté des choses et des personnes ; il ne remarquait donc pas, et sûrement il ne relevait jamais leurs travers ou leurs imperfections.

Certes, ce n'est pas lui qui se laissait aigrir par les immanquables tristesses et misères qui se révèlent, à mesure que l'on défile devant l'humanité. La parole du divin Maître au serviteur jaloux, « pourquoi votre œil est-il mauvais parce que je suis bon ?... » il la retournait et se disait : « Pourquoi cesserais-je d'être bon parce que les autres ne le sont pas ? »

Un disciple de Jésus-Christ détourne ses lèvres du fiel et du vinaigre qui traînent dans les bas-fonds de l'humanité ; mais il garde son cœur inlassablement bon et serein et cherche à conquérir les autres à la bonté.

Le second exemple nous montre le Fr. Michel, encore plus heureux peut-être dans l'art difficile des harangues officielles.

Il s'agissait de féliciter, de fêter le Révérend Père Gardien. Tous s'y employèrent, et par les vers, et par les chants, et par la prose. Tout le monde réussit, car le cœur était de la partie. Mais nul ne surpassa, en amabilité et délicatesse, le bon doyen.

« Oh ! que ne suis-je peintre ! dit-il. Si j'étais artiste, aujourd'hui, je dessinerais un grand tableau pour l'offrir à notre Père Gardien ; et voici comment je le composerais : Le champ serait *d'or*. Car notre Père Gardien a un cœur d'or. Et ce cœur est si grand que chacun de nous, du plus petit jusqu'au plus grand, y a une place marquée et une place égale ; on y est si bien que pour moi, si DIEU me le permettait, je ne voudrais le quitter jamais. Il est si compatissant qu'il prévient les moindres désirs de ses enfants ; si tendre qu'il préfère souffrir que faire souffrir les autres ; si humble, qu'il aimerait mieux, s'il se pouvait, être à la dernière place plutôt qu'à la première.

« Oui, le champ serait d'or, et d'or épuré trois fois, car il y aura bientôt trois ans qu'il est notre Gardien et qu'il déverse sur nous toutes les tendresses de son cœur.

« Sur l'or, que pourrais-je mettre ?... J'ai trouvé. Je mettrais un palmier. Ne vous étonnez point si je choisis cet arbre ; en lui je vois une parfaite image du Père Gardien.

« D'abord, le palmier donne aux oiseaux du ciel une ombre douce et rafraîchissante. Que d'oiseaux ont déjà vécu à l'ombre bienfaisante de notre Père Gardien ! Au Collège Séraphique on les a comptés par centaines ; ici, il est vrai, on ne les compte que par trentaines, mais aussi ils sont plus grands, il leur faut plus de place.

« Une autre qualité du palmier, c'est qu'à l'automne on ne voit pas ses feuilles mourir et tomber comme celles des autres arbres ; elles conservent toujours leur fraîcheur première. Sur le visage du Père Gardien, il n'y a ni automne, ni hiver, c'est un printemps continuel.

« Enfin, le palmier produit en abondance des branches si belles par leurs formes élégantes, sveltes, élancées, que toutes les générations ont voulu voir en elles le symbole de la victoire. Aussi, il n'est presque personne qui ne désire avoir, comme ornement, ou comme souvenir, quelqu'une de ces belles palmes.

« Vous pensez, peut-être, que le Père Gardien n'a pas ses palmes, lui aussi ? Eh bien, si ! et ses palmes, ce sont les Pères, les Frères étudiants, les chers Frères convers, c'est nous tous. On les estime tant que de tous côtés on lui en demande. Mais, de même qu'il ne sied pas de dépouiller en même temps le palmier de toutes ses branches, de même le Père Gardien ne donne aux solliciteurs que celles dont la maturité peut répandre le rafraîchissement et la consolation sur les âmes errantes dans les déserts arides de cette vie.....

« Le palmier dessiné, je placerais tout à côté un ange aux yeux bleus. Recueilli en lui-même et rêveur, il promènerait sur une harpe sa main, avec une grâce et une aisance toute céleste. Vous devinez déjà le motif de ce choix. Notre Père Gardien est notre Ange gardien. Comme une mère veille sans cesse sur son enfant et pourvoit à tous ses besoins, ainsi il veille sur nous.

« Il est vrai, qu'il a, pour l'aider dans cet office, un Vicaire modèle ; mais le Père Vicaire ne fait rien sans le consulter. Aussi sommes-nous comme les petits oiseaux ; nous ne semons, ni ne moissonnons, et pourtant rien ne nous manque ; notre Père Gardien pourvoit à tout.....

« La harpe et l'extase de l'ange symboliseraient son talent

musical avec la douceur qui lui est propre. Ses harmonies sont si suaves que les oreilles les plus délicates en sont ravies. Qui sait ? Peut-être bien des âmes doivent leur conversion à ses délicieuses mélodies ? La musique n'est-elle pas une prière ? Si nous comptons parmi nous des artistes en nombre, n'est-ce pas le Père Gardien qui leur a passé, en partie, son talent ? Je suis persuadé que N. P. saint FRANÇOIS, qui aimait tant la musique, l'a déjà désigné pour diriger au ciel un de ces chœurs dont se compose son innombrable famille.

« Enfin, comme couronnement à ce tableau, au-dessus du palmier, je placerais un beau soleil. Le palmier aime beaucoup le soleil ; on voit sa tige unique s'élever chaque jour vers cet astre resplendissant et puiser à ses rayons la chaleur qui fait sa vie. Notre Père Gardien aime aussi le soleil, et le soleil qu'il aime vous le connaissez : c'est l'Ostensoir, c'est le Calice, c'est le Tabernacle. C'est là qu'il va puiser chaque jour la tendresse et le dévouement dont son cœur est rempli. Mais ici, je m'arrête. Quand le ciel s'ouvre, la parole humaine devient impuissante, et nous devons respecter les secrets du Roi.

« Aussi, Révérend Père, ce tableau que mes mains inhabiles ne peuvent vous offrir, mon cœur vous l'offre, au moins par le désir, au nom de tous les étudiants, en signe de leur sincère et filiale affection pour vous. »

Après cette longue, mais gracieuse citation, n'est-il point permis de se demander ce qui fait le charme de ce style à part ? Il est simple, sans intention littéraire aucune, plein de hasards et de rencontres aimables. On dirait une promenade. Serait-ce la simplicité ? C'est plutôt la naïveté.

« La naïveté, dit Hello, n'est pas la simplicité. Elle est un genre à part de simplicité, une simplicité particulière qui a un tempérament à elle. Elle a des oublis et des audaces qui étonneraient ailleurs et qui de sa part n'étonnent pas. Elle a le secret de faire tout pardonner. Ce secret rare, elle le partage avec les enfants qui sont dans l'heureuse impossibilité d'irriter sérieusement. Cette impossibilité que possèdent les enfants dans l'ordre moral, les écrivains la possèdent dans l'ordre intellectuel. Elle est un des privilèges et un des dangers de La Fontaine : privilège quant à lui, danger quant aux lecteurs. Dans ses fables, l'égoïsme du renard est à couvert derrière la naïveté de l'écrivain (1). »

Cette naïveté littéraire, saint François de Sales la possédait à un degré remarquable. N'est-ce pas elle qui fait le charme des sermons et des Causeries du saint curé d'Ars ?

Notre bon P. Michel est de la même école. Quand il tient la plume, « la pensée de produire un effet quelconque est si loin de lui, qu'on oublie de le remarquer. » On a l'impression qu'il parle bien comme il pense, simplement et tout net. Mais comme son âme est naturellement bonne, il n'en tire que choses aimables et gracieuses. « Il y a, dans cet homme charmant, une force vive et gaie, qui provoque la confiance, sans avoir l'air de penser à elle (2). »

Aussi était-il, pour tous ses condisciples, sans exception, un ami et un modèle. Et l'on peut sans en retrancher un iota, lui appliquer l'éloge prononcé par le distingué Mgr Baunard, alors Recteur du Collège Saint-Joseph de Lille, d'un de ses jeunes disciples enlevé prématurément aux plus brillantes espérances (3) :

(1) Hello. *Physionomie des saints.* — S. Fr. de Sales, p. 58.
(2) Idem.
(3) Baunard, *le Collège Saint-Joseph, de Lille,* p. 120.

« Vous l'aimiez et vous l'admiriez en même temps. Ce que vous admiriez de lui, c'était sa régularité, sa fidélité à ses exercices, son exactitude à l'obéissance, son ardeur, je dirais presque son âpreté au travail, toutes ces choses qui sont le joug que l'homme doit porter dès son adolescence, et qui font qu'une vie marche dans l'ordre et la paix, parce qu'elle marche dans le devoir.

« Ce que vous aimiez de lui, c'était sa cordiale bonté, sa franche amabilité, son enjouement habituel, son obligeance toujours prête, tous ces dons du cœur joints à ceux de l'intelligence, mais supérieurs à eux, et composant ensemble ce que l'Écriture appelle : *Vir amabilis ad societatem.* »

On ne saurait mieux dire, et tel est bien, trait pour trait, la physionomie constante du Fr. Michel.

Au Collège, à la caserne, dans l'intimité du cloître, toujours il demeure bon, exact, serviable et aimable.

CHAPITRE VIII

Le Sacerdoce.

L'Ordination sacerdotale. — Dernière préparation.
— L'Heure Sainte. — Inépuisable bonté de Monseigneur Jacquet. — Manifestations de joie séraphique. — Visite à Montclarat. — Retour au
couvent.

Dans le numéro de juillet 1907, le chroniqueur d'*Amor et Labor* mentionne la nouvelle suivante :

« *L'Écho de Chine* ou la *Revue Franciscaine* ont appris à nos lecteurs la nomination du R. P. Adéodat Wittner comme coadjuteur de Mgr Césaire Schang, vicaire apostolique du Chang-Tong oriental. L'élu a débarqué à Marseille depuis quelques jours. Nous espérons avoir, peu de temps après son sacre, le bonheur de recevoir la visite du nouvel Évêque franciscain.

« Sa Grandeur pourra trouver ici plusieurs de ceux qui s'honorent d'avoir été ses élèves au Collège Séraphique de Bordeaux. En attendant que le chroniqueur d'*Amor et Labor* ait la joie de raconter son passage parmi nous, qu'il nous soit permis de solliciter de Mgr Adéodat Wittner une de ses premières bénédictions et de lui dire un sincère et heureux : *Ad multos annos !* (1) »

(1) *Amor et Labor*, juillet 1907. p. 31.

Le mois suivant, le même chroniqueur écrit :

« Comme pour les voyageurs dans le désert brûlant du Sahara, un doux mirage, pas du tout trompeur celui-là, brille à nos regards, et nous montre au-delà de cette montée (les examens de fin d'année) une délicieuse oasis. Nous voulons parler des belles fêtes de famille qu'amènent toujours les Ordinations et les premières Messes. Ces jours bénis revêtiront, cette année, un caractère d'intimité tout spécial. Nous aurons, en effet, le bonheur de recevoir l'onction sainte des mains de l'un de nos Frères aînés, Mgr Adéodat Wittner, sacré à Rome le 7 juillet dernier.

« Sept privilégiés voient venir avec joie ces belles fêtes ; cinq d'entre eux en ressentent une joie plus grande encore, mêlée toutefois à une sainte frayeur. Ils vont devenir ministres de Jésus-Christ, Prêtres pour l'éternité. A l'approche de ces jours bénis qui doivent être les plus beaux de leur vie d'ici-bas, ils éprouvent tous le besoin d'implorer des bienveillants lecteurs d'*Amor et Labor* un petit souvenir devant Dieu. Qu'ils demandent à Celui que nos saints Livres appellent le *Prêtre éternel*, de façonner le cœur de ses cinq nouveaux ministres sur le modèle du sien ! Qu'ils lui demandent de faire d'eux des apôtres qui aillent bientôt donner Dieu aux âmes et des âmes à Dieu (1). »

Le Fr. Michel était du nombre de ces cinq qui se disposaient à recevoir l'Onction sainte. Il avait reçu le Diaconat le 5 août de l'année précédente ; il saluait maintenant l'aurore de ce jour, entrevu dès sa petite enfance, objet de tous ses vœux et vers lequel avaient convergé tous ses jours passés. Il allait être prêtre, et il serait consacré des mains d'un Évêque mission-

(1) *Amor et Labor*, août 1907, p. 48.

naire, et cet Évêque missionnaire était un ancien professeur du Collège, celui-là même dont le départ pour les Missions avait éveillé en lui la flamme apostolique et la volonté d'être aussi Missionnaire. Son cœur surabondait de joie et s'épanchait en témoignages de reconnaissance envers Dieu, si bon pour lui, « le Dieu qui arrête son regard sur les humbles, au ciel et sur la terre, qui enlève le pauvre à son indigence pour le placer parmi les princes, parmi les princes de son peuple (1). »

Il allait gravir cette montagne sainte du sacerdoce d'où comme Moïse de l'Horeb, il contemplerait chaque matin la Terre promise, le ciel, quand il tiendrait en ses mains Celui qui fait la splendeur des cieux et le bonheur des élus.

Ses notes de retraite en ces derniers temps sont très sobres. Il semble se recueillir totalement en Dieu. Les dernières résolutions qu'il mentionne, à la fin de la retraite qui précéda celle de l'ordination, il les résume en trois mots éloquents :

« Être régulier pour être heureux !

« Travailler pour être utile !

« Se sacrifier pour se sanctifier ! »

C'est donc toujours la même préoccupation surnaturelle qui le poursuit : se sanctifier, se sanctifier par le sacrifice.

De pieux enfants s'entretenaient un jour du bonheur qu'il y avait, pour l'âme, à recevoir son Dieu dans la sainte Communion.

« Oh ! dit l'un deux, il y a une joie plus grande encore.

— Laquelle donc ? interrogèrent ses petits compagnons.

— Le comble du bonheur, me semble-t-il, c'est d'être prêtre, c'est, un jour, de déposer sur les lèvres de sa mère l'hostie que l'on vient de consacrer.

(1) Ps. cxii, 5-7.

Mgr ADÉODAT WITTNER AVEC DE JEUNES PRÊTRES CHINOIS

— Eh bien, reprend un troisième, pour moi, il y a un bonheur plus grand, plus profond... La suprême félicité ici-bas ce doit être de mourir *martyr pour Jésus-Christ ?*... »

Tel avait été le constant idéal du Fr. Michel.

A l'approche du sacerdoce, c'est encore la montagne du sacrifice, le Golgotha qu'il rêve et qu'il entrevoit par delà le Thabor de la première Messe.

A l'avance, il annonce la grande nouvelle à ses parents, et un passage de sa lettre semble bien vouloir les préparer de loin à quelque sacrifice dont il se réserve le secret :

« Vous savez que cette année, si le bon Dieu le veut, sera pour moi l'année par excellence, celle où j'aurai le bonheur d'être prêtre. Oh ! priez bien pour moi afin que je me prépare de mon mieux à ce grand bienfait et que je ne sois pas trop indigne de le recevoir..... »

« .....Il faudra faire beaucoup de sacrifices, mais ne craignons pas et ayons confiance. Dieu ne nous abandonnera pas !..... »

Un premier et très sensible renoncement lui fut bientôt imposé, ainsi qu'à ses frères. Nous l'avons dit, la venue en Europe de Mgr Adéodat Wittner avait fait caresser l'espérance de le voir conférer l'onction sainte aux futurs ordinands. Cet espoir se changea en certitude lorsque vers la mi-juillet, le nouveau consacré vint de Rome apporter une de ses premières bénédictions à ses frères en religion et au Collège Séraphique. D'abord fixée au 4 août, par suite des circonstances imprévues, la cérémonie fut remise au 11. Mais voilà que, à la dernière heure, Mgr Wittner est retenu au Congrès eucharistique de Metz par les sollicitudes de son Vicariat ; il ne peut absolument pas arriver à temps pour la cérémonie.

Retarder encore l'ordination n'était plus possible. Tout était prêt ; certains des parents des heureux élus se mettaient en route pour être présents à la fête...

Le dévoué et si délicat Mgr Jacquet sauva la situation. Il accepta avec sa bonne grâce coutumière de suppléer son jeune collègue.

Pendant qu'avaient lieu tous ces pourparlers, et que le pauvre Directeur des Étudiants passait par les alternatives réitérées de l'espérance et de la déception, les futurs prêtres disposaient leur cœur, dans la retraite, à la transformation sublime qui allait s'opérer en eux.

Dans la nuit du jeudi au vendredi 9 août, tous les cinq firent l'Heure Sainte

S. G. Mgr DERUAZ,
évêque décédé de Fribourg et Lausanne.

dans cette grotte impressionnante qui faisait si naturellement songer aux catacombes. Chacun d'eux épancha son cœur aux pieds de Jésus-Eucharistie en termes brûlants de ferveur. Voici la prière humble et confiante, composée par lui-même, que le Fr. Michel lut, au nom de tous, pendant qu'ils étaient prosternés:

« O bon et doux Jésus, nous voici arrivés sur les marches de votre autel après bien des infidélités, après bien des chutes. Mais en cette heure solennelle, oubliez-les dans votre infinie miséricorde. Nous les détestons, nous nous repentons de tout notre cœur. N'ayez égard qu'à notre bonne volonté et aux efforts que nous avons faits pour vous plaire ; ne considérez que nos sacrifices.

« Souvenez-vous que c'est pour être prêtres que nous nous sommes éloignés dès notre enfance, d'une famille chérie, que nous avons renoncé à nos amis et à tous les plaisirs du monde !

« Souvenez-vous de nos longues années d'études, de notre noviciat et de notre profession religieuse !

Souvenez-vous aussi des prières ferventes que nous vous avons adressées, et de celles que tant d'âmes généreuses vous adressent pour nous en ce jour !

« Oui, ô Jésus ! jetez un regard favorable sur tant de sacrifices. Pardonnez-nous nos fautes et rendez nos âmes pures avant de poser sur nos fronts la couronne qui nous rendra pour toujours vos ministres. Oh ! voici notre cœur ; nous le présentons à vos infinies largesses. Augmentez son amour pour vous et son désir de vous servir et de vous plaire.

« Nous ne regrettons point ce que nous avons entrepris pour votre gloire puisque nous serions prêts à l'entreprendre encore s'il le fallait. Nous ne regrettons qu'une chose : notre lâcheté à votre service. Mais nous vous en supplions, par l'intercession de Marie votre divine Mère, faites que nous soyons toujours fidèles à la noble mission que vous allez nous confier !

« Faites que beaucoup d'âmes trouvent auprès de nous le bonheur et la paix ! Que les travaux, les peines et les sacrifices qui nous attendent ne soient point perdus, mais profitables à nous-mêmes et aux âmes.

« Faites, en un mot, ô Jésus ! que nous soyons des prêtres selon votre Cœur !

« Et si jamais, — ce qu'à Dieu ne plaise, — nous devions nous décourager, nous laisser gagner par la routine, monter au saint autel avec froideur et indifférence, oh ! reportez-nous aussitôt par la pensée au jour de notre première Messe. Et que le souvenir des grâces si grandes que vous allez nous accorder nous ranime, nous couvre d'une salutaire confusion, et nous rétablisse dans notre première ferveur. Ainsi soit-il ! »

Le dimanche 11 août, l'Ordination eut lieu dans la grotte même. Avec une dignité impressionnante, l'Évêque consécrateur présida à toutes les cérémonies, accomplit les rites saints. Son port vénérable et son attitude recueillie évoquaient une de ces figures d'évêque des temps primitifs. Les belles mélodies liturgiques exécutées par les étudiants, dans le chœur, et qui semblaient venir affaiblies et mourantes, de quelque lointaine catacombe ; l'obscurité mystérieuse de la grotte elle-même que les cierges nombreux combattaient avec peine ; surtout une atmosphère indéfinissable de recueillement et de ferveur, tout cela réuni transportait l'âme bien loin, bien haut et l'on eût pu croire assister à une des fonctions de la primitive Église.

Fr. Michel était prêtre.

« Être prêtre, c'est avoir des mains pour bénir les pécheurs et les ramener au Dieu de leur enfance ! C'est avoir des lèvres pour annoncer au monde la vérité, et chaque jour, c'est avoir un cœur assez vaste pour contenir les âmes que le Père céleste nous confiera et d'où découleront sans cesse l'amour et le pardon.

« Et pendant que notre âme se laissait bercer par de si douces espérances et entrevoyait, dans un avenir plus ou moins proche, un bonheur semblable, les rites sacrés prenaient fin, et au chant du *Te Deum,* nous reconduisions le Prélat à la grande salle du Séminaire où bientôt après nous nous empressions de baiser les mains de nos nouveaux prêtres et de recevoir dans l'intimité leur première bénédiction (1).

Le lendemain, en sa qualité de doyen, le P. Michel eut le privilège de célébrer la Messe de communauté, et tous ses jeunes condisciples et les Frères convers reçurent de ses mains le Corps du Sauveur qu'il venait de consacrer sur l'autel.

A 9 heures, la Grand'Messe fut chantée par un des nouveaux prêtres, le P. Henri-Joseph Kœhler qui eut le bonheur de déposer sur les lèvres de sa mère la divine Hostie.

L'assistance des parents, d'amis sympathiques, de bienfaiteurs, était nombreuse. L'humble grotte semblait s'être dilatée pour recevoir tous ceux qui avaient voulu prendre part à la joie de la famille franciscaine.

A l'Évangile, le frère d'un des nouveaux ordonnés, le R. P. Ranchin, des Missions Africaines, fit un beau et vibrant discours tout imprégné de science théologique. Il chanta les prérogatives et les devoirs du Ministre de JÉSUS-CHRIST, et tour à tour montra le Prêtre docteur en chaire, — *sacra docens,* — réconciliateur au tribunal de la pénitence, — *sacra dans,* — sacrificateur à l'autel, — *sacra faciens.*

Ce fut grande fête tout le jour dans la Communauté *franciscaine.* Et la joie se manifesta par des chants, des poésies en prose et en vers. Les absents se firent aussi entendre. De

(1) *Amor et Labor,* septembre 1907, p 62.

l'Italie, de l'Herzégovine et..... de la caserne vinrent de douces épîtres qui prouvèrent que pour les Franciscains, il est fait exception à l'adage : *Loin des yeux, loin du cœur !*

Le P. Michel conserva comme trésors précieux tous ces témoignages de la dilection fraternelle. Il y goûtait avec raison

Les cinq ordonnés devant la Grotte.

la récompense promise dès ce monde par le Sauveur à tous ceux qui ont quitté leur famille et leurs biens pour l'amour de lui. Il aimait à les relire et le parfum de charité séraphique qui s'exhale de ces petites compositions de mérite littéraire si divers, ravivait en lui la ferveur de reconnaissance qui avait inondé son cœur en cet inoubliable jour.

Un des témoignages qui furent le plus sensibles au cœur du P. Michel et de ses frères fut le suivant, lu par le bon et dévoué

Fr. Aurélien, au nom des chers Frères convers du couvent :

« Mes Pères, quelle belle fête ! vous êtes prêtres pour l'éternité. Par votre élévation au sacerdoce, DIEU est glorifié, les anges tressaillent de joie, l'Église souffrante espère en vos prières, l'Église militante met en vous ses espérances.

« Je voudrais, en peu de mots, vous dire au nom de tous nos chers Frères convers de Grand'Fontaine et de Petit-Rome, combien nous sommes heureux de votre bonheur.

« Comme il vous a été bien dit ce matin par notre grand prédicateur, vous êtes Docteurs, Médiateurs, Sacrificateurs. Quelle grande joie, pour nous, de pouvoir désormais, tous les matins, vous servir à l'autel !

« Puissions-nous longtemps vous aimer et vous servir ! Car vous servir et vous aimer, c'est servir et aimer DIEU lui-même, puisque vous êtes ses Généraux sur la terre.....

« La charité nous a unis depuis longtemps et la charité sera le lien qui nous unira à jamais.

« Dans la prière, dans le travail, dans les infirmités, dans les persécutions, mes Pères, nous serons là ! nous serons là ! »

D'au-delà les Alpes, de la Côte d'Azur, parvint aux jeunes prêtres les accents d'une voie vénérable et aimée, celle du bon Fr. Cyriaque, pendant si longtemps le Père nourricier du Collège Séraphique, maintenant condamné par l'âge et l'infirmité à un climat et à des occupations moins rudes. Il termina sa bonne lettre à ceux qu'il a connus tout petits enfants jadis, et qu'il est heureux de saluer du nom de Pères, par ces lignes qui rappellent les fameux « couplets » qu'aux soirs de grande fête le bon Frère chantait à Bordeaux devant la chapelle de la Sainte-Famille, entouré de l'essaim turbulent des petits Séra-

phiques. Si la rime n'est pas riche, et si la quantité l'est trop,
le lecteur voudra bien faire quelque crédit à l'auteur qui n'apprit à faire des vers qu'à l'école de l'amour de Dieu :

> Mes chers Pères
> Soyons toujours dans l'obéissance,
> Et nous aurons toujours de la chance.
> Soyons toujours unis,
> Et nous serons toujours bénis.
> Et si nous sommes toujours bénis,
> Nous irons droit en paradis !

A ces doux et naïfs accents, qui devaient toucher là-haut le
cœur du Séraphique Père, autant qu'ils réjouissaient ses heureux fils ici-bas, se joignirent les accords d'une lyre plus
savante mais non moins séraphique.

Voici seulement la fin d'une très belle pièce intitulée :
La grande moisson, que lut le P. Marie-Bernard, compatriote et
et ami d'enfance du P. Michel.

> ..... Tu rentres, jeune Prêtre, en la sainte carrière,
> Le front irradié d'une pure lumière ;
> Un soleil radieux sur tes vingt ans a lui !
> Tu peux te croire grand, sans orgueil, aujourd'hui.
> La gloire des puissants et l'éclat vain d'un trône
> Pâlissent au rayon divin de ta couronne ;
> Ton cœur peut tressaillir, ton âme peut chanter,
> Car... plus haut, non, jamais homme ne peut monter.
>
> Et pourtant, sais-tu bien ce que sera ta vie ?
> Sais-tu qu'il te faudra descendre du Thabor
> Où ton âme, aujourd'hui, se promène, ravie ?
> Sais-tu le grand combat, sais-tu le rude effort
> Qui t'attendent demain au sein de la tempête
> Quand sera mort le dernier chant de notre fête ?
>
> Oui, pour de grands labeurs, Prêtre, Dieu t'a choisi :
> Il t'envoie au milieu des loups, pauvre brebis.

Les armes tout d'abord, paraissent inégales,
Et la lutte pour toi pourrait être fatale,
Car ton seul bouclier à toi, c'est la douceur,
Tes armes : la parole et l'amour de ton cœur.

Ne crains pas, cependant, car ta faiblesse est forte
De la force du Christ, qui te suit, qui te porte.
L'Hostie et le Calice, à l'autel, chaque jour,
T'armeront de courage en t'enivrant d'amour.
Et qu'importe, dès lors, que le travail, la peine
Te meurtrissent parfois ? Qu'importe que la haine
Des ennemis du Christ ait pour toi des tourments,
Si tu peux recueillir pour le ciel le froment
Des divines moissons, si, rédempteur des âmes,
Tu peux les rendre à Dieu, les arracher aux flammes !

O le bel avenir ! O le glorieux sort !
Sur la mer en fureur, conduire vers le port
La nef désemparée, et quand le flot s'effare,
Faire briller du ciel la grâce comme un phare !
S'incliner vers les cœurs que la souffrance abat,
Vers les tombés, les meurtris de tous les combats,
A ces déshérités que la terre dévore,
De l'éternel bonheur faire entrevoir l'aurore ;
Est-ce assez beau pour toi, cœur jeune, cœur vaillant ?
Cet avenir, dis-nous, est-il assez brillant ?

Oh ! puisse ta ferveur d'aujourd'hui ne s'éteindre :
Toujours pleine de Dieu, puisse ton âme atteindre
Les sublimes sommets où Jésus veut la voir.
Ainsi, quand descendront les ténèbres du soir,
Quand ta vie à son terme et pleine de victoires
Aura mis assez haut ton trône dans la gloire,
Quand Dieu t'appellera dans son éternité,
Oubliant les travaux, les peines de la route,
Tu monteras joyeux dans la félicité
Dont le ciel, aujourd'hui, t'a versé quelques gouttes.

Ces citations, et ces détails sur la vie de famille de ces
jeunes Franciscains dans leur cloître, n'auront pu, nous osons
l'espérer, que manifester au lecteur une vérité dont le monde

ne semble guère disposé à convenir : c'est que la vie religieuse n'atrophie pas le cœur, qu'elle est au contraire *l'Académie de la sainte dilection,* pour parler la langue de saint François de Sales ; et que si la joie, la vraie joie saine et pure, venait à

Baiser de saint François et de saint Dominique.

déserter la terre, c'est sans doute dans un cloître de Franciscains qu'elle ferait ses derniers adieux à cette vie.

Il est d'usage, dans la Province d'Aquitaine, que les jeunes prêtres se rendent le plus tôt possible après leur ordination sacerdotale dans leur famille, afin d'y apporter à leurs parents les prémices de leurs bénédictions.

P. Michel ne manqua pas à ce devoir. Il avait hâte d'ailleurs d'embrasser son vénérable père, sa chère mère, après trois années d'absence. Puis, il y aurait grande réunion de famille ; des neveux et nièces l'attendaient pour faire sa connaissance.

Son cher frère ne serait plus là, il est vrai, puisque DIEU l'avait rappelé à lui. Sa bonne sœur ne pouvait s'y rendre, retenue en Grèce par son apostolat dans une école où elle fait aimer DIEU et notre patrie. Mais en retour, P. Michel lui enverra une longue relation de ce voyage qui consolera un peu la pauvre exilée.

C'est à ce journal, écrit au courant de la plume, que nous devons de pouvoir suivre notre heureux jeune prêtre dans cette visite faite aux siens, visite qui devait être la dernière ; mais nul ne s'en doutait.

« Départ de Fribourg le 16 août à 3 h. 1/2 du matin pour arriver à Lyon à 10 heures. Là, je suis allé visiter Notre-Dame de Fourvières pour mettre sous sa protection mes vacances et ma vie sacerdotale. Je lui ai adressé aussi une petite prière pour toi.....

« Ensuite, arrêt à Béziers pour y visiter la grande sœur et toute sa petite famille. Célébration de la sainte Messe chez les bonnes Mères Clarisses.

« Enfin arrivé à Montclarat le 20, en compagnie de Pierre et de Jeannette, nos deux petits neveux. Comme ils étaient contents de venir passer quelques jours à la montagne !.....

« A la gare de Saint-Rome, ma mère nous attendait, plus heureuse que ne l'aurait été une reine à la réception de son fils.....

« Nous sommes arrivés à la maison vers les 7 heures du soir. Mon père a bien versé quelques larmes de joie en nous embrassant. Il était si heureux ! Il paraît plus brisé que ma mère, cependant il travaille encore beaucoup.

« *21 août*. — Quel bonheur j'ai éprouvé, en célébrant pour la première fois le saint Sacrifice dans cette chère église de Montclarat ! J'ai dit la messe aux intentions de toute notre famille.

« Je ne t'ai pas oubliée, chère sœur, au *Memento des vivants*, ni notre bien-aimé Fr. Pascal au *Memento des morts*.

« Après avoir rendu tous mes devoirs à DIEU, j'ai visité les familles qui nous sont dévouées et qui s'intéressent à nous. Partout j'ai été accueilli avec le plus grand bonheur et la plus affectueuse cordialité. Souvent on me demandait de tes nouvelles..... Enfin, cette première journée au pays natal a été consacrée à revoir toutes mes anciennes connaissances. »

Le P. Michel raconte ensuite, jour par jour, ses moindres faits et gestes, tout ce qui est de nature à intéresser sa chère sœur. Il montre son bon cœur reconnaissant, dans ces lignes délicieuses de simplicité :

« Je suis allé rendre visite aux fermiers de Laumière chez qui mon père est resté longtemps et où ma mère va travailler de temps en temps. Si tu savais comme ils sont bons pour nous ! Écoute ce petit trait :

« Mon père, l'hiver dernier, ayant été assez gravement malade, aussitôt que ces bons fermiers l'ont appris ils sont venus tous à Montclarat le voir et le consoler un peu dans sa maladie. Comme témoignage de reconnaissance, je leur ai promis de venir leur dire une Messe au château de Laumière dès que j'aurai une journée libre... »

Le 25 août la paroisse tout entière fêta son enfant. Elle était fière et heureuse de voir « le bon petit Cyprien » devenu religieux, prêtre, gravir les degrés de l'autel, de l'entendre élever sa voix priante dans le petit sanctuaire où tous venaient épancher leur cœur auprès du Dieu-Eucharistie, et dire en leur nom à tous : « *Gratias agamus Domino Deo nostro !...* Rendons grâces au Seigneur notre Dieu. »

La fête fut très belle. Le P. Michel, revêtu d'une belle aube neuve brodée par la sœur religieuse, chanta la grand'Messe.

« M. le Curé a fait un sermon très touchant, raconte le Père, ce qui m'a assez ému..... Toute la famille était là, ainsi que la paroisse de Montclarat. Des mains habiles avaient orné l'église comme aux jours des plus grandes fêtes. C'était vraiment beau, et jamais je n'oublierai la grande sympathie que m'ont témoignée ce jour-là, tous les habitants de Montclarat.

« Après la grand'Messe, continue-t-il, nous nous trouvions tous réunis dans le petit salon de notre chère maison pour partager en commun le magnifique repas que ma mère nous avait si bien préparé.....

« A la table de famille se trouvait M. le Curé qui avait eu l'amabilité de répondre à notre invitation..... Tout s'est passé dans la joie et l'ordre le plus parfait. Ma mère en a été ravie.

« Le soir, j'ai présidé les Vêpres solennelles et donné le Salut du Très Saint-Sacrement.....

« Enfin nous avons terminé la journée en remerciant Dieu de nous avoir accordé une si belle fête et d'avoir permis que nous nous trouvions presque tous réunis dans une si belle circonstance.

« Tu n'as pas été oubliée, souvent nous avons parlé de toi, et si le salon avait été un peu plus grand, nous aurions gardé, à table, une place pour toi..... »

Le reste des vacances se passèrent en causeries avec sa chère mère et en visites de sympathie dans les environs.

Les premiers jours de septembre, le P. Michel était de retour dans son cher couvent, tout heureux des bénédictions qu'il venait de semer autour de lui, plus heureux encore de se plonger de nouveau dans sa vie de recueillement, de prière et d'étude.

CHAPITRE IX

Professeur.

Mgr Wittner à Fribourg. — Son amour pour ses *petits frères* du Collège. — Réception à Grand'Fontaine. — Une belle séance. — P. Michel au Petit-Rome. — Le bon professeur. — Aimé de tous.

L'ANNÉE qui suivit la prêtrise fut employée par le P. Michel
à terminer ses études de théologie morale, et à préparer
l'examen général de fin d'études.

Cette première année de sacerdoce est la plus douce au cœur
du jeune prêtre. Nul souci, encore, du ministère. Il peut
goûter tout à l'aise, dans les exercices de la vie conventuelle, le
bonheur d'être tout à Dieu, et de voir Dieu se donner tout à
lui, chaque matin, dans l'intimité du Sacrifice eucharistique.

Le bon Mgr Wittner, désolé d'avoir dû imposer à ses chers
étudiants un sacrifice qui avait grandement, aussi, coûté à son
cœur, voulut bien dédommager la famille religieuse qui lui est
si affectionnée et venir lui consacrer toute une semaine.

Les derniers jours de l'année, Mgr Adéodat arriva à Fribourg
avec son Secrétaire, le P. Pierre-Baptiste Cuveiller, de la Province de France. Il tint à prendre son logement au Pensionnat
de Petit-Rome qui lui rappelait le Collège Séraphique de Bordeaux, si cher à son cœur, que son premier désir, quand il
apprit son élévation à l'épiscopat, fut d'être consacré dans la

petite chapelle où, tout enfant, il avait tant prié. Mais ce projet fut irréalisable.

Quelque temps avant sa venue à Fribourg, Mgr Wittner, en tournée dans les couvents français de Belgique, avait écrit au Père Directeur du Pensionnat de Petit-Rome le mot suivant :

Menin, 3 octobre 1907.

Cher Père Directeur,

En ce vingt-cinquième anniversaire de mon entrée au Collège Séraphique de Bordeaux, j'envoie à mes petits frères, à Fribourg, ma meilleure bénédiction. Que notre Séraphique Père saint FRANÇOIS protège toujours ce petit nid si cher à mon cœur, et en fasse sortir beaucoup de missionnaires fervents et zélés. Je les embrasse tous bien affectueusement.

A bientôt !

FR. ADÉODAT WITTNER, O. F. M.
Évêque de Milet
Ancien Séraphique

3 octobre 1882 — 3 octobre 1907.

Durant tout son séjour, le bon prélat charma tout le monde par sa cordialité. Les souvenirs de sa vie d'élève et de son professorat au Collège de Bordeaux lui revenaient en foule et lui inspiraient de se mêler aux enfants pour leurs récréations comme jadis. Au déjeuner du matin même, on le surprit mangeant la soupe à l'aide de ses bâtonnets chinois, ce qui intéressait et charmait au plus haut point cette petite jeunesse.

Le dimanche 6 janvier, il y eut une ordination au Convict de Grand'Fontaine, et le soir, séance littéraire et musicale offerte par les Étudiants franciscains d'Aquitaine à Mgr Adéodat.

— 145 —

I a revue *Amor et Labor* en conserve le magnifique programme, et le souvenir en est dans les cœurs de tous ceux qui y
assistèrent. Ce fut très beau et d'un caractère profondément
religieux et tout apostolique. Le Père Maître des Étudiants
donna lui-même la note juste, dans « Un
mot de Préface, » dont nous détachons ce
passage :

Sceau
du
Collège Séraphique.

« Étant à l'âge où les yeux voient beau
et grand, où les cœurs battent fort, nous
aimons quelquefois à franchir les murs du
Convict, à regarder dans le lointain, à songer à l'avenir, à ce demain si ardemment
souhaité, si impatiemment attendu qui est
l'*Apostolat* : l'apostolat dans tous les pays,
sous tous ses aspects, avec ses fatigues, ses
luttes, ses consolations, ses espoirs, ses
dangers peut-être. Mais aussi ses belles, ses magnifiques récompenses.

« ..... Laissez-nous, Monseigneur, chanter un peu, comme
nous saurons, bien pauvrement, sans doute, mais avec convic-
tion, avec amour, les âmes.

« Nous travaillerons mieux demain, nous prierons mieux,
nous serons plus humbles, plus doux, plus patients, plus endu-
rants, plus forts, quand nous nous serons dit, une fois de plus
sous vos yeux, sous les yeux du divin Crucifié, que c'est pour
elles que nous nous préparons dans le silence de ce Convict,
notre Nazareth ; que c'est pour elles que, nous aussi, nous voulons vivre, comme c'est pour elles que nous serions trop heureux et trop honorés de mourir. »

C'est autour de cette pensée, l'Apostolat, que gravitèrent

chants et compositions littéraires. Un condisciple du P. Michel, que brûlait le zèle missionnaire encore plus que la flamme poétique, redit en beaux vers les pensées qu'avaient fait naître au cœur des étudiants la devise de Mgr Wittner : « *Non sibi soli vivere...* » devise que Monseigneur avait été heureux d'emprunter au Collège Séraphique. Le poète terminait par cette belle strophe :

> Nous voulons, sur vos pas, descendre dans l'arène,
> Combattre nous aussi, sur les plages lointaines
> Ou dans notre pays. Amis vous graverez
> Sur la croix de la tombe où nous dormirons calmes
> Le sommeil des vainqueurs à l'ombre de nos palmes :
> Apôtres ou martyrs : *Non sibi vixere !*

Quant au P. Michel, il eut l'honneur du bouquet ; il offrit au Prélat missionnaire une belle « *Gerbe finale* fleuronnée par une main délicate, dit la chronique, et destinée à faire comprendre à ses enfants de là-bas combien les jeunes Français aiment le Père des petits Chinois. »

Les études du jeune prêtre furent terminées en juillet de l'année suivante. Il lui restait encore, avant de pouvoir déployer ses ailes et voler à la conquête des âmes, deux années, sagement réservées par les Statuts de l'Ordre à la préparation immédiate au ministère élevé de la prédication. Années précieuses entre toutes, où le jeune prêtre peut mûrir, dans les saints exercices de la vie claustrale, les dons de Dieu qui se sont révélés en lui durant les années d'études fondamentales. C'est là qu'il peut définitivement *orienter* sa vie, selon que le sollicite la vie missionnaire ou l'apostolat laborieux, lui aussi, de l'enseignement.

Le ministère sacerdotal, où qu'il s'exerce, requiert non seulement le savoir, mais la science d'enseigner. Se précipiter dans

la mêlée avec son bagage du séminaire pour toute munition
et son zèle juvénile pour unique stratégie, c'est s'exposer à de
lamentables mécomptes ; c'est vouer la cause divine des âmes
que l'on sert à des échecs, souvent à d'irréparables désastres.

Le P. Michel était trop judicieux pour n'avoir pas une vue
claire de la nécessité de se mûrir avant que d'aborder les âmes.
Malgré son ardent et très profond désir d'être missionnaire,
désir qui n'avait jamais subi de déclins en lui, il souhaita ne
pas être privé d'une seule parcelle de ce temps précieux de préparation que l'on appelle, dans l'Ordre, les années d'éloquence.
Aussi accueillit-il avec bonheur et reconnaissance son inscrip-
tion au cours de pastorale et de prédication pour les jeunes
prêtres, confié au T. R. P. Pierre-Baptiste Gimet.

Mais comme ces nouvelles études ne le prenaient pas tout
entier, ses Supérieurs le désignèrent pour être adjoint au Pensionnat du Petit-Rome, en qualité d'Instructeur des jeunes aspirants à la vie de Frères convers, placés sous le patronage de
saint Pascal.

Cette fonction lui convenait à ravir, étant donné sa compré-
hension de la vie laborieuse des Frères lais et ses aptitudes
personnelles à toutes sortes de travaux qu'il pourrait lui-même
enseigner à ses jeunes disciples.

Il se dévoua à cette œuvre sans compter, vivant, et la nuit et
le jour, avec son petit groupe d'aspirants qui l'aimaient et le
révéraient profondément.

Mais difficile et ingrate était cette tâche. L'insuffisance des
locaux la rendait malaisée et précaire. Le bon Père instructeur
eut des déboires et des déceptions et, après une année d'efforts
et d'essais, la reprise fut ajournée à des temps et à des conditions meilleures.

Mais, qu'allait devenir le P. Michel ? Son œuvre dissoute entraînerait-elle son départ de ce Pensionnat qu'il aimait si profondément ?

Un jour il s'en ouvrit au Père Directeur et lui exprima un désir intime de son âme : « Celui de devenir professeur afin de se mieux préparer au ministère. »

Certes c'était là une demande quelque peu surprenante, le

Petit-Rome : Maison affectée aux Petits Aspirants.

professorat ne semblant pas exercer en général sur les jeunes apôtres franciscains, impatients de dépenser leur zèle apostolique, un attrait conquérant.

Mais le motif allégué dénotait un bon sens rare. Si la préparation préalable faisait défaut, les qualités bien connues de travailleur acharné, et le caractère exquis du P. Michel, ainsi que son parfait esprit religieux, promettaient en lui un collaborateur utile, précieux·même.

A sa très grande joie, les Supérieurs majeurs agréèrent ce

désir et le P. Michel devint professeur des plus jeunes élèves au Pensionnat du Petit-Rome.

Ainsi il allait pouvoir rendre à cette œuvre un peu de ce qu'il en avait reçu. A son tour il formerait de futurs religieux, de futurs apôtres.

C'est en l'année 1902 qu'un premier essaim de Séraphiques du Collège de Bordeaux était venu s'établir à Fribourg. Après maintes péripéties, translations et épreuves, qui seront peut-être racontées un jour, c'est au « Petit-Rome » que l'œuvre, déracinée par la tourmente, reprit racine avec une vigueur nouvelle. Le nombre des élèves, à l'origine restreint, augmenta progressivement jusqu'à atteindre la cinquantaine ; et ce chiffre serait même dépassé si l'exiguïté des locaux n'y mettait obstacle.

Le « Petit-Rome » est une colline charmante, aux portes de Fribourg, d'où l'on jouit d'une vue splendide sur les Alpes. Quant le Pensionnat s'y installa, il prit gîte dans une ancienne ferme transformée pour la circonstance, et dans laquelle on eut toutes les peines du monde à tenir de vingt à vingt-cinq élèves.

En juin 1908, une transformation importante fut décidée. Le Pensionnat serait transféré tout à côté, dans une construction plus vaste, laissée libre par la cessation de l'œuvre qui l'occupait. Et les étudiants franciscains, en résidence à la Grotte, monteraient s'installer à la place du Pensionnat, dans les locaux adaptés à leur destination nouvelle et augmentés de plus du double. La Grotte ferait retour aux Franciscaines Missionnaires de MARIE, à la charité desquelles la Province d'Aquitaine avait dû ce précieux abri au moment de la tempête.

Ce fut pour le Convict Marianum et pour le Pensionnat un avantage considérable, d'avoir enfin des demeures adaptées à leurs fins.

Au moment où le P. Michel y devenait professeur, les classes régulières au Pensionnat atteignirent le nombre de six,

Pensionnat du Petit-Rome.

plus un cours préparatoire pour les retardataires et les élèves de langue étrangère.

D'après les décisions de Rome, il n'est plus permis d'admettre aux Ordres sacrés, sans dispense, les jeunes gens qui n'ont pas totalement accompli le cycle *normal* des études tant primaires et secondaires, que philosophiques et théologiques.

L'Église, tout en signalant ce qui, dans l'acquisition de la science, est inutile et condamnant ce qui est dangeureux, exige que ses futurs prêtres soient solidement instruits autant que sérieusement formés à la vertu.

Les Statuts de l'Ordre franciscain se sont conformés à ces prescriptions, et enjoignent à leur tour à chaque Province de n'affecter à l'enseignement que des religieux dûment préparés, pendant deux ans, et pourvus du grade de Lecteur. Partout où il n'a pu encore en être ainsi, ce n'est qu'en vertu d'une tolérance bienveillante du Ministre Général, tolérance qui n'excède pas la durée de deux ans. Nos jeunes professeurs, appliqués prématurément à l'enseignement, ont donc fort à faire les premiers mois de leur entrée en fonctions, tant pour la préparation immédiate de leurs classes, que pour se disposer à affronter le concours qui fera d'eux des Lecteurs en titre.

Notre bon P. Michel surprit tout le monde par la maëstria avec laquelle il réussit son cours. Il ne suffit pas d'un talent ordinaire pour enseigner dans les classes inférieures. Bien des professeurs, très intelligents, très instruits, manquent totalement de la maîtrise nécessaire pour mener une classe de jeunes élèves. Il faut posséder ses matières imperturbablement, et avoir surtout le don d'intéresser, de captiver, par mille industries, ces têtes encore un peu légères.

C'est à quoi le P. Michel excellait. L'heure de la classe était un régal pour son petit monde ; nul ne se faisait tirer l'oreille pour s'y rendre, loin de là. La prière une fois faite, lentement, posément, on se mettait au travail avec entrain. Le professeur se dépensait sans compter, et les élèves le suivaient dans cette voie avec une telle exubérance, de telles exclamations, que l'on aurait pu croire parfois à une rébellion de vulgaires potaches. Mais loin de là ! Ce n'était que l'ardeur enthousiaste de bons petits élèves qui voulaient tous satisfaire à la fois, leur dévoué professeur.

Le paternel magister calmait, comme par enchantement, cette effervescence lorsque prenant avec gravité place à son bureau, il disait : « Attention ! je vais vous lire une histoire ! ..... »

Et lors, on eût entendu une mouche voler, jusqu'à ce que le trait final arrachât des oh ! des ah ! d'admiration.... et de regret.

Cet excellent professeur savait enseigner et possédait l'art

Petit-Rome : Cour de récréation.

de faire aimer le travail. Ce n'était pas seulement par des récompenses intelligement distribuées qu'il provoquait l'ému-lation, mais surtout en faisant appel aux sentiments les plus élevés qu'inspire l'esprit de foi.

« Mes petits enfants, leur disait-il parfois vers la fin d'une classe, durant les cinq dernières minutes où le professeur de race sait glisser quelques avis lumineux pour la bonne forma-tion de ses élèves, mes enfants, songez que vous travaillez pour Dieu et pour les âmes....

« Ce devoir que vous allez faire, tout à l'heure en classe

d'étude, est tout aussi important pour le succès futur de votre apostolat, que le sermon que vous donnerez plus tard. Sans votre travail d'aujourd'hui, de demain, de chaque jour, vous ne deviendrez jamais des apôtres.....

« Il y a des âmes (Dieu les connaît), qui vous attendent pour sortir de leur péché et aller au ciel. Si vous leur manquiez plus tard, peut-être qu'elles ne se sauveront jamais.....

« Allons ! du courage ! Le bon Jésus vous demande, du haut de la croix, d'étancher sa soif des âmes..... Peut-être votre travail d'aujourd'hui sera-t-il capital pour en sauver une..... »

Le bon Père ne punissait pour ainsi dire pas ; il lui répugnait de voir s'assombrir le front de ses chers élèves. Parfois, il le faut reconnaître, la miséricorde eût peut-être fait quelque tort à la justice. Mais le délinquant ne s'en tirait pas toujours indemne et n'esquivait pas chaque fois la semonce du Révérend Père Préfet, très malencontreusement survenu au moment opportun.

En somme, l'action du P. Michel sur les élèves de sa classe fut excellente, et elle s'étendit même à tous les autres, car, parfois il était appelé à seconder le Père Préfet dans la surveillance générale. Dans ces circonstances, il se montrait très déférent envers lui, entrant aussi exactement que possible dans sa ligne de conduite, afin de ne pas créer une dualité dont l'effet est toujours désastreux.

Si l'on se demande quel fut, chez le P. Michel, le secret de sa réussite dans l'art si difficile de l'éducation, on trouvera qu'il possédait deux dispositions essentielles. D'abord, il comprenait et aimait l'œuvre du Collège Séraphique ; ensuite il comprenait et aimait les enfants.

Or, tout est là. *Ama et fac quod vis,* a dit le grand saint Augustin. Un amour surnaturel et intelligent de nos œuvres, c'est le secret de la réussite.

Il comprenait l'œuvre, disons-nous. Et ce n'est pas chose si simple qu'elle semble au premier abord. — Le Collège Séraphique est un vrai petit séminaire de vocations sacerdotales et franciscaines.

Or, tout en prenant les garanties nécessaires pour sauvegarder la pleine indépendance de l'élève, et ne le laisser s'engager dans cette voie que s'il y est réellement appelé, il va de soi qu'une vocation si spéciale réclame des soins spéciaux. On n'éduque pas de futurs prêtres comme de futurs ingénieurs, ni des enfants appelés à la vie monastique comme ceux destinés à fréquenter les salons et les champs de courses.

Un éminent apôtre des grands Séminaires et des retraites ecclésiastiques (1) raconte le trait suivant dans un entretien à des professeurs :

« En 1865, je prêchais les excercices du jubilé dans une paroisse de campagne. Une respectable mère de famille vint me trouver et après sa confession :

« Mon Père, me dit-elle, j'ai un conseil à vous demander. J'ai un de mes enfants qui m'inquiète beaucoup.

— Quel âge a-t-il ?

— Dix ans.

— Est-ce qu'il annonce un mauvais naturel ?

— Oh ! non, mon Père, au contraire, il est très pieux ; il fait son chemin de croix tous les dimanches après les Vêpres comme une grande personne et je ne me suis jamais aperçue qu'il ait menti.

(1) M. l'abbé Gendron, du diocèse de Rennes.

— Alors, qu'est-ce qui vous inquiète ?

— Oh ! mon Père il dit qu'il veut être prêtre et j'imagine qu'on ne doit pas élever les enfants qui veulent être prêtres comme les autres. Et je voudrais bien savoir comment on doit les élever. »

« Voilà, ajoutait le prédicateur, ce que le bon sens chrétien d'une simple paysanne comprend : une vocation ecclésiastique réclame des soins spéciaux ; un enfant qui veut être prêtre ne peut pas être élevé comme les autres. »

Le bon sens du P. Michel lui faisait également comprendre quels soins spéciaux demande l'éducation de futurs religieux. Aussi mettait-il tous ses soins à vivre dans l'union d'esprit la plus parfaite avec son Supérieur et avec ses collègues.

En même temps que la bonne éducation, il s'appliquait à développer en ces futurs missionnaires une piété grande et profonde et une volonté généreuse. Il payait d'exemple et les jeunes aspirants pouvaient le voir, très exact à tous les exercices religieux, faits en commun par les confrères. S'ils avaient vécu dans l'intime de la petite communauté, ils n'auraient jamais remarqué en lui l'ombre d'un esprit d'indépendance. Il demandait humblement à son Supérieur les moindres permissions aussi exactement qu'aux premiers temps de son noviciat.

Il savait, pour en avoir lui-même goûté les bienfaits, combien les cérémonies religieuses, le beau chant d'église, impressionnent salutairement les jeunes âmes. Il payait donc de sa personne, dans l'ornementation de la chapelle, aux jours de fête et dans l'exécution des chants où il aimait bien faire sa partie avec les élèves.

La crèche de Noël, c'est lui qui la confectionnait et avec quel amour ! Il avait obtenu d'un de ses confrères, artiste en tous genres, de très ressemblantes *maisons orientales* avec terrasses, coupoles et minarets, et c'était plaisir de le voir en bâtir « une ville de Bethléem » sinon ressemblante, du moins très gracieuse.

Une âme aussi généreuse que discrète envoya un jour un lot de jolis petits agneaux. P. Michel, ravi de joie, les disposa autour de la crèche, en nombre égal à celui des élèves, sans

Le P. Michel au milieu de ses élèves.

oublier les professeurs, comme un témoignage d'amour de toute la famille pour le divin Enfant Jésus.

A l'exemple de la piété et de la régularié, il joignait celui de la charité la plus gracieuse, ne se permettant ni ne tolérant aucune critique de qui que ce fût. Avec cela, très avenant pour tous ses confrères, toujours disposé à les servir sans en jamais manifester aucune lassitude, ni en réclamer un retour quelconque. Que ne le voyait-on pas faire pour être agréable ou rendre service ?

Bien que très pris par la préparation de la classe matin et soir, il avait assumé à lui seul le service religieux d'une communauté assez éloignée où il se rendait, quelque temps qu'il fît, dès 5 heures du matin ; et il ne voulait pas être remplacé. « Moi, je suis fort, disait-il avec bonne humeur, je suis habitué à la neige. Il vaut mieux que les jeunes se reposent.... »

Il fit également du bien au Collège Séraphique, parce qu'il y était, malgré ses désirs missionnaires, *comme s'il eût dû y vivre toute sa vie.*

Le prédicateur déjà cité plus haut adresse à ses retraitants cette remarque. « Si l'on vous demande, Messieurs, pourquoi vous vous appliquez à l'éducation de la jeunesse, ne dites pas : « C'est parce qu'on m'y a envoyé. » Ne dites pas : « C'est en « attendant que je fasse autre chose. » Ne dites pas : « C'est « parce que je me plais dans ce Collège ; on y est bien ; et, « quand on en sort par la bonne porte, on est bien placé. » Ne dites pas cela, Messieurs. Dites, soyez en état de dire en toute sincérité : « C'est..... parce que Notre Seigneur m'a fait « comprendre que je ne pouvais rien faire de mieux pour sa « gloire. »

Être de cœur et de tête à ce que l'on fait, et *ne pas bâtir de châteaux en Espagne,* alors que l'on habite en France (1) c'est le secret d'une grande force.

Ce fut, du moins, une des causes de succès comme professeur du P. Michel. Il aimait son œuvre.

Et il comprenait, également, et aimait les enfants. Monseigneur Dupanloup, avant d'être évêque, fut, on le sait, Supérieur éminent d'une maison d'éducation à Paris. Un

(1) P. Faber.

jour, s'adressant à toute la Communauté réunie, il leur dit :

« Oh ! mes enfants ! mes chers enfants ! vous êtes bien aimables ; mais parfois que vous êtes agaçants ! »

C'est là une proposition qui n'a nul besoin d'être démontrée à celui qui vit dans un collège quelconque. Eh bien ! il est non moins évident que quelle que soit parfois la puissance d'agacement de la jeunesse, l'éducateur qui veut lui faire quelque bien doit être d'une patience inlassable et d'une maîtrise de lui-même à toute épreuve.

Cette force de volonté, cet art d'être toujours égal à lui-même, le P. Michel les possédait. Il savait qu'à certains jours, à certaines époques, il faut s'attendre chez les enfants les mieux disposés aux sautes de caractère les plus soudaines et les plus bizarres ; qu'il ne faut pas tout prendre au tragique, avec eux, parce que le ciel de ces jeunes âmes est parfois obscurci et bouleversé par l'orage. Le P. Michel savait d'expérience personnelle que l'on n'avait rien perdu à attendre avec patience le développement de son intelligence un peu lente. Il savait lui-même attendre : et c'est là une science précieuse.

Il savait également quelle puissance on exerce sur la jeunesse quand on a pour elle l'amour sincère et profond que le bon Maître lui témoignait. Ces enfants, privés de l'affection de leur famille, il comprenait très bien qu'il fallait leur faire, au Collège, un autre foyer ; que l'affection paternelle leur est nécessaire comme la douce chaleur du nid l'est à l'oiseau ; qu'on ne fait un bien réel à un enfant que dans la mesure où on l'aime et où on sait le lui témoigner.

Rien, cependant, ne lui était plus étranger que la manière sentimentale, qui est aux antipodes de l'amour virilement chrétien. Sans être brusque, il était d'une aimable rondeur avec tous. Les privautés, sous quelque prétexte que ce fût, il en savait les pitoyables résultats. Tous avaient égale facilité d'accès auprès de lui ; à tous il témoignait même confiance, intérêt et affection.

Aussi, quand il partit, ce furent des regrets vraiment unanimes dans tout le Collège, parmi les Pères, les Frères et tous les élèves.

S^T FRANÇOIS
EN EXTASE
TABLEAU DU P. MÉDOVITCH O.F.M.

CHAPITRE X

Au Maroc.

Une belle parole. — En route pour le Maroc. — Dévouement de
M. l'abbé Dupré. — L'Aumônerie militaire coloniale libre. — Tanger.
— Mgr Cervera. — Arrivée à Casablanca. — Difficultés. — Départ
pour Mehedja. — La joie parfaite. — P. Michel revient à Casablanca. — Démarches et succès.

Nous sommes arrivés en 1911. — Le P. Michel a trente et un
ans, Dieu l'a choisi entre mille ; il l'a attiré à Lui ; l'a
instruit des secrets de son amour dans l'intimité du cloître ; il a
tiré son intelligence de ses langes et l'a rendu capable d'être
pour les âmes un phare lumineux qui leur montre le port ; il l'a
éprouvé, en le séparant des affections de la famille, en l'exposant, trois années, dans la fournaise ardente de la tribulation d'où
il est sorti indemne ; il lui a dit comme à Pierre : *Amas me ?....
pasce agnos meos...* — M'aimes-tu ?.... Pais mes petits agneaux !

L'instrument est prêt, Dieu va le prendre et en tirer sa
gloire. Comme une flèche choisie, il l'a cachée dans son car-
quois. Maintenant le Seigneur va lui dire : « Tu es vraiment
mon serviteur, je me glorifierai en toi. »

Un jour de mai de cette année 1911, le P. Michel est appelé par son Supérieur.

« Père Michel, j'ai une demande à vous adresser.

— Parlez, mon Révérend Père ! répond gaiement ce fils d'obéissance.

— Le T. R. Père Provincial me charge de m'informer si vous seriez prêt à partir pour le Maroc, en qualité d'aumônier militaire ?

— Oh ! bien volontiers. Pour nos chers soldats, oui, je ferai cela !

— Mais il faudrait partir promptement, peut-être même d'ici deux ou trois jours ?

— Eh bien ! je suis prêt.

— Et votre père ? Et votre mère ? Ils auront de la peine de votre départ ? Ils sont déjà si âgés !...

— Mon père et ma mère ! Ah ! si vous les connaissiez ! Ce sont de si bons chrétiens ! Ils seraient heureux, allez ! si je mourais martyr !!!... »

C'est avec cette tranquillité simplement sublime, que le P. Michel, toujours égal à lui-même, se disposa à quitter soudainement un milieu religieux auquel il tenait par toutes les fibres de son cœur, et sacrifia l'espérance de revoir ici-bas ceux qu'il aimait le plus sur cette terre : son père et sa mère !

Il sollicita, cependant, une faveur : celle d'être de nouveau incorporé au Collège, comme professeur, à son retour.

Il fit ses préparatifs à la hâte, dit adieu aux élèves, à ses confrères, aux chers Frères convers qui lui étaient si attachés, et il partit.

On versa bien des larmes, dans sa classe, et plus d'un se promit d'imiter un jour ce bon et généreux religieux dans son

Les premiers Aumôniers militaires du Maroc,
et un Groupe de Missionnaires en partance pour la Chine.

sacrifice, si simplement et noblement accompli, sans phrases ni éclat.

« Une de mes joies, en partant, confiait-il au Père Directeur du Collège, c'est que mon exemple pourra faire quelque bien à ces enfants... » Sans aucun doute ce fut la leçon la plus éloquente qu'il leur donna jamais.

A Lyon, il fit halte, pour aller visiter ses « dignes amis » de la rue Vendôme. — Il nommait ainsi, avec sa bonne simplicité, l'excellent Docteur Debeauge et sa famille. — Il fut débordant de joie surnaturelle : « Oh! que je vais donc faire du bien à ces pauvres chers soldats ! » s'écriait-il.

Ses hôtes admiraient l'épanouissement naïf de cette âme, à l'accent si profondément sincère. Ils l'entourèrent de sympathie, d'attentions et de soins, et lui dirent un au revoir qu'ils ne pensaient pas devoir être éternel.

Dès son arrivée à Marseille, il avise son Supérieur des moindres détails de son voyage, le consulte pour ses derniers préparatifs, et sollicite sa permission pour des achats, non prévus avant son départ. Ses compagnons de traversée et d'apostolat l'ont rejoint (1). Un des aumôniers de la première expédition est là qui leur prodigue ses conseils pratiques et son aide apprécié.

Mais comment feront-ils face à tant de dépenses indispensables ? Il leur faut à chacun un petit autel portatif pour dire la messe en route et dans les camps ; puis une tente, et un petit manteau imperméable « pour tenir lieu de parapluie, » quelques ustensiles de cuisine, etc., etc. ; total 621 francs. Nul

(1) Le P. Julien Graciette, le P. Laurent Philippe et le P. Vincent Paumier.

ne trouvera exhorbitante la dépense pour une telle expédition. Encore fallait-il pouvoir la solder.

La Providence vint à l'aide de ses confiants enfants, par l'intervention de l'*Aumônerie militaire coloniale libre* et de son très distingué directeur du Comité de Marseille, M. l'abbé Dupré, vice-recteur de Notre-Dame de la Garde.

Éloquent et zélé, cet ami dévoué des Franciscains organisa des réunions où sa chaude parole sut trouver le chemin des cœurs et provoqua d'opportunes libéralités. A Saint-Vincent de Paul, devant une église comble, l'orateur fit un tableau touchant de l'état d'âme de nos petits soldats, livrés trop souvent au découragement par le manque de réconfort moral qu'apporterait avec lui le prêtre catholique. Il sut toucher ses auditeurs : la quête faite par lui et par deux dames du Comité qui se tinrent aux portes de l'église produisit plus de

Basilique de Notre-Dame de la Garde.

500 francs, et dans la semaine, des dons vinrent encore s'ajouter à cette importante recette. — « C'était le 24 mai, et le beau résultat obtenu encouragea fort M. l'abbé Dupré à de-

M. L'Abbé Dupré,

P Michel, P. Julien, P. Dominique, P. Laurent,
Aumôniers militaires de la deuxième expédition.

mander à Monseigneur l'autorisation — qui lui fut très gracieusement accordée — de donner une nouvelle allocution.

« Celle-ci eut lieu à Notre-Dame du Mont, et dans le chœur,

les quatre Mission-
naires venus à Mar-
seille pour s'embar-
quer pour le Maroc y
assistaient. » Le zélé
prédicateur fut on
ne peut plus émou-
vant et persuasif.

« Les soldats, con-
cluait-il, veulent au
près d'eux le prêtre
qui aime les âmes.
Ce prêtre sera là au
premier appel. Il leur
donnera, en leur parlant de leur
mère, les suprêmes consolations de
la religion, et il recueillera le dernier soupir du petit soldat mourant

P. Vincent Paumier
Aumônier militaire.

sous les coups de la fièvre ou frappé par une balle meurtrière.

« Ils comprennent si bien le besoin qu'ils ont de cet ami des
jours malheureux qu'ils l'appellent à grands cris, le demandant
avec instances à la France... La France officielle le *refuse*. La
France catholique répond à cet appel et par l'Aumônerie militaire coloniale libre envoie aux fils de la France, le prêtre ami du
soldat. Partez, mes Pères, des âmes vous attendent là-bas. Allez-y
sans caractère officiel mais avec la sublime beauté de votre
sacerdoce. Allez bénir et pardonner... La France catholique vous
envoie et des mères sont avides de vous savoir auprès de leurs
fils (1). »

(1) Cf. *Aumônerie militaire coloniale libre*, 16ᵉ Compte rendu, p. 11.

Ces deux allocutions permirent de réunir 1 550 francs qui furent spécialement affectés par le Comité de l'Aumônerie aux besoins des quatre aumôniers partants.

Nos Missionnaires s'embarquèrent le 1er juin, au premier jour du mois consacré au Cœur sacré de Celui qui a dit : « Je suis venu apporter le feu sur cette terre ; et que désirai-je sinon qu'il embrase toutes choses (1). » Ce feu de charité, les nouveaux apôtres du Maroc le portaient enfermé dans leur propre cœur, et ils allaient tenter de le communiquer aux âmes vers lesquelles les envoyait le divin Maître.

Le P. Michel et le P. Julien avaient été hospitalisés à Marseille, chez les dévouées Franciscaines Missionnaires de MARIE, à Saint-Raphaël. Avant leur départ, voulant témoigner leur reconnaissance à leurs si charitables hôtesses, le P. Michel écrivit, et tous deux signèrent les lignes suivantes :

Les aumôniers militaires de la seconde expédition au Maroc remercient les Sœurs Franciscaines de leur délicate et généreuse hospitalité. Ils partent réconfortés par les exemples dont ils ont été les heureux témoins durant leur séjour dans cette bénie maison. ILS OFFRIRONT UNE PARTIE DE LEURS SACRIFICES pour que DIEU augmente le nombre de ces âmes d'élite qui contribuent si activement à sa gloire et à l'extension de son règne. »

FR. MICHEL FABRE
FR. JULIEN GRACIETTE

1er juin 1911.

Le grand détachement était fait. P. Michel volait vers l'apostolat. Il avait rêvé la Chine, DIEU l'envoyait au Maroc. Il

____

(1) S. LUC, XII, 49.

voguait, le cœur dans la joie, car c'était un fils parfait de l'obéissance, et rien n'établit dans la paix comme le sentiment que l'on accomplit la volonté de Dieu. De son avenir il entrevoyait, il attendait les rudes labeurs ; mais soupçonnait-il les crucifiements, et l'immolation finale ? Ne sommes-nous pas autorisés à penser que, en proclamant : « combien ses parents se réjouiraient s'ils venaient à apprendre son martyre, » il révélait la secrète espérance de son propre cœur ?

D'ailleurs, tout missionnaire, à son départ, est un martyr de désir. « Depuis longtemps, il a fait le sacrifice de sa vie, il est résigné aux supplices et à la mort. Que dis-je ? Il la désire, il l'espère, cette mort glorieuse, et il l'accepte avec ivresse, convaincu que le sang du martyre féconde encore plus une terre impie que l'eau même du baptême, et que le Nom de Dieu, dont il confesse la foi dans les tortures, ne sera pas oublié par les bourreaux que son héroïsme épouvante et qu'il bénit en expirant (1) ! »

Les PP. Vincent et Laurent étaient destinés à la région d'Oudjda. Ils débarquèrent à Oran. — Le P. Michel et le P. Julien firent escale à Tanger pour y saluer Mgr Cervera, dont ils reçurent un accueil « on ne peut plus charmant (2). » Puis, ils continuèrent sur Casablanca d'où ils prirent la route de Mehedja où était installé un hôpital pour les troupes.

Mais laissons le P. Michel lui-même raconter avec son charme simple les incidents et mésaventures de ses débuts, dans une lettre au Collège Séraphique.

« D'abord laissez-moi vous dire que mon cœur est toujours au milieu de vous et que plus je me sens seul, plus je pense à

(1) Cf. Fr. Coppée, *La bonne souffrance*, p. 94.
(2) Lettre du P. Julien.

TANGER: VUE GÉNÉRALE, PRISE DE LA MER

vous. Je vais essayer de vous raconter notre voyage et notre entrée au Maroc; mais soyez avertis d'avance que je vais le faire simplement, sans chercher à phraser ni à poétiser. D'ailleurs le temps me manque, et je ne veux pas faire de ce récit un article de revue ni de journal.

« Partis le 1er juin de Marseille, la traversée jusqu'à Tanger a été très bonne. Nous avons eu, — pour employer le style des marins, — une mer d'huile.

« A Tanger nous devions descendre pour rendre visite à Mgr Cervera.

« N'allez pas vous figurer que cette ville soit un port de mer nouveau modèle, où le bateau n'a qu'à toucher terre pour laisser descendre les passagers. Bien loin de là. Les navires sont obligés de rester à deux kilomètres de la côte. Ils jettent l'ancre et attendent que des barques viennent chercher les personnes qui veulent descendre.

« A peine notre vaisseau était-il arrêté, que de nombreuses barques sont venues, remplies d'une foule de négrillons. Agiles comme des chats, ils ont grimpé sur le pont pour venir se disputer passagers et bagages. Gare pour le malheureux voyageur qui n'est pas attendu ou qui ne connaît pas l'arabe ! Lui et ses bagages sont tiraillés par ces forcenés qui se les disputent. Heureusement pour nous, nos bagages doivent rester sur le navire. Quant à notre personne, nous avions un bon monsieur qui, sachant l'arabe, nous conduisait et mettait tous ces gens à la raison.

« Une fois à terre il faut passer la douane, et même n'auriez-vous rien à déclarer, il faut donner au douanier de service cinq sous. Lorsque notre tour arrive, nous offrons les cinq sous exigés; mais pour une raison que j'ignorais complètement et qui m'a été dite plus tard, l'officier douanier, sans rien accepter, nous fait signe de passer. — « En avez-vous de la chance, vous « autres ! nous dit notre conducteur. J'ai envie de me faire « moine ! »

« En sortant de la douane nous montons une rue très étroite, la plus grande de la ville cependant, et nous allons frapper à la porte de la Mission catholique. Nous sommes reçus comme des frères. Mgr Cervera a été d'une bonté toute paternelle. Nous avons causé longtemps avec lui de la France et de notre Province.

« Nos Pères ont, à Tanger, trois maisons, avec une école et un hôpital tenu par des Sœurs Franciscaines espagnoles. Tout nous a paru bien organisé ; j'entends tout ce qui concerne la Mission, car tout le reste de la ville laisse beaucoup à désirer.

« Les rues sont malpropres, encombrées de mulets, ânes et animaux de toute espèce. A chaque pas on entend crier : *Balek ! balek !...* Ce qui signifie : attention ! attention !

« Il paraît qu'on peut avoir un *bourrico* pour trois francs. Quelle envie nous avions, le P. Julien et moi, d'en acheter un afin de pouvoir traverser les rues sans nous salir !

« Au repas de midi j'avais à ma droite un jeune Français très gentil. Tout en causant, je lui demande pourquoi, en passant tout à l'heure à la douane, nous n'avions rien payé ?

— Les Pères Franciscains, me dit-il, jouissent au Maroc de certains privilèges. Non seulement ils n'ont pas de douane à payer, mais le Sultan veut que, partout où ils passent, ils soient bien accueillis, qu'on leur offre l'hospitalité, et même, si c'est nécessaire, un cheval pour voyager. Voici comment ils auraient obtenu ces privilèges :

« Un Père se rendant à Fez apportait avec lui un joli paon

pour offrir au Sultan. Arrivé à Tanger, il est arrêté à la douane et on veut lui faire payer un droit d'entrée pour l'oiseau.

Tanger : Rue et mosquée.

— Je n'ai pas d'argent, répond le Père; ce paon que j'apporte, c'est un cadeau pour le Sultan. Si vous ne voulez pas me laisser passer, le voici, gardez-le, et j'avertirai le Sultan d'envoyer le prendre.

— Arrivé à Fez, le Père explique tout au Sultan qui, furieux, ordonne qu'on tranche immédiatement la tête au malheureux douanier, et fait publier un édit exemptant les Pères de la douane et leur accordant d'autres privilèges. Nous avons joui du privilège de la douane; à Casablanca aucun de nos bagages n'a été examiné.

« Notre arrêt à Tanger a duré environ six heures. Le soir nous rentrons à bord pour nous diriger vers Casablanca. Cette traversée a été bien mauvaise, surtout pour le P. Julien qui a souffert terriblement du mal de mer. Pour moi j'ai pu résister; cependant je souffrais de voir le triste état de mon compagnon de route. On aurait dit qu'il allait lancer dans l'océan tout l'intérieur de son être.

« Enfin, le 8 juin au soir, nous arrivons à Casablanca. Là, comme à Tanger, le bateau reste très loin de la plage; pour débarquer, il faut employer les mêmes moyens. Heureusement que l'Océan s'était un peu calmé et que notre débarquement n'a pas été trop difficile. Sur la plage un Père espagnol nous attendait.

« Avant de vous parler de Casablanca, laissez-moi vous dire que, sur le bateau que nous venons de quitter, on a été très gentil pour nous. La Compagnie à laquelle il appartenait nous a transportés gratis; nous n'avons dû payer que la nourriture. Nous avons pu dire la Messe tous les jours, sauf toutefois pendant la traversée de Tanger à Casablanca, à cause de la mauvaise mer.

« Casablanca est une ville qui commence à naître (1). Dans

(1) Le narrateur veut assurément dire que cette ville « commence à naître » *au progrès moderne*. Car elle est de fondation très ancienne. Elle fut d'abord un comptoir carthaginois, établi aux environs de l'an 500 avant notre ère. — Des fouilles récentes ont exhumé

quelques années on y trouvera tout le confortable des villes européennes. Pour le moment elle a encore, et beaucoup, le cachet de ville marocaine. Les rues sont étroites et malpropres. Quand on se trouve au milieu de tous ces indigènes, on ne se croirait pas en pays civilisé. Quels costumes ! Comme cela fait pitié de voir tous ces gens croupir dans la saleté et la misère ! Au lieu de leur donner le Coran, Mahomet aurait mieux fait de leur dicter un livre sur l'hygiène (1) !

« En traversant une rue, je vois sur les épaules d'un Marocain un singe assis, en train d'examiner soigneusement la chevelure de son maître. Je demande des explications au Père espagnol qui m'accompagne. — « C'est le moyen, me répond-il,

deux superbes pièces d'or, en parfait état de conservation, datant de l'époque d'Auguste. A plus de trois mètres dans le sol on a découvert également de beaux fragments de mosaïque. (Cf. Ouvrage de R. RANKIN, déjà cité.)

(1) L'appréciation sommaire de cette ville mérite d'être complétée par la description suivante que nous détachons d'une lettre du P. Urbain de Mugron, aumônier militaire, lui aussi, en résidence à Casablanca depuis mai 1912.

« Casablanca, appelée à devenir un port de mer important, est une ville au cachet vraiment oriental, avec ses terrasses toutes blanches, ses minarets élancés, ses rues étroites et en zigzags, et ses Arabes drapés dans de larges burnous aux nuances les plus variées, et souvent pas très propres. On dit qu'elle renferme dans son enceinte 50 000 habitants. Le nombre des Français y est de 5 à 6000 ; les Espagnols 2000 ; les Italiens 1 000 ; les Allemands et les Anglais 2000. Les Juifs y abondent, et leur commerce est important. Les Syriens s'y trouvent aussi, quoique en petit nombre.

« .... Les rues sont en général mal pavées et pleines de poussière. On les arrose dans la journée, et alors la poussière se change en une boue gluante et nauséabonde. Il y a, partout, des balayeurs, à certaines heures ; ce sont des prisonniers marocains. Ils sont liés deux à deux par une corde passée autour des reins et qui les tient assez espacés pour ne pas gêner leurs mouvements. Un garde-chiourme les surveille et dirige leurs travaux forcés,.... *(Lettre du 21 mai 1912.)*

« qu'emploient les Marocains pour débarrasser leur tête des
« hôtes qui les incommodent. »

« Chers Séraphiques, que vous êtes heureux dans votre petit
nid où rien ne vous manque, où le bon Dieu pourvoit abondamment à tous vos besoins, matériels et spirituels ! Si l'un
de vous venait ici, s'il voyait trottiner dans les rues de Casablanca ces pauvres petits indigènes que j'aperçois en ce moment, déguenillés, cherchant dans les balayures de quoi manger, je suis sûr qu'il reprendrait vite le bateau pour ne pas voir
ces choses si tristes et qui font mal au cœur. Et pourtant,
qu'ont-ils fait les pauvres petits ? Pourquoi le bon Dieu vous
gâte-t-il, vous, et laisse-t-il souffrir ainsi nos semblables ! Oh !
remerciez-le de votre sort, et priez-le un peu pour les petits
Marocains de Casablanca.

« Nos Pères de cette résidence nous ont accueillis comme
des frères. Leur maison est assez bien aménagée. Leur chapelle,
qui n'est pas très grande, sert à la fois pour les Espagnols et
pour les Français.

« Dès que, en ville, on a su notre arrivée, beaucoup de
membres de la colonie française sont venus nous voir. Tous
voulaient nous garder.

« Nous avons besoin, nous disaient-ils, d'un prêtre français.
« Si vous ne restez pas, ou bien si l'on ne nous en envoie pas,
« nous allons perdre notre foi dans ce malheureux pays. Il
« nous faut quelqu'un qui comprenne notre langue et notre
« caractère..... »

« De fait, il y a là un noyau de catholiques qui, s'ils avaient
un Père français pour les diriger, marcheraient à merveille.

« Mais la situation, pour nous, est très délicate..... Nous n'a-
vons pu, hélas ! que plaindre leur sort et les encourager à rester

toujours fervents. Peut-être que le bon Dieu satisfera un jour leur désir (1) !

« A Casablanca se trouve le principal hôpital militaire. Le lendemain de notre arrivée nous sommes allés le visiter, en compagnie du Père espagnol qui en est chargé (2). En ce moment on y compte près de 400 malades. Quel contraste avec la ville ! Ici tout est propre ; autour des baraquements on a disposé de tout petits jardins garnis de belles fleurs. Nous avons vu plusieurs blessés du combat du 27 mai. L'un avait la jambe droite coupée ; un autre, le bras et le côté droit traversés par une balle marocaine. Au milieu de leurs souffrances, ils paraissent assez gais. Eux aussi, auraient bien désiré que nous restions à Casablanca. Mais... impossible !...

Nos aumôniers étaient, en effet, envoyés spécialement pour suivre les colonnes. Dès qu'ils avaient mis pied à terre à Casablanca, ils s'étaient empressés d'avertir le Général Moinier de leur venue et de se mettre à sa disposition. — Mais la réponse tardait à venir. Dans la famille même du général on était sans nouvelles de lui depuis un mois. Les jeunes Missionnaires, après trois jours d'attente, n'y tiennent plus. Ils se reprochent leur inaction à Casablanca, alors que les soldats français tombent et meurent là-bas, en campagne, et peut-être en appelant un prêtre. — Ils vont trouver le Commandant de place et lui demandent l'autorisation de prendre place sur le bateau militaire qui fait le service entre Casablanca et Mehedja. Gracieuse-

(1) La prière de ces âmes a été entendue. — Le P. Urbain de Mugron, ancien Vicaire Custodial de Terre-Sainte, n'a pas hésité à affronter, malgré son âge, les labeurs de ce nouvel apostolat. Il est à Casablanca depuis le mois de mai dernier, « Aussi, y a-t-il eu grande joie dans la colonie française. » (*Lettre du 22 mai 1912.*)

(2) A l'heure actuelle c'est le P. Urbain qui dessert cet hôpital.

ment elle leur est concédée, et le lendemain ils voguent vers ce poste avec l'intention d'y installer l'un d'eux auprès des malades qui s'y trouvaient nombreux, et sans prêtre, tandis que l'autre profiterait du premier convoi pour rallier Fez et joindre la colonne en marche.

Leur inexpérience des choses de l'administration allait leur causer bien des déboires.

Le P. Michel nous le narre avec sa bonne humeur inlassable et des réflexions judicieuses que lui inspirent son bon sens et son esprit surnaturel.

« A notre arrivée à Mehedja, on nous a pris pour des espions espagnols. Aussi figurez-vous le bon accueil qui nous a été fait. Sans nous décourager, nous allons trouver le Général Ditte, commandant la place, nous lui offrons nos respects et lui faisons connaître notre mission.

« Je n'ai reçu aucun ordre vous concernant, répond-il, même « je ne vois pas pourquoi vous venez ici. Nous avons des mala-« des, mais ils ne le sont pas gravement. »

« Nous lui demandons l'autorisation d'aller installer notre tente à côté de l'hôpital, ce qu'il nous accorde volontiers, et nous nous retirons pour aller procéder à notre installation ; cela nous a demandé environ deux heures de temps.

« Après cela, il fallait songer à nous réconforter ; car notre estomac, à jeun depuis plus de vingt-quatre heures, commençait à se fâcher.

« Mais, où trouver quelque nourriture ? Pas de marchand aux environs, et rien dans nos sacs. Nous retournons chez le Général, et le prions de vouloir bien nous autoriser à toucher quelques vivres à la subsistance militaire. Il nous délivre un petit écrit, et moyennant ce papier, nous pouvons toucher un peu de pain et de vin qui vont faire tout notre souper (1). »

« Oh ! comme ce pain a été croqué avec appétit ! Comme vous le voyez, le bon DIEU commençait à nous gâter en fait de sacrifices..... Le lendemain la glace s'est un peu brisée. Nous avons parcouru le camp, et à notre accent pas mal méridional, les officiers ont reconnu, enfin, que nous ne pouvions pas être des espions espagnols. Beaucoup d'entre eux ont été charmants ; toutefois, tout en louant notre courage, ils nous ont fait remarquer que nous étions un peu imprudents, et que nous n'aurions pas dû venir sans une autorisation écrite du Ministre de la Guerre, ou bien du Général Moinier. C'est vrai, avec cette autorisation nous aurions tout obtenu, mais aussi notre entrée eût été moins méritoire...

SAINT BÉRARD,
un des premiers martyrs franciscains au Maroc.
(D'après une ancienne gravure.)

(1) Lettre aux élèves du Collège Séraphique.

« Nous avons reconnu notre faute ; mais, que faire ? il était un peu tard pour la réparer. Cependant, nous ne pouvions pas rester là sans rien faire. Prenant notre courage à deux mains, nous allons de nouveau chez le Général pour lui demander la permission de visiter les malades, et l'autorisation de manger à l'ordinaire des infirmiers, *en versant notre cotisation.* Nouveau refus. Désolé, le Général nous répond que tout ce qu'il peut nous permettre, c'est de voir les malades qui le demanderont. — Que faire ? Nous saluons le Général et nous rentrons sous notre tente, comptant plus sur le secours de Dieu que sur les hommes (1). »

Nul doute, en effet, que s'ils fussent arrivés, ces petits Franciscains, avec armes et bagages imposants, précédés d'un ukase ministériel proclamé à l'ordre, le matin, au roulement des tambours, leur « entrée » n'eût pas rencontré ces difficultés. On se fût même empressé autour d'eux. Mais elle eût été moins digne, cette « entrée, » de vrais disciples du Pauvre d'Assise. Leur misérable installation sous une tente, dans ce désert ; les rebuts qui brisent leur cœur, mais non leur courage ni leur confiance en Dieu ; leurs pauvres repas de pain et de vin, pendant huit jours, dus à la charité du bon Général ; tout cela, ce sont de vraies attentions de la Providence qui « commence à les gâter, » dit le bon P. Michel. Ce qu'ils viennent chercher, ce ne sont pas les faveurs, mais des âmes. Or, les âmes s'achètent par le sacrifice. Et durant huit jours ils n'eurent pas à les compter ; ils en furent royalement comblés. Mais du haut des cieux, le Séraphique Patriarche les enveloppait d'un regard d'amour et de complaisance, et le divin Roi des Apôtres bénis-

______

(1) Lettre au T. R. P. Provincial.

sait cette prise de possession, — par la pauvreté et le sacrifice, — du Maroc français.

Cette bénédiction ne tarda pas à porter ses fruits. Harassés de fatigue et de tristesse, nos deux Missionnaires s'étaient retirés sous leur tente, à la tombée de la nuit, et essayaient de prendre un peu de repos.

« Vers 10 heures, raconte le P. Michel, on vint frapper à coups redoublés sur notre tente. Terrifiés, croyant à quelque alerte de nuit, nous crions : « Qui est là ?

« — Levez-vous vite et sortez, nous répond une grosse voix. »

« Dehors, nous nous trouvons en face d'un jeune officier qui, alors, adoucissant le ton, nous dit :

« Je suis un médecin de l'hôpital. Un de mes hommes va « mourir. Comme j'ai appris que des Pères français viennent « d'arriver, je suis venu vous appeler pour que vous l'adminis- « triez. Toutefois, je ne puis vous laisser entrer dans l'hôpital « puisque les règlements le défendent ; il faut, vous le savez, « que le malade ait demandé lui-même le prêtre. Mais vous « pourrez l'absoudre *par la fenêtre*, il se trouve tout à côté. »

« Nous courons à l'hôpital et nous donnons l'absolution à ce pauvre mourant qui a succombé quelques instants après.

« Le lendemain, la situation était un peu moins tendue. Un officier est venu nous demander de faire l'enterrement du soldat mort la veille. Nous acceptons très volontiers. C'est moi qui ai fait la cérémonie, le lendemain dimanche à 9 heures, pendant que le P. Julien essayait de dire en plein air, devant le parc d'artillerie, une messe pour tout le camp.

« Personne n'était averti, il n'y eut donc pas grand monde. Néanmoins plusieurs officiers sont venus y assister, et un lieutenant de marine la lui a servie.

« Le soir, un infirmier vint nous avertir que trois malades-
nous demandaient. C'était tout ce que nous désirions. Arrivés-
à l'hôpital, nous avons été reçus avec enthousiasme ; non seulement les trois qui nous avaient fait appeler voulaient nous-
parler, mais tous les malades. Tous voulaient avoir des nouvelles de France.

« Mon Père, nous disaient-ils, n'avez-vous pas du papier à
« lettre ? Nous voudrions écrire à nos parents, et nous n'avons-
« rien ; ni papier, ni encre, ni porte-plume. »

« Devant cette plainte unanime, notre cœur a été bien ému,
et nous leur avons distribué tout notre papier à lettre, nos porte-
plumes et notre encre. Oh ! comme ils étaient heureux !...

« Après le désir d'écrire, ils nous ont manisfésté le désir
d'avoir des livres, des journaux pour lire. « Nous mourons
« d'ennui, disaient-ils ; mon Père, faites-nous venir des jour-
« naux de France ! Vous qui connaissez beaucoup de monde,
« intercédez pour nous auprès des âmes charitables !... (1) »

Le P. Michel et son compagnon revinrent de l'hôpital en-
chantés d'avoir, du premier coup, gagné l'affection de tous les-
malades. »

Mais leur situation, en l'absence de toute pièce officielle les-
accréditant auprès du corps expéditionnaire, ne changeait pas.
Coucher sous la tente, à la rigueur, leur importait peu. Ils ne
pouvaient pas, si allègrement, prendre leur parti de la privation de nourriture. On leur faisait bien passer du pain et du

(1) Lettre au T. R. P. Provincial. — Les bons Pères se hâtèrent
d'écrire à leurs amis et un stock de brochures et livres intéressants ne
tarda pas à leur parvenir. — *L'Aumônerie militaire libre* entendit aussi
ce cri de détresse ; et cette œuvre si excellente se préoccupa de satisfaire à ce besoin impérieux du *soldat, de tuer l'ennui pour que l'ennui*
ne le tue pas.

S. G. Mgr CERVERA.
Vicaire Apostolique de Tanger.

vin, mais cet état de choses ne pouvait durer indéfiniment. Ils résolurent alors de se séparer. P. Julien resterait à Mehedja pour assurer le service de l'hôpital qu'on ne pouvait désormais plus quitter : P. Michel reviendrait à Casablanca pour envoyer, d'abord, des vivres à son compagnon. « Ensuite, raconte-t-il, afin d'obtenir des papiers en règle pour avoir l'entrée libre des hôpitaux et l'autorisation de vivre à l'ordinaire des infirmiers, — tout en payant pension, si on l'exigeait (1). »

Ainsi fut fait. Un bateau espagnol recueillit notre P. Michel et le transporta gratis à Casablanca où il commença ses démarches.

« Je suis à Casablanca depuis deux jours, écrit-il encore ; je viens d'écrire au Général Moinier pour lui expliquer clairement notre situation, et aussi à M. H*** afin qu'à Paris il tâche de nous obtenir un papier quelconque du Ministère de la Guerre.

Pour moi, je regrette beaucoup ce contretemps car à Fez, il y a beaucoup de malades. Mais, comment s'y rendre, n'ayant aucun moyen de transporter mes bagages, ni aucune assurance d'avoir des vivres ? J'espère que le bon Dieu viendra à notre secours, et qu'il arrangera tout. Ce qui retarde toute correspondance, ce sont les grandes difficultés de communications. Avant d'avoir une réponse du Général Moinier, il faudra au moins vingt jours. En attendant je suis chez les Pères espagnols..... J'ai beaucoup de travail avec les catholiques français.... J'entends beaucoup de confessions.

« Madame la Générale Moinier nous est très dévouée ; c'est grâce à elle que nous aurons, je l'espère, toutes les autorisations voulues du Général (2). »

(1) Lettre au T. R. P. Provincial.
(2) Idem.

Trois longues semaines se passèrent dans cette attente et ces
labeurs. Enfin, le 9 juillet, le P. Michel avait la joie de
pouvoir écrire à son Supérieur :

« Vous aviez raison de nous dire que le bon Dieu allait
nous donner bientôt du bon pain blanc ! Figurez-vous que
hier, 8 juillet, tout m'est arrivé à la fois : lettre du Général
Moinier, deux grands passeports du Ministère des Affaires
Étrangères nous recommandant à toutes les autorités civiles
et militaires ; et enfin nous avons reçu Mgr Cervera qui
vient donner la confirmation. Le Général Moinier nous donne
toute liberté de visiter les hôpitaux, et il prescrit à tous les
chefs de poste de nous fournir les moyens de transport, ainsi
que les vivres et un abri.

« Comme je lui avais demandé de m'indiquer l'endroit où
mon ministère serait le plus nécessaire, il me conseilla de me
rendre à Mequinez... C'est là que sera le principal centre des
opérations..... jusqu'à ce que le Sultan ait une armée capable
de le défendre.

« Je vais donc m'embarquer mardi prochain pour Rabat, et,
de là partir avec un convoi jusqu'à mon poste. A Rabat, je
pense voir le P. Julien, car on y a transporté tout l'hôpital de
Mehedja, ainsi qu'une grande partie des troupes qui défendaient cette kasbah..... Là, il sera très bien ; les Pères espagnols y possèdent une petite mission, de sorte que rien ne lui
manquera au point de vue spirituel et temporel. Il va enfin
manger son pain blanc.

« Pendant deux ou trois jours il a eu la fièvre, et son état
m'inquiétait. Grâce à la quinine, il l'a combattue, et maintenant
il est complètement remis.

« Je lui ai envoyé trois caisses de vivres. Une est allée se perdre, je ne sais où ; les deux autres il les a reçues après dix jours d'attente...

« Dès mon arrivée à Mequinez je vous enverrai le récit de mon voyage (1). »

Pendant que le P. Michel agissait à Casablanca, son vaillant compagnon resté à Mehedja menait une rude vie de privations et d'isolement. La fièvre le tracassa pendant plusieurs jours, mais le « laissa enfin tranquille. »

« Je couche sous la tente comme un vieux troupier, écrit-il. L'endroit que j'occupe est à l'abri des balles, défendu qu'il est par une bonne ceinture de troupes. Cependant, de temps en temps, l'ennemi essaie de nous surprendre ; mais il est vivement repoussé par notre artillerie.

« Pendant cinq ou six jours j'ai été privé du grand bonheur de dire la sainte Messe. Depuis une semaine environ, j'ai trouvé un pauvre petit Parisien. — échoué ici, je ne sais trop comment, — qui me sert d'enfant de chœur, et aussi de cuisinier...... Mais quel cuisinier !!! —

« Le dimanche, je dis la messe en plein air, des officiers et des soldats y assistent. Deux fois par jour je vais rendre visite aux malades qui me demandent. Je passe avec eux quelques instants ; je leur procure du papier à lettre, des cartes, des oranges, du chocolat, du tabac....

« En dehors du ministère, j'emploie le temps à réciter l'office, à la méditation, à la correspondance, à la popote. A certains moments la solitude me pèse un peu ; ma plus grande privation est de ne pouvoir causer avec un confrère. Mais, j'accepte tout joyeusement, à la manière de saint FRANÇOIS ;

(1) Lettre au T. R. P. Provincial.

car si je suis loin des hommes, je me sens plus près de Dieu. Le Crucifix de mission que j'ai emporté me réconforte et m'encourage..... »

Le Crucifix ! Ah ! Voilà bien le secret de cette force qui avait entraîné ces deux jeunes apôtres épris d'idéal et de sacrifice, dans cette rude campagne aux débuts si laborieux. Parce que le Crucifix c'est la grande preuve de l'amour de Dieu pour nous ; et l'amour appelle l'amour !

CHAPITRE XI

Rabat.

La Perle du Maroc. — Maladie du P. Julien. — Visites du P. Michel
à l'hôpital. — La société de secours aux blessés. — La charité
remède infaillible. — Épreuves et consolations. — Départ pour
Meknès.

A l'embouchure du Bou-Regreg, sur la falaise qui domine
la rive méridionale du fleuve, se dresse fièrement Rabat
que l'on appelle la Perle du Maroc. En face, sur la berge oppo-
sée, on aperçoit la ville de Salé. Rien de plus disparate que ces
deux villes malgré leur proximité. « Salé farouche, poussiéreux,
aride, se ramasse comme une bête de proie. Rabat, à demi
cachée par les orangers, couverte d'or et d'émeraudes, regarde
le monde avec la douceur souriante d'une reine (1). »

Tout le Maroc du bassin de l'Océan présente d'ailleurs ce
contraste. Les plages sablonneuses, fatigantes de monotonie ou
hérissées de roches rébarbatives, y alternent avec de splendides
oasis toujours vertes qui semblent des morceaux, enchassés, de
côte d'azur.

Plus avant, jusque bien loin vers les premiers ressauts de
l'Atlas, la campagne ne forme qu'un champ de fleurs, de janvier

(1) *Au Maroc,* par Reg. Rankin, p. 205.

à juin. Jusqu'aux environs du 15 août, le vert tendre des immenses carrés de maïs fait encore prévaloir sa note gaie, sur les fonds dorés ou pâlissants des blés et du chaume. Mais à mesure que s'avance l'été, la nature perd son air de fête ; durant huit ou dix semaines, tout est recouvert d'une triste couche de poussière grisâtre, « et les plaines radieuses du printemps se sont transformées en manière de Sahara (1). »

La ville de Rabat est un des points principaux par lesquels la capitale du Maroc, Fez-la-Sainte, communique avec l'Océan. Mais l'entrée de la rivière sinueuse, aux bords de laquelle s'allonge sa ligne blanche que domine une tour massive, est rendue très difficultueuse par sa barre toujours bouillonnante d'écume.

« Le passage de cette barre, dit M. Rankin, est assez impressionnant, même par temps calme ; elle est souvent dangereuse et quelquefois impraticable. On a vu des navires attendre vainement pendant vingt jours une accalmie qui leur permît de débarquer leur cargaison. »

Ainsi qu'il l'écrivait à son Supérieur, le P. Michel quitta Casablanca, dès les autorisations reçues, et vint à Rabat. Il laissait derrière lui bien des regrets. Sa bonhomie, sa délicatesse et son zèle lui avaient fait beaucoup d'amis parmi les soldats et dans la colonie française. Il n'y eût pas jusqu'à un certain Mohamed, Marocain de vieille race et de haine solide contre les « Nosranis... » qui ne lui fût complètement gagné.

Quand la nouvelle de sa mort parvint à ce pauvre Mohamed, « il resta plusieurs jours dans une grande tristesse, et encore à présent, comme on lui en parle, il prend un air peiné et les larmes lui viennent aux yeux. *Padre Michel, bueno, bueno !...*

(1) *Le Maroc.* par le COMM. HAILLOT, p. 47.

répète-t-il. Il conserve précieusement la canne qu'il lui avait léguée, et l'une de ses espérances était d'aller le rejoindre à Fez pour être son domestique (1). »

A Rabat, les Pères espagnols possèdent une petite résidence, fort exiguë, qu'ils offrirent cependant de partager avec leurs deux confrères français.

Le P. Michel y rencontra le P. Julien, venu de Mehedja avec

Hôpital de campagne. — Blessés du combat d'Aïn-Mèkoun.

l'hôpital que l'on voulait installer à Rabat, plus à proximité des troupes de l'intérieur. Les privations endurées par le pauvre Père durant tout un mois, ses courses pénibles dans le sable qui recouvre la plage où est assis Mehedja, l'isolement et la peine des premiers rebuts, tout cela réuni avait brisé ses forces ; et aussitôt arrivé à Rabat il s'alita. Le bon P. Michel, navré des souffrances de son confrère et ami, s'installa à son chevet et lui prodigua tous les soins en son pouvoir. Mais, là aussi, quelle pénurie !...

(1) Lettre du P. Henri Kœhler.

« La maison des Pères, écrit le P. Michel, est très mal com-
mode, et très pauvre. C'est une véritable crèche de Bethléem.
Deux chambres seulement sont à peu près convenables..... et
elles sont déjà occupées. Alors, le P. Julien a été installé dans
une petite pièce de débarras, que j'ai appropriée de mon mieux,
et qui mesure à peu près deux mètres de long sur un mètre de
large. Mon logis, à moi, je ne vous le décris pas ; c'est une
cave où le jour ne rentre que par la porte, et encore très faiblement. Mais je n'y reste que la nuit. Le jour, je m'installe au
fond d'un petit promenoir. Dieu soit béni, de nous donner
d'aussi belles occasions de gagner des mérites !...

Son rôle d'infirmier ne lui faisait pas perdre de vue le bien
spirituel de ses chers soldats. Presque tous les malades de
Mehedja étaient déjà rendus à Rabat. Les troupes elles-mêmes
campaient aux environs de cette ville afin d'appuyer l'action
engagée à ce moment contre la tribu des Zaers, une des plus
irréductibles.

Aux 200 malades qui occupaient déjà l'hôpital, allaient s'en
adjoindre encore 400, venus de Fez et de Mequinez. Le génie
était occupé à dresser, sur les bords de la mer, d'immenses
tentes pour les recevoir. Ce n'est pas que les blessés fussent
très nombreux à la suite des engagements avec les Marocains.
Le plus grand nombre de malades étaient atteints de la fièvre ;
très peu, d'autres maladies.

Les tentes employées pour le service des hôpitaux de campagne, étaient, d'après le témoignage d'un Anglais attaché au
corps d'expédition, fort bien conditionnées : parois doubles, sol
parqueté, et le parquet recouvert de linoleum ; ventilation
facile par en haut et à l'aide de fenêtres à volets.

Aussi, d'après le même témoin, la mortalité parmi les typhiques était-elle assez restreinte, environ 12 pour 100, proportion inférieure à celle des garnisons de France où elle varie de 14 à 25 pour 100 (1).

Ces excellents résultats ne sont pas seulement dus à l'intelligente installation des locaux, mais aussi et surtout, au dévouement des admirables infirmières de la Croix Rouge (2).

Le P. Michel se prodiguait pour consoler et distraire ses malades. Il raconte d'une façon pittoresque, ses visites à l'hôpital.

« Voici comment, chaque jour, je fais ma visite, écrit-il. Je pars vers les 3 heures de l'après-midi, mon casque colonial sur la tête, un bâton à la main et un petit sac marocain sur le côté gauche.

« Dans ce petit sac très original, je mets le nécessaire pour administrer l'Extrême-Onction en cas de besoin ; puis du papier à lettre, des porte-plumes, de l'encre, du tabac, des journaux, des livres quand j'en ai, etc... etc...

(1) Cf. REGINALD RANKIN, op. cit., p. 232.

(2) C'est la première fois, en 1908, que le Ministre de la Guerre a autorisé la *Société de secours aux Blessés militaires*, à envoyer sur le terrain des opérations des dames qui ont suivi les cours théoriques prévus par les Statuts de cette œuvre, et acquis, dans les hôpitaux des principales villes de France, une expérience pratique. La Générale Hervé vint elle-même à Casablanca avec quatorze infirmières...

Les demandes adressées par les dames de la Croix Rouge sont si nombreuses que, pour y satisfaire dans une certaine mesure, on est obligé de relever tous les trois mois les infirmières attachées à l'hôpital de Casablanca et à les remplacer, bien malgré elles, par de nouvelles candidates. (Cf. REG. RANKIN, op. cit.)

Il convient d'ajouter que ces admirables Françaises n'ont pas seulement pris à cœur le soin physique des soldats malades. Elles n'ont cessé de multiplier les démarches les plus instantes pour obtenir l'envoi d'aumôniers militaires français au Maroc. Elles ont réussi, dans une mesure que l'on n'osait même espérer. Elles méritent la reconnaissance des catholiques de France.

« Ainsi équipé, je me dirige vers l'hôpital. Comme déjà on me connaît, je reçois des saluts à n'en plus finir... A mon arrivée, les malades sourient et jettent des yeux d'envie sur mon petit sac. « Savoir ce qu'il nous apporte, aujourd'hui, le Père ? » se disent-ils.

« Aussitôt la distribution commence. Aux uns c'est du papier à lettre qu'il faut ; aux autres, un journal, ou bien un paquet de tabac, s'ils ne sont pas trop malades. Ensuite, on cause ; et si une partie de carte est en train, on s'y intéresse. Je vous avouerai qu'il m'est arrivé d'y prendre part une fois ou l'autre.

« Bien entendu ceci n'est bon qu'avec ceux qui ne sont pas trop malades. Quant aux fiévreux, je suis plus prudent ; je me contente de leur adresser quelques paroles d'encouragement.

« Bref, 7 heures du soir arrivent et je suis encore à l'hôpital. Les majors ne passent jamais à côté de moi sans me donner une bonne poignée de main. Quant aux soldats, ils m'aiment bien. Mes petites distributions leur ont montré que les Religieux sont de braves gens et surtout qu'ils s'intéressent à eux (1). »

Ces libéralités, bien modiques, cependant, étaient fort appréciées des soldats. Rien n'est bon comme la bonté. C'est le rayon de soleil qui fait s'épanouir la petite fleur toute froissée par les frimas de la nuit. Ces braves cœurs de troupiers, sous leur écorce parfois rugueuse, sont capables de délicatesses exquises. Aussi ils comprennent, ils goûtent eux-mêmes les délicatesses dont ils sont l'objet.

Puis, combien dont la maladie n'a d'autre source que la tristesse, le chagrin d'être éloigné du pays, le manque de nouvelles des êtres aimés, surtout ! *L'absence est le plus grand des maux !*

(1) Lettre au T. R. P. Raphaël.

Le bon P. Michel qui, dans son enfance, ne pouvait supporter de voir pleurer un petit enfant, comment aurait-il été insensible aux chagrins de ces vieilles barbes, — de grands enfants, au fond ?

Son excellent cœur apparaît dans le trait suivant saisi sur le vif.

INFIRMIÈRE DE LA CROIX ROUGE (1)

Jadis, pour y panser de ses doigts fins et doux
Un blessé qui gisait dans la campagne nue,
La divine Pitié descendit parmi nous.
Elle allait s'envoler comme elle était venue,
Quand le petit soldat, humble chair à canon,
Voulut savoir au moins le nom de l'inconnue ;
Et la déesse, alors, pour lui laisser son nom,
Prit un beau linge blanc, puis avec un sourire,
Ayant trempé son doigt dans le sang du blessé,
Elle y fit une croix, — ne sachant pas écrire...
Et les femmes, en France, a leur bras l'ont passé.

Vte DE BORELLI.

(1) Nous devons à la gracieuse obligeance de Mme la Générale Hervé de pouvoir reproduire ici cette touchante composition, propriété de la *Société Française de Secours aux blessés*. Ce n'est pas, d'ailleurs, la seule marque de sympathique bienveillance que les Franciscains français, au Maroc, ont reçue des distingués Directeurs de cette œuvre admirable. Qu'il nous soit permis de leur en offrir, ici, notre respectueuse gratitude.

« J'ai remarqué, écrit-il, que ce qui contribue surtout à
entretenir la fièvre, chez eux, c'est la faiblesse du moral. *(Sic.)*
Se voyant malades, ils sont découragés, ils n'espèrent plus
revoir la France. Beaucoup même, parmi les coloniaux, étant

Ber-Bechid. — Hôpital de campagne.

pères de famille, se demandent si leur femme et leurs enfants
ne sont pas dans la misère, car plusieurs ne vivent que des ressources qu'ils leur envoient. Mais un rien suffit pour les
relever. J'en ai eu plusieurs exemples très frappants.

« Voici le premier. A Mehedja, nous avons trouvé à l'hôpital, le P. Julien et moi, un pauvre colonial, père de famille,
bien malade. Le major désespérait de sa guérison. Ce qui
l'affligeait, c'était de savoir sa femme et ses enfants dans la
misère ; car vivant uniquement des ressources que, chaque
mois, il leur envoyait, comme à l'hôpital on ne touche pas
de paye, il ne pouvait rien leur faire parvenir. Nous l'avons

rassuré en lui promettant de nous occuper de sa famille.

« Aussitôt j'ai écrit à M. H*** à Paris, en lui donnant l'adresse de la famille du soldat. Quelques jours après, une .ettre m'annonçait « qu'une âme charitable avait secouru cette .famille. » Quand j'ai montré cette lettre au soldat, cela a complètement guéri sa fièvre. Il y a quelques jours il partait en France, en congé. Il ne savait comment me remercier, tant son bonheur était grand.

« Ici, à Rabat, je viens d'employer le même procédé pour deux autres, que j'ai recommandés à M. l'abbé Dupré, de Marseille. L'effet a été le même. »

Et le bon Père d'ajouter avec une délicieuse bonhomie : « Sans vouloir médire de la science, je remarque, une fois de plus, que la charité chrétienne guérit et guérira bien des maladies..... »

« Quel dommage, ajoute-t-il ailleurs, qu'il n'existe pas un Comité quelconque pour prendre en main les intérêts de ces pauvres coloniaux ! Car ils sont nombreux ceux qui sont dans ce cas ! »

Cette bonté, qui est la clef des cœurs, ouvrit aussi aux Aumôniers mainte conscience ; leur ministère de consolation frayait la voie au ministère de réconciliation.

« Ici, — écrivait le P. Julien, de Rabat, — c'est le travail, et grâce à DIEU, le travail fécond. Les catholiques tiennent à recevoir les derniers sacrements avant de mourir. A tout instant m'arrivent des lettres de parents me suppliant de veiller à ce que leurs fils meurent en chrétiens. J'ai une correspondance assez grande, car j'écris à tous les parents des soldats défunts, et parfois plusieurs fois.

« Durant les trois dernières semaines, sur seize soldats catholiques morts, douze ont reçu les derniers sacrements. Les quatre autres sont morts à l'improviste..... »

Un peu plus tard, le même Père énumérait ainsi les résultats de son ministère :

« Depuis mon arrivée au Maroc, j'ai fait 41 enterrements, donné 29 extrême-onctions, 42 absolutions aux malades, et 11 aux bien portants. J'ai distribué douze fois la sainte Com-

munion. De plus j'ai visité jusqu'ici plus de 500 malades, et dépensé pour eux en dons de toute espèce, environ trois cents francs (1). »

Mais les vaillants Aumôniers ne font part des consolations qu'ils éprouvent et du bien que produit leur ministère que pour mieux faire ressortir la pénurie des ressources dont ils disposent et le précaire de leur situation.

« Si nous étions quatre Aumôniers, au moins, ce serait bien, écrit le P. Michel. Actuellement il y a quatre postes : Casablanca, Rabat, Mehedja et Mequinez (sans compter la colonne en marche.) Toutefois il faut dire que les postes de Mehedja et de Mequinez sont très difficiles, et même impossibles à occuper dans la situation où nous sommes. Pour les Pères qui seraient

(1) Lettre du P. Julien Graciette au T. R. P. Provincial.

là, il faudrait un Frère convers qui s'occupât de tout son matériel. Malgré la bonne volonté indiscutable des chefs militaires,
nous ne pouvons pas avoir d'ordonnance. — On les a suppri-
més à tous les lieutenants..... on ne nous en donnera pas à
nous !...

« Le P. Julien — (il ne parle pas de ses propres fatigues) —
a voulu essayer de faire seul à Mehedja ; il s'y est beaucoup
fatigué, et encore la plupart du temps, il s'est contenté de repas
froids (1). Il faut, parfois, aller chercher les vivres très loin,
ainsi que l'eau et le bois ; de sorte que, résultat final, on se
fatigue beaucoup, on a de la mauvaise nourriture, et on n'a
pas le temps de voir, comme il faudrait, les malades.

« Bien plus, se frottant aux marmites et casseroles on se
salit, et on n'ose plus se présenter devant les officiers, car nous
n'avons pas d'habit de rechange.

« A Casablanca et Rabat, cela peut aller, vu que nous prenons pension chez les Pères ; cependant là non plus, tout n'est
pas roses..... Mais passons sur toutes ces petites misères ; nous
sommes sur la terre pour souffrir (2) !..... »

Le bon P. Michel n'était pas homme à se laisser déconcerter
par ce qu'il nomme « de petites misères. » Très éloigné, quant
à lui, de toute visée humaine dans son entreprise apostolique,
il fermait les yeux, douloureusement, mais avec charité, sur
bien des manières et mesures que les tyrannies de la politique
ne suffisaient sans doute pas à expliquer. — Mais, imitons-le !

(1) Un simple détail. Pendant *huit jours*, c'est *une* boîte de sardines à
l'huile qui a fait tous les frais du festin. Avec la température du Maroc
en juin et juillet, il est facile d'imaginer ce que cela devait être appé-
tissant et réconfortant.
(2) Lettre du P. Michel au T. R. P. Raphaël.

Passons..... en nous rappelant que la souffrance est l'indispensable auxiliaire de l'apôtre.

D'ailleurs, Dieu ne laissait pas sans réconfort ce vaillant qui se dépensait pour son amour sans compter, avec une si tranquille abnégation. — D'abord, il était heureux de l'amitié que tous lui témoignaient. Lui-même les aimait de tout son bon cœur.. Les braves se comprennent et s'apprécient à toute leur mesure.

Les témoignages d'estime et de bienveillance qu'il reçut du Général Moinier, à son passage à Rabat, lui furent un baume qui remplit son âme de joie et lui fit vouer un attachement profond au vaillant et bon général.

Il eut une autre visite dont il parle en termes reconnaissants :

« Une âme grandement charitable, écrit-il, un chrétien de haut rang et de foi admirable, est venu nous faire une visite bien réconfortante, au point de vue spirituel et même matériel. C'est le duc de Cars, parent, je crois, du duc d'Alençon. (Il m'a montré le scapulaire de Tertiaire qu'il a reçu de ses mains mourantes.) Au nom de la Croix Rouge, il visite tous les postes pour étudier la situation et voir ce qui manque aux soldats. Il s'est grandement apitoyé sur le sort du P. Julien, et surtout sur son logement misérable, qui n'est pas celui d'un malade. Le mien je n'ai pas voulu le lui montrer..... Sa visite nous a fait beaucoup de bien. »

Mais ce qu'il appréciait par-dessus tout et ne cessait de solliciter, c'était le souvenir de ses frères en religion et de ses anciens élèves du Collège.

« Probablement, — écrit-il, — à l'arrivée de ma lettre, plusieurs de nos chers étudiants auront reçu les saints Ordres.

Veuillez leur offrir toutes mes félicitations, et priez les nouveaux prêtres de nous envoyer une de leurs meilleures bénédictions.....

« Notre Collège doit être, en ce moment, vide (1). Oh ! que j'aimerais recevoir des nouvelles de mes élèves et de toute cette famille chérie ! »

Ces nouvelles si désirées étaient déjà en route depuis longtemps. Elles lui parvinrent enfin. Il se hâte d'écrire sa joie.

« Je viens de recevoir le courrier de Fribourg, contenant une dizaine de lettres. Quel délicieux moment j'ai passé à lire toutes ces chères missives venant de cœurs amis ! Je les ai lues trois fois, et je les garde encore pour les relire dans mes moments de loisir (2)... »

Pour l'instant, l'heure n'était pas aux loisirs, mais au labeur sans trêve. Le Général Moinier, à son passage, avait fait entrevoir au P. Michel que sa présence serait bien utile à Meknès. Malgré les grandes difficultés qu'il entrevoyait, le Père n'hésita pas.

« Je pars, écrit-il au T. R. P. Raphaël, confiant que Celui qui donne la nourriture et le logement aux petits oiseaux ne m'abandonnera pas. J'espère que l'archange saint Raphaël me ramènera sain et sauf comme le jeune Tobie. Je crois que nous allons avoir beaucoup d'occupations ; la fièvre sévit partout.

« Oh ! que je regrette mes chers malades d'ici ! J'espère que ceux de Meknès seront aussi charmants. Le P. Julien pourra, dans quelques jours, reprendre son service et me remplacer à l'hôpital de Rabat. »

En effet, le P. Julien était hors d'affaire :

(1) C'était, en effet, l'époque des vacances.
(2) Lettre au Collège.

« Grâce aux soins de mon cher confrère, écrit-il, et aussi du bon Docteur civil, qui n'a rien voulu accepter comme salaire, j'ai pu me remettre plus tôt que je ne l'espérais. Ce soir même je vais recommencer mon ministère à l'hôpital. Le P. Michel part pour Meknès vendredi, 28. Tout ne sera pas roses, pour lui là-bas !..... »

En fait, les difficultés devaient être moindres qu'il ne semblait. Les relations avec les autorités militaires étaient des plus faciles, et même cordiales. Notre P. Michel put faire, à Meknès, le plus grand bien sans entraves, sans tracasseries.

CHAPITRE XII

De Rabat à Meknès.

Agréments des voyages au Maroc. — La n'zalah. — Les charmes de l'équitation. — Meknès. — Physionomie d'une rue marocaine. — Température saharienne. — Apostolat et consolation avec les Sénégalais.

Pour voyager sans trop de déception au Maroc, a écrit un touriste mélancolique, il faut commencer par faire une ample provision de patience et de philosophie. De patience, d'abord, car le Marocain n'est jamais pressé. « Mieux vaut marcher que courir, — dit l'un de ses proverbes préférés ; — être assis que marcher, couché qu'être assis ; et être mort c'est le meilleur de tout !... »

Avec de pareilles aspirations, comment, à l'heure convenue, le cheval serait-il sellé, la mule chargée, et le convoi en route ? Aussi, on part quand le guide le veut. Moins de quarante-huit heures après le jour fixé, ce n'est pas être en retard, paraît-il (1).

De route proprement dite il ne saurait être question. Les caravanes suivent une piste qui va comme elle peut, à travers plaines et montagnes, fleuve de boue ou de poussière selon la saison, — à moins qu'elle n'utilise le lit desséché d'un torrent.

(1) Cf. *Au Maroc,* par le Comm. Haillot.

Il faut camper, à midi, pour permettre nourriture et repos aux bêtes et aux gens. Il faut camper le soir, pour passer la nuit. Hôtels, auberges, fermes hospitalières, inutile d'y compter. La civilisation européenne amènera tout cela avec elle, il faut l'espérer. Actuellement, la n'zalah doit suffire.

La n'zalah est un espace carré, entouré d'un rempart d'épines, seul préservatif contre les fauves et les voleurs. Il est vrai que les habitants du village le plus proche sont *officiellement* responsables de la sécurité des voyageurs qui y viennent camper.

Cette officielle sécurité ne suffit pas toujours à procurer un doux sommeil aux voyageurs harassés. Restent les odeurs et les parasites contre lesquels sont inefficaces les décrets du Sultan. Nos Français préfèrent donc faire choix d'un espace non encore honoré de la présence de chameaux, mulets et Marocains, y dressent leurs tentes, et installent à leur portée de bonnes armes toutes prêtes, garantie cent fois meilleure que la protection du *cheik* musulman.

Cependant les indigènes sont loin de se désintéresser du passage de ces *Nazrenis* de malheur, — comme ils appellent les Européens. — Leur or n'est pas maudit, lui. Aussi apporte-t-on force poulets, œufs, pain, et orge pour le repas des animaux. Tout cela se vend à beaux deniers sous l'œil satisfait du cheik qui prélève en digne patriarche un droit sur chaque objet vendu, pour la sollicitude avec laquelle il veille aux intérêts de ses administrés.

Les gamins, en costume primitif, sont là, comme de juste, ne pouvant rassasier leurs yeux de la vue de ces étrangers qu'on leur avait dépeints sous les traits de diables incarnés, croque-mitaines ou barbes-bleues. Prudemment ils gardent les distances. Ne raconte-t-on pas chez eux, le soir à la veillée, des histoires terrifiantes de petits Marocains volés par des *Nazrenis*, et devenus (Allah veuille empêcher de pareilles horreurs!) de misérables petits Roumis infidèles au saintes lois coraniques (1)?

Les affaires faites, on cause; on déguste une tasse de thé vert,

Vue de Meknès.

sucré, bouillant et aromatisé de menthe, suprême gourmandise marocaine. Puis, avec force cérémonies et compliments, on se retire après avoir gravement rechaussé les babouches que, par respect, on avait ôtées mettant le pied sur le tapis.

Les charmes poétiques de pareils voyages, bien supérieurs à notre moderne satisfaction de fendre l'espace à raison de 120 à l'heure, ne semblent pas cependant avoir conquis notre aumô-

(1) Cf. Comm. Haillot, op. cit.

nier militaire. Il est vrai qu'il lui fallait faire ses débuts de cavalier. Par égard pour son peu d'entraînement, les charitables officiers lui conseillèrent de se procurer une selle marocaine et il s'en félicita : « C'est une espèce de fauteuil rembourré, écrit-il, sur lequel on est très bien. Le système est excellent pour celui qui n'est jamais monté à cheval. »

Néanmoins, pendant les six jours que dura le voyage, le P. Michel n'était qu'à demi-rassuré. Il arrive assez souvent que les convois sont attaqués par les Marocains. Tout le long de la route on rencontre des postes de soldats français, nécessaires pour venir au secours de la caravane, à la moindre alerte.

Y a-t-il poésie qui tienne quand, à chaque pas de monture, on peut s'attendre à voir surgir des hauts herbages de la plaine une troupe de ces fils du Prophète, pour qui c'est chose sainte que d'envoyer un chrétien dans son éternité ?

Et puis, reste l'équitation et ses conséquences. En général, un disciple de saint François n'est pas fort en cette matière. Dans sa correspondance, P. Michel ne s'est vanté que d'une ou deux cabrioles, plutôt peu élégantes. Un de ses successeurs sur la piste de Casablanca à Meknès, le P. Henri Kœhler, a raconté avec humour son premier essai de cavalcade en terre marocaine.

« Une caravane, écrit-il, se composant de deux civils, un capitaine de zouaves et deux moines s'en allait à travers champs, le dimanche 12 mai 1912. Ils commençaient à dévorer l'espace, quand soudain le grand moine qui, lui, n'avait qu'un mulet arabe pour monture, sentit la bête s'abattre sur les genoux. Il suivit docilement l'élan donné, et passant par-dessus la tête du mulet, il alla ramasser sa longue personne dans la poussière du chemin. Comme récompense de ce bel exploit, il eut le cheval du capitaine pour achever le trajet.

« Dix minutes après, le Père vénérable qui caracolait sur l'avant, — fort de ses antiques exploits, — est emporté par sa monture. Il fait des bonds, des sauts, des demi-tours, des tours et... se trouve délicatement déposé dans un champ d'orge.

P. Julien Graciette, P. Joseph Kœhler

« Concluons : faire tous les jours quelque exercice d'équitation sur sa chaise, afin d'être prêt pour le grand jour ! »

Le même narrateur nous communique le petit frisson qu'il a éprouvé sur cette même route de Rabat à Meknès, lorsqu'il y est allé remplacer le P. Michel, tombé depuis peu sous le fer des Marocains, à Fez.

« Voilà qui est intéressant, écrit-il, une petite promenade nocturne sur les routes du Maroc, seul avec un soldat, armé c'est vrai, mais tirant un mulet chargé de bagages !

« Il y a tout de même des moments dans l'existence où la poésie fait totalement défaut ! Et pourtant, je m'en rends compte à présent, ce devait être magnifique. Une nuit toute parée d'étoiles, pure comme le cristal, fraîche comme l'eau ; à notre gauche, le bruit de l'océan deferlant sur les rochers, à droite le blé, la campagne, immense, pleines de rumeurs et sombre ;

à nos pieds la route, ou plutôt le champ battu parsemé de larges touffes noires de palmiers nains, nos mulets claquant leurs fers sur les roches, et surtout ces Arabes que nous croisions, s'avançant ensevelis dans leurs longues coules blanches, le capuchon rabattu sur le front, guidant qui un chameau, qui un mulet ou un ânon... Oui, oui, je l'admets, c'était très beau, mais je ne m'en suis pas complètement aperçu ; non pas que je fusse pris de peur ; non, mais parce qu'à ce moment j'étais sous le coup d'une impression si neuve, si inattendue, si spéciale, que j'ai vécu ces deux heures de marche dans la nuit sans penser à toutes ces choses... Vers 6 heures nous retrouvions le convoi, et vers 8 heures nous étions à la kasbah de Bouznitra...

« Le soir, les trois sergents du fort m'invitèrent à souper avec eux. Il y avait, en outre, le brigadier du train. Le mieux fut certainement que ce fut cordial et en famille ; car pour le menu... dame !!! Je pris mon courage à deux mains, et j'avalai hardiment. Il y avait de la soupe à toutes sortes de choses, du bouilli, du rata aux pommes de terre, des haricots outrageusement brûlés, une salade de pommes de terre, et du café. Là-dessus, il n'y avait plus qu'à aller se coucher : c'est ce que je fis.

« Le lendemain à 6 heures, nous étions en selle. Mon ordonnance avait changé mon mulet qui ne voulait pas marcher, contre le mulet de bat. Nous prenons le galop. Alors se passa dans mon intérieur la révolution la plus stupéfiante que j'aie ressentie jusqu'à présent. Je percevais la sarabande affolée de mes entrailles, les bonds de mon estomac, les secousses de mes poumons. J'étais sur le point de sortir de là comme le corps humain sortit de la médecine de Molière, avec le cœur du côté droit.

« Vous croyez que je plaisante ? Pas du tout ! Et je mets au

défi le plus robuste d'entre vous de subir avec plaisir 12 kilomètres de cet exercice.

« A la poste, on m'offrit de grimper sur l'une des voitures
de bagages, les grosses arabas à deux roues. J'eus la naïveté
d'accepter. Le convoi repartit au galop, et ce furent pendant
25 kilomètres des sauts à travers les rochers, les buissons, les
fondrières, avec danger de verser à chaque tour de roue.
Quand j'arrivai à Rabat j'étais anéanti (1)! »

Le P. Michel, lui, s'était mieux trouvé de rester fidèle à son
« fauteuil » marocain. — Il était en possession de tous ses
moyens, durant la longue route, et put visiter les hommes
des postes qu'il rencontrait, et même « administrer plusieurs
malades qui le désiraient (2). »

Au dernier poste il eut la joie de rencontrer M. de Valence,
un des Directeurs de la Croix Rouge, en tournée de visite
comme M. le duc de Cars. Le Père apprécia fort tous les avis
qu'il en reçut, et attribua à cette heureuse rencontre de voir
s'évanouir devant lui une partie des difficultés qu'il avait
redoutées.

Il arriva enfin devant Meknès. — « Cette ville, écrit-il, est
située au fond d'une immense plaine terminée par une petite
chaîne de montagne en fer à cheval.

« Au milieu de ce fer à cheval se dresse un mamelon om-
bragé par plusieurs bosquets d'oliviers. C'est au sommet de ce
mamelon que Meknès se dresse, avec ses grandes murailles,
qui lui servent de remparts. Et ne croyez pas que ce soient
des murs ordinaires. Ils ont, pour le moins, 12 mètres de haut

(1) Lettre du P. Henri Kœhler, Aumônier au Maroc.
(2) Lettre du P. Michel au T. R. P. Provincial.

et 4 d'épaisseur au sommet. Ils paraîtrait que les Romains seraient les ouvriers de ces gigantesques constructions (1). »

L'extérieur de la ville le ravit, mais l'intérieur le déconcerta.

Presque toutes les villes marocaines en sont là, d'ailleurs ;

Blessés ramenés de Meknès à Rabat.

de loin ce ne sont que blanches maisons, mosquées aux minarets graciles, se détachant sur le bleu profond du ciel.

Mais, dès qu'on y pénétre, quelle désillusion ! Des rues sordides, des ruelles plutôt « serpentant entre les hautes maisons grisâtres dans la tristesse de l'ombre qui les prive d'air et de lumière, et nulle fenêtre qui vienne, à travers la mélancolie des longs murs aveugles, en attestant la vie, jeter un rayon de gaieté (2) ! »

Sans doute, la vie s'anime dès que l'heure de la chaleur

(1) Lettre du P. Michel au T. R. P. Provincial.
(2) Comm. Haillot, op. cit.

torride est passée. Mais quelles physionomies, grand DIEU, que celles de ces « bandits, aux grands yeux sombres sous l'épais sourcil, le fusil sur l'épaule, le poignard au flanc (1). » Rien à craindre, cependant, ce ne sont que des campagnards qui viennent vendre leur volaille au marché.

Les garçonnets, couleur de café grillé, vêtus d'un lambeau jadis blanc, évoluent avec souplesse dans la foule, en quête de quelque morceau à mettre sous leurs dents brillantes.

Les femmes, empaquetées de la tête aux pieds dans de la cotonnade blanche, vont et viennent, très actives, maintenant d'un doigt leur voile devant le visage dont on n'aperçoit que le regard de feu un peu sournois.

La cohue s'augmente de tous les animaux, et ils sont nombreux, qui circulent dans ces étroits boyaux que sont les rues marocaines. Anes, mulets, chevaux, chèvres, moutons, se suivent, se croisent, se bousculent. Le plus redoutable est le chameau qui va son train, sans souci de l'obstacle, menaçant l'Européen distrait d'un jet de sa salive malpropre ou de l'angle de quelque lourd fardeau.

Il y a aussi les chiens, insolents et hargneux, mais fort utiles, parce que seuls chargés du nettoyage des rues. Et la besogne abonde, au Maroc.

Rien d'étonnant que la résidence en pleine ville n'ait pas de quoi ravir nos Français. A Meknès, le P. Michel reçut l'hospitalité dans une maison « assez agréable, » avec le Pacha d'un côté et le Général Dalbiez de l'autre. Mais il préféra aller s'installer au camp, sous la tente.

« Je n'ai pas autant de place, écrit-il, mais j'ai, au moins, du

_____

(1) COMM. HAILLOT, op. cit.

bon air, et la compagnie des soldats, bien préférable à celle des Marocains. »

Il y avait alors à Meknès trois maisons affectées aux malades, qui y étaient près de 300. La saison était dure : l'état sanitaire s'en ressentait. Le Père avait fort à faire pour faire la navette entre le camp et l'hôpital, éloignés l'un de l'autre de 2 kilomètres. Ses procédés avec les soldats étaient toujours les mêmes : grande bonté, charité cordiale, délicats procédés. « Je fais, — écrit-il, — des lettres pour les plus malades qui ne peuvent écrire. A Rabat je m'étais procuré 600 enveloppes avec deux mains de papier à lettre. Tout est épuisé.

« De France, beaucoup de familles m'écrivent pour avoir des détails sur la mort

Porte
de Meknès.

Hôpital
de campagne.

de leurs fils. Dès qu'un soldat meurt, j'écris à ses parents.....
En moyenne je fais une dizaine de lettres par jour. Vous voyez
que le travail ne manque pas, et que deux missionnaires, même
à Meknès, ne seraient pas de trop..... Il aurait fallu que nous
soyons au moins huit Pères, pour occuper Casablanca, Rabat,
Mehedja, Fez, Meknès, etc.., etc... Qu'il y a eu des morts privés
de sacrements !.... Du moins pour nous, je crois que nous aurons fait tout notre possible, et que notre ministère n'aura pas
été inutile. J'ai déjà fait ici 16 enterrements de soldats morts en
bons chrétiens ; j'ai confessé pas mal de malades, et donné
d'assez nombreuses communions (1)... »

On était en septembre. La température devenait intolérable.
Les malades n'en pouvaient plus, les bien portants étaient à
bout.

En ce moment, écrit le P. Michel le 3 septembre, — nous
souffrons grandement de la chaleur qui atteint jusqu'à 45 degrés
à l'ombre. Parfois nous recevons des bouffées de sirocco qui
nous brûlent le visage. Je crois bien que je vais devenir noir
comme un Sénégalais.

« Depuis 8 heures du matin jusqu'à 4 heures du soir, impossible de travailler. Je me mets au pied d'un olivier, une ser-
viette mouillée sur la tête pour avoir un peu de fraîcheur, et
un mouchoir à la main pour chasser les mouches qui nous dé-
vorent. Les enterrements ne peuvent se faire que le matin vers
les 5 heures, ou le soir vers les 7 heures. Heureusement que
l'état sanitaire s'améliore, les morts sont moins nombreux. »

A cette époque, le Père sembla croire que les hostilités tou-
chaient à leur terme et que les troupes françaises ne tarderaient

(1) Lettre au T. R. P. Provincial.

pas à repasser la mer. Il se réjouit à cette perspective. Il n'avait pas abandonné l'espoir de revenir à son cher Collège.

« Je serais bien content, écrit-il au Père Directeur, d'avoir une explication claire de ma situation. On me dit que je suis professeur du Collège, mais... « à distance. » Ce mot m'inquiète et me trouble. Je ne sais trop dans quel sens il faut l'interpréter..... »

Et ayant reçu la certitude qu'il était toujours considéré, dans cette maison, comme faisant partie du corps professoral, et qu'on l'y attendait, une fois sa campagne finie, il témoigne sa joie d'une manière touchante. — Comme chez les bons cœurs, l'amitié est fidèle !...

Il écrit, alors, une longue lettre aux élèves du Collège pour les saluer, au retour de leurs vacances.

« Savez-vous, leur dit-il, où je voudrais être en ce moment ? Au milieu de la grande cour, à contempler vos visages tout rafraîchis par l'air natal, et tout rayonnants de se retrouver au Collège, cette maison bénie, où vous êtes si bien. Probablement qu'avec ma barbe de sapeur j'effrayerais les nouveaux ; mais les anciens me reconnaîtraient facilement.

« Hélas ! Je suis bien loin de vous, puisque me voilà depuis plus d'un mois en plein Maroc. Je conserve encore toutes les lettres que plusieurs ont eu l'amabilité de m'écrire pendant leurs vacances. J'aurais bien désiré répondre à tous. Le temps, les adresses, l'encre même qui est rare dans ce pays, m'en ont empêché. Cette missive sera la réponse générale. D'ailleurs, croyez bien que je ne vous oublie pas ; mon cœur traverse souvent la mer et les Alpes pour venir faire un petit voyage à Fribourg..... »

« Depuis une vingtaine de jours j'habite au camp, à 2 kilomètres de la ville. Mon installation se compose de deux tentes. Dans la première je loge seul ; la seconde est pour mon ordonnance et mes bagages.

« Devant moi campe une compagnie de Sénégalais ; à droite, c'est le quartier général ; à gauche l'artillerie, et, par derrière, le reste des troupes.

« Mon ordonnance est un charmant Auvergnat des environs de Saint-Flour ; il ne lui manque qu'une chose, c'est de savoir lire. A cause de cela je ne puis pas dire la sainte Messe tous les jours. Le dimanche, les servants ne manquent pas ; sur semaine c'est plus difficile. De temps en temps un brave légionnaire se dévoue pour venir me la servir.

« Il est vrai que si je le demandais, je pourrais avoir un soldat qui sache lire, mais celui que j'ai aurait trop de peine de me quitter. Il est si heureux d'être avec moi ! Je crois qu'il pleurerait s'il lui fallait reprendre le service dans sa compagnie. La charité m'oblige donc à garder mon brave Auvergnat. Outre mon ordonnance, j'ai d'autres pensionnaires : un mulet, un

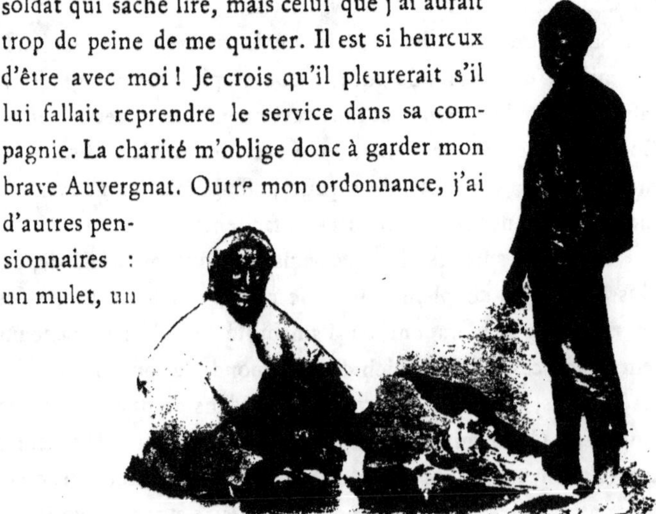

Indigène marocain et soldat sénégalais.

pigeon et un coq. Le mulet sert à faire toutes mes courses, il est doux, pacifique, il a toutes les qualités qu'un mulet peut avoir. Toutefois il n'aime pas les Juifs ; dès qu'il en voit un il s'effarouche. Au Maroc il y a beaucoup de Juifs ; et tandis que les Marocains sont habillés de blanc, eux portent une espèce de redingote noire, avec un bonnet de la même couleur ayant la forme d'un petit pain de sucre.

C'est ce bonnet qui effarouche mon mulet. Il y a quelques jours j'allais à l'hôpital. D'ordinaire, pour descendre, mon muletier me tient l'étrier de droite afin que la selle ne se renverse pas. Ce jour-là, faute d'attention, il ne la tenait pas solidement. Aussi, dans l'espace d'une seconde, me voilà sous le ventre du mulet. Heureusement qu'aucun Juif n'était là... Mon mulet, comprenant ma triste position, n'a pas bougé ; j'en ai été quitte pour me secouer et me brosser.

« Le pigeon et le coq sont des cadeaux que l'on m'a offerts. Ils sont si gentils que j'ai préféré les garder que les manger. L'un me sert de réveille-matin, et je vous assure qu'il remplit bien son rôle. Avant que le soleil ne se lève, sa voix rauque retentit sous ma tente. La première fois j'ai cru entendre chanter Félix F..... C'est vous dire combien elle est harmonieuse. Le pigeon est plus calme ; c'est le modèle du silence ; retiré dans un coin de la tente, il ne bouge pas. Si le coq lui cherche chicane il pousse un petit roucoulement pour m'avertir ; aussitôt j'envoie maître coq se promener, et tout est fini.....

« Mais, tout cela ne vaut pas les charmes du Collège. J'aimerais cent fois mieux avoir à garder douze petits « lapins » du Petit-Rome qu'un pigeon et un coq du Maroc. »

Le P. Michel raconte ensuite à ses élèves les diverses péripéties de son apostolat qui nous sont déjà connues, et il ajoute :

« Si vous saviez comme je suis d'accord avec les Sénégalais eux-mêmes ? A chaque instant j'en ai deux ou trois auprès de ma tente. Comme ils ne touchent que du riz pour nourriture, je leur donne de temps en temps du pain ; et, dans mes repas, je réserve toujours un plat pour eux, car je suis très copieusement servi.

« Tous me disent :

« Toi, bon Français. Moi aime beaucoup toi. Toi viens « Sénégal. »

« L'un de ces bons Sénégalais va bientôt faire sa première communion. Il est tout à fait charmant. Il connaît très bien le français, et sait son catéchisme. Aussi, il veut profiter de mon passage pour recevoir Notre Seigneur JÉSUS-CHRIST... »

En terminant cette lettre toute d'humour et d'épanchement, le bon Père ajoute en post-scriptum :

« Soyez tous des pigeons, et vous serez de bons Séraphiques. Le pigeon est le modèle de la docilité, du silence et de la douceur. Ne soyez pas des coqs: ils sont trop orgueilleux, font trop de bruit, et cherchent toujours chicane... »

CHAPITRE XIII

Vers Fez.

Départ de Meknès. — Invasion de fourmis. — P. Michel se dévoue
pour rester au Maroc. — Obsèques d'un soldat français. — Une oraison funèbre éloquente. — Brisement du cœur. — Première nuit de
Noël en terre musulmane. — Vœux de bonne année.

EN octobre 1911, le P. Michel annonçait en ces termes à
son Supérieur son départ de Meknès :

« J'ai quitté Meknès le 8 octobre pour les motifs suivants :
D'abord, parce que le nombre des malades avait grandement
diminué et qu'il n'y avait plus que des troupes indigènes. Ensuite, à cause du mauvais temps rendant l'habitation de la
tente presque impossible. Enfin, pour aller prendre un peu de
forces spirituelles et corporelles à Rabat.

« C'est le cœur bien gros que j'ai quitté ce poste où j'avais
déjà de nombreux amis, non seulement parmi les malades,
mais aussi parmi les officiers.

« J'ai eu une première Communion d'un soldat sénégalais.
Le 4, fête de notre Père saint François, j'ai fait un Baptême

et donné la première Communion, toujours à des Sénégalais (1). »

Il revint à Rabat, mais son voyage n'eut rien du calme et des charmes du premier. La pluie tombait à torrents ; une bête capricieuse qui portait les bagages de l'Aumônier jugea à propos de tout renverser dans la fange et refusa de marcher. Il fallut capituler devant maître baudet et charger les bagages sur une araba. Enfin, les brigands marocains firent des leurs.

« Le soir de notre arrivée au camp de Souké-Labart, écrit le P. Michel, alors que tout le monde reposait, vers 10 heures, des coups de fusil retentissent aux environs du camp. Qu'était-ce ? — Une bande de brigands marocains qui venaient attaquer un petit poste. Heureusement que la sentinelle, favorisée par un magnifique clair de lune, les avait vus venir de loin. Deux d'entre eux s'approchaient en rampant sur le sol et étaient à peine à 100 mètres quand la sentinelle les vise et tire. Le coup a bien porté ; l'un a eu la tête traversée par une balle, l'autre a été blessé grièvement et n'a pu s'échapper.

« Leurs compagnons ont pris immédiatement la fuite en tirant quelques coups de fusil sur le camp. Mais leurs balles n'ont fait aucun mal. D'ailleurs, les Marocains sont de très mauvais tireurs ; ils ne se servent pas même de la hausse et ne savent pas apprécier les distances, de sorte que leur tir est toujours trop haut.

« Cela n'empêche pas que nous avons craint une attaque sérieuse et que nous n'avons pas dormi tranquilles. Figurez-vous qu'à ce poste j'ai rencontré, comme capitaine, mon ancien lieutenant du 158e. Nous avons passé ensemble quelques

(1) Lettre au T. R. P. Provincial.

heures bien agréables et il m'a retenu à dîner (1)..... »

La pluie, les bêtes rétives, les brigands, ne furent pas les seuls à enlever tout l'agrément à ce voyage de retour à Rabat. Comme il arrive, paraît-il, assez souvent, dans ces contrées toutes proches du Sahara, aux ondées diluviennes succéda subitement un soleil de feu et une invasion d'un nouveau genre.

« Au moment où nous ne pensions qu'à sécher nos vêtements, il a fallu subir une autre épreuve, presque aussi pénible que la veille. Nous avons essuyé une attaque terrible, non de Marocains, mais de fourmis volantes. Oh ! les vilaines bêtes ! Elles venaient de tous les côtés à la fois, se collant à nos vêtements ; impossible de nous en défaire. Tout le monde en était couvert, et pour ne pas être piqué il fallait se couvrir complètement le visage et les mains. Ce combat a duré près de trois heures. Ensuite les fourmis se sont retirées.

« Enfin, vers 1 heure de l'après-midi, nous arrivions à Rabat, où le P. Julien m'attendait. Quel bonheur pour moi de le revoir et de pouvoir nous entretenir ensemble de nos travaux et de nos peines (2) ! »

Malheureusement le P. Julien était à bout de forces. Les malades s'étaient accumulés à Rabat, et l'on avait dû organiser plusieurs hôpitaux. Étant donné la disposition des soldats qui ne voulaient accepter le ministère que du Père français, celui-ci était constamment sur pied. Déjà, avant son départ pour le Maroc, il avait été gravement incommodé par des varices, que les soins intelligents du Dr Clément, de Fribourg, avaient réussi à réduire. « Mais les marches et contre marches, écrit le

(1) Lettre au Collège Séraphique.
(2) Idem.

Père aux premiers jours d'octobre, ont aggravé l'état de mes jambes. Une nouvelle opération sera nécessaire, ce qui ne me sourit guère. Sans de grandes précautions, je serais impuissant à marcher (1). »

De son côté, le P. Michel éprouvait aussi une grande lassitude physique. Après huit mois de privations et d'un labeur intense, il semble bien légitime que les Aumôniers aient eu quelque désir de repos. « Il serait peut-être prudent, écrivent-ils avec gaieté, de ne pas attendre que nous soyons à l'agonie pour vous demander de venir nous refaire. »

En effet, il fut résolu que l'on enverrait de nouveaux missionnaires les relever. Ceux-ci furent bientôt désignés et se disposèrent, en conséquence, à venir prendre leurs postes. Mais par suite des difficultés de tout genre, que Dieu semble avoir permises pour que cet apostolat de nos Français au Maroc fût marqué au cachet des œuvres fécondes, la Croix, un des deux Aumôniers de Rabat pouvait seul, pour l'instant, être relevé. Bravement, le bon P. Michel en prit son parti et se sacrifia.

Il écrit à son Supérieur dans ce sens. Sa lettre contient aussi des détails et réflexions fort judicieuses, sur ce qui a été fait, surtout sur ce qui aurait pu être obtenu, sans les difficultés auxquelles il a été fait allusion plus haut. Son langage est exempt de tout blâme ou acrimonie. Pas un mot qui détonne et ne soit d'un parfait religieux, d'une âme toute de charité et d'esprit surnaturel.

Il se contente de gémir sur la perte des pauvres âmes qui a pu résulter de l'état de choses qu'il mentionne.

« Ah ! s'écrie-t-il, si nous avions été seulement six Aumô-

(1) Lettre du P. Julien au T. R. P. Provincial.

Auprès des tombes de leurs camarades.

niers français, presque tous les soldats morts auraient pu recevoir les secours de la religion ! »

C'est que, en effet, le soldat français est loin d'être impie, ni même indifférent. Cette campagne du Maroc a mis en relief les qualités d'endurance et de bravoure de nos troupes ; l'union étroite, faite d'estime et de bonne camaraderie, qui existe entre les hommes et les officiers. Mais elle a permis également de constater le fond de foi qui ne faisait que sommeiller en ces âmes de baptisés.

Voici en quels termes un Anglais, correspondant du « Times, » attaché au corps expéditionnaire du Général d'Amade, en fait la constatation (1).

« En colonne, il est fréquent qu'un soldat soit appelé à lire une prière au bord de la tombe des morts. J'assistai en janvier, à Ber-Rechid, à l'enterrement d'un légionnaire et d'un cavalier du train tués la veille à Settad. Les corps enveloppés de toiles de tente couvertes d'asphodèles et de soucis, furent transportés sur des brancards par quatre soldats jusqu'aux fosses creusées dans une cour abandonnée, près du mur d'enceinte. Derrière le funèbre convoi, marchaient le général et son état-major, puis un groupe d'officiers, enfin des centaines de soldats appartenant à tous les corps. Le général prononça un bref discours, il parla de la gloire que les morts avait acquise en tombant pour leur pays, de leur vaillance, de la reconnaissance de la France. Puis les commandants des unités auxquels appartenaient les défunts vinrent leur dire adieu et rappeler qu'ils avaient été bons camarades et bons soldats. Enfin un légionnaire, à face rouge et petit de taille, se détacha de la foule et

_____

(1) Cf. *Au Maroc avec le Général d'Amade,* par R. RANKIN.

récita d'une voix claire
et forte la prière des
morts. Jusque-là, les
assistants, fort émus
cependant, s'étaient
contenus; mais quand
« l'amen » eût été pro-
noncé, je vis des lar-
mes couler sur les
joues barbues de bien
des vétérans. »

Convoi militaire au Maroc.

D'autre part, M. de Mun, dans *le Gaulois,* s'est fait l'écho
de nombreux officiers qui lui ont dit : « Combien les soldats
eussent été heureux de trouver à l'ambulance un aumônier
prêt à reconforter leurs âmes. »

« Déjà, dit cet éminent écrivain, à Souk-et-Arba, dix-huit
soldats de toutes les armes et deux officiers de l'armée coloniale avaient été portés, sans prêtre, sans bénédiction religieuse,
au cimetière, inauguré le 25 juillet. Le lieutenant Kolb ago-
nisait à l'ambulance, quand on lui apprit l'arrivée prochaine
du P. Fabre. Il était
profondément chrétien.
« Oh ! dit-il à son co-
« lonel qui lui annon-
« çait la bonne nou-
« velle, il arrivera trop
« tard pour moi, mais
« je suis bien heureux
« de sa venue pour les
« pauvres petits soldats

Funérailles d'un soldat français au Maroc.

« qui souffrent à mes côtés. » Quand il arriva, presque tous les malades le firent appeler, et, lorsqu'il parut dans les tentes, tous le reçurent avec respect (1). »

Et n'est-elle pas touchante et chrétienne, cette oraison funèbre prononcée par un brave brigadier devant la fosse d'un camarade tombé sous une balle marocaine : « Ami, puisque le Dieu des braves t'a reçu dans son paradis, je ne te dis pas adieu, mais.... au revoir !... »

Oui, grâces à Dieu, le Français est encore chrétien. Au bruit du canon, *l'homme de foi* en même temps que *le héros*, se réveille en lui. Le mépris du danger personnel et la noble passion du dévouement qui le caractérisent et le font si vaillant, sont des qualités de race. Mais c'est la foi chrétienne qui a mis en son cœur le dévouement aux nobles causes et la soif du prosélytisme. Le soldat français et le prêtre se comprennent, s'estiment et s'aiment. Il suffit qu'ils soient en contact.

Ainsi que nous l'avons vu précédemment, nos deux aumôniers aspiraient au repos. Il était même décidé que le P. Julien allait rentrer en France, dès qu'un remplaçant serait arrivé pour le suppléer. Il quitta donc Rabat et alla attendre à Casablanca l'heure de son embarquement.

Malgré sa vaillance et son esprit de foi, ce fut pour le P. Michel une rude épreuve. Il possédait un cœur d'une sensibilité extrême, bien que son extérieur eût pu, parfois, donner le change. Il s'était attaché à son confrère avec la force particulière que donne aux amitiés la communauté d'aspirations, d'idées et de souffrances. Tous deux ils avaient envisagé leur apostolat auprès des soldats au même point de vue, mis en œuvre les

(1) Cf. *Le Gaulois* du 7 juillet 1912. Art. *Entente nécessaire*, signé A. de Mun.

mêmes procédés, recueilli des résultats identiques. Surtout, ils avaient souffert les mêmes épreuves, et maintes fois s'étaient encouragés mutuellement à porter avec vaillance *leur* croix, en se redisant la parole que leurs généreux cœurs avaient adoptée, jadis, comme devise de leur vie d'apôtre : *Pro Christo amor et labor !*...

Et maintenant, ils se séparaient !... Le P. Michel devait demeurer seul, sans avoir en qui épancher son cœur.

Au dire de tous les missionnaires, cet isolement, ce vide du cœur est, de toutes leurs épreuves, la plus sensible. Pour comble de désolation, une souffrance nouvelle fond, inopinée, sur le pauvre solitaire et lui arrache un cri de douleur.

« Mon Père, écrit-il à son Supérieur de Fribourg, ma lettre ne sera pas longue, car je n'ai pas la force d'écrire,

Casablanca :

Avant-postes

de tirailleurs.

15

tant mon cœur est bouleversé. Je viens simplement vous demander le secours de vos prières, ainsi que des Séraphiques que j'aime tant, afin que vous m'aidiez à porter les lourdes croix que le bon Dieu vient de placer sur mes épaules.

« Depuis quelques jours je suis seul, par suite du départ pour la France du P. Julien. Oh ! que ce départ m'a laissé triste ! A deux on est plus fort, on s'encourage. Mais seul, la vie est bien pénible.

« Et voilà que deux jours après, on m'apprend la mort de mon pauvre père, décédé le 28 septembre, à l'âge de quatre-vingt-trois ans. Sans doute, sa course était bien finie, mais j'aurais tant désiré être là et le revoir une dernière fois !.... Que la sainte volonté du bon Dieu soit faite !... Mon cher père est mort après huit jours seulement de maladie, et très chrétiennement (1)... »

On a bien justement comparé la vie à un breuvage amer que l'on ne prend heureusement que par cuillerées ; s'il fallait l'avaler d'un coup, on en mourrait tout de suite.

Le pauvre affligé, qui venait de goûter *coup sur coup* à cette amertume se sentait défaillir. Mais Dieu veillait. Un contr'ordre survint qui arrêta le P. Julien, au moment de mettre le pied sur le bâteau.

Du Maroc étaient parvenues à Rome les instances de personnages fort autorisés, pour que les postes, loin d'être dégarnis, fussent au contraire renforcés. D'autre part, les quelques jours de repos à Casablanca avaient suffisamment rétabli la santé du P. Julien pour qu'il se crut en forces de continuer encore quelque temps sa campagne. Il le dit, et bien vite reçut ordre de surseoir à son retour.

(1) Lettre au Père Directeur du Collège Séraphique.

Sur ces entrefaites, vint les rejoindre le P. Dominique Bouchery, dont la présence dans la région d'Oudjda n'était plus indispensable. Aussitôt, les trois aumôniers se concertèrent et firent le plan de campagne suivant. Le P. Dominique resterait à Rabat; le P. Michel retournerait à Meknès et le P. Julien prendrait la direction de Fez, qui était devenu un point stratégique d'une grande importance.

Lorsque les opérations recommenceraient, après la saison des pluies, un des aumôniers suivrait la colonne, et de France un nouveau venu viendrait occuper son poste vacant.

Ainsi fut fait. Après avoir mis au courant le P. Dominique qui entreprit aussitôt avec un grand zèle sa tâche à Rabat, nos deux amis, heureux de guerroyer encore ensemble pour l'amour du Roi Jésus, gagnèrent Meknès. Ils y étaient rendus quelques jours avant la Noël qu'ils résolurent de célébrer avec toute la solennité possible.

La Providence leur réserva la bonne fortune d'un appartement situé à proximité du camp et de la ville. Deux pièces en tout le composaient. L'une fut destinée à servir de chapelle, l'autre de chambre à coucher, salle de réunion pour les soldats, etc... etc...

La population française de Meknès avait vu revenir avec une satisfaction marquée nos aumôniers et se félicitait d'un commencement d'installation qui leur semblait promettre les secours religieux assurés, après lesquels tous avaient longtemps soupiré. L'horizon souriait enfin ; nos Missionnaires en leur rêve voyaient déjà cette terre du Maroc se peupler de chrétiens fervents, puis, plus tard, les Berbères, séduits par la beauté du christianisme et les avantages de la civilisation qu'il apporte, devenir les heureux conquis du Christ Jésus.

Comment ne l'auraient-ils pas rêvé, ce rêve magnifique, en cette nuit de Noël où leur fut donnée la consolation ineffable de faire descendre, pour la première fois, JÉSUS-EUCHARISTIE dans leur petit Bethléem ? Ils employèrent la veillée qui précéda minuit à élaborer leurs projets et écrire à leurs amis et frères d'Europe. Puis, à l'approche de « l'heure solennelle où l'Éternel descendit jusqu'à nous, » ils s'agenouillèrent et dirent ensemble le magnifique Office des Matines. Leur psalmodie, tout humble qu'elle fût, faisait cependant sa partie bien touchante dans ce concert sublime de voix qui s'élevaient, à cette même heure, de tous les points de la chrétienté, vers le DIEU qui a daigné se rapetisser aux proportions de sa créature afin de l'élever ensuite jusqu'à lui.

Dans tous les cloîtres franciscains, avec une pompe qui n'est égalée dans aucune autre fête liturgique, on chantait le « Christ né pour nous. » Et eux aussi, les pauvres petits missionnaires, perdus sur ce point isolé de l'Afrique, au sein d'un immense peuple n'ayant nulle idée du grand amour de DIEU pour nos âmes, ils redisaient à ces âmes qui ne les entendaient pas, hélas ! « Oui, le Christ est né pour nous ! Venez, adorons-le ! *Christus natus est nobis ; venite, adoremus* (1). »

Minuit sonna ; et de toutes parts ils virent venir ces adorateurs que leur voix avait appelés. Du camp, de la ville, on s'était donné le mot, on accourait. La petite France réunie sur ce coin d'Afrique, au seul nom de Noël, à l'idée d'une messe de minuit, s'ébranla et fit à son DIEU descendu sur terre une fête que la spontanéité et la délicatesse des sentiments exprimés firent belle.

Un des coloniaux — jadis violon à l'Opéra, — redit avec

(1) Invitatoire de l'Office de Noël.

EN COLONNE — LA MESSE

l'archet le *Minuit chrétien* que toutes les voix reprirent d'enthousiasme ; puis, l'*Ave Maria* de Gounod ; puis l'*Adeste fideles ;* et enfin une sonate de Bethowen. Le bon P. Michel, dans le ravissement d'une telle éclosion de dévotion chez ses chers soldats, disait la messe. Le P. Julien « chantait avec l'auditoire et donnait le mouvement... » Ah ! qu'ils étaient heureux et consolés de cet hommage rendu sur cette terre infidèle à leur Roi tant aimé, Jésus !

« Après la messe, raconte le P. Julien, les assistants ont voulu faire un petit don à la chapelle. Une des dames s'est instituée quêteuse et a recueilli 14 francs 40 centimes.

« Tout le monde était visiblement heureux de célébrer la Noël sur cette pauvre contrée privée depuis si longtemps des joies de nos solennités chrétiennes. »

A la messe du jour, il y eut, de nouveau, belle assistance et grande consolation.

Un début si heureux ne permettait-il pas toutes les espérances ? Nos apôtres entrevirent, déjà, dans un rêve, une église édifiée sur le terrain justement libre, proche de leur résidence ; avec l'église, des écoles, un dispensaire, que sais-je ?

Des écoles ! oh ! quel puissant moyen d'évangélisation et de civilisation ! Des familles influentes marocaines désirent, ils le savent, faire apprendre à leurs enfants le français. S'ils possédaient l'arabe, quel bien ne feraient-ils pas !...

Hélas ! ce n'était qu'un rêve ! Non seulement ils ne pouvaient s'instituer maîtres d'école ni édifier une église, mais la dure réalité, se dressant tout à coup devant eux, leur faisait se demander s'il ne leur faudrait pas même abandonner, au plus tôt, leur pauvre petite installation provisoire et rentrer en France.

C'est que, pour faire des œuvres, il ne faut pas que du

dévouement. L'héroïsme même n'y suffit pas. Les ressources matérielles sont indispensables. Il faut le dire, la situation des aumôniers militaires au Maroc a été, dès le début, et est encore très précaire. Sans reconnaissance officielle du Gouvernement français, ils ont dû compter sur leurs seuls moyens pour subsister. Comme nous l'avons dit, l'*Aumônerie militaire coloniale libre* est venue à leur aide. Mgr Amette, Cardinal-archevêque de Paris, s'est également intéressé à leur sort. Des familles catholiques les ont aidés, parfois, dans des moments critiques. Mais à ces dévouements admirables il ne manque qu'une chose : c'est de pouvoir assurer le lendemain à ceux qu'ils secourent.

Au soir de leur belle fête de Noël, nos deux aumôniers se virent avec terreur, sans ressources. Leur subsistance n'était assurée, pour quelques jours encore, que par un prêt qu'ils devraient rembourser tôt ou tard. De France une lettre leur faisait entendre les difficultés extrêmes que l'on rencontrait pour leur envoyer des subsides.

Le bon P. Michel, grâce à son esprit surnaturel et à sa bonne humeur, ne défaillit pas. Loin de là, il remonta même le courage de son confrère ; et, confiant en la Providence, décidé à aller coûte que coûte au bout de son œuvre de charité envers les soldats, il résolut de laisser le P. Julien tenir le poste de Meknès tandis que lui-même irait s'installer à Fez.

Les vrais apôtres sont d'une trempe spéciale. Bien loin de se laisser arrêter par l'obstacle qui entrave tout à coup leur marche, ils en prennent occasion pour étendre encore plus loin leurs ambitions conquérantes. *Noli vinci a malo, sed vince in bono malum.* Ce conseil de saint Paul, ils le réalisent. Ils ne se laissent pas vaincre par le mal, mais transforment le mal lui-même en bien.

Sa résolution prise, le P. Michel, calme et serein, comme toujours, se dispose au départ. Mais auparavant il a des devoirs à remplir, à l'occasion du jour de l'an, auprès de ses Supérieurs, de ses confrères et de ses amis. Au sein des plus lancinantes préoccupations, malgré soucis et fatigues, son cœur ne fut jamais en retard.

A son Supérieur Provincial, il écrit ces vœux d'une inspiration si profondément religieuse :

« Je demande au bon Dieu de vous accorder assistance et protection dans votre tâche si difficile, et prie le petit Jésus de la crèche de conserver dans mon cœur le respect, l'obéissance et l'amour le plus sincère qui vous sont dus... »

Avec sa sœur religieuse, il évoque le souvenir du deuil récent qui les a affligés.

« L'année qui vient de finir, dit-il, a été pour notre famille une année d'épreuve, le bon Dieu nous ayant ravi celui que nous aimions tous. Que sa sainte volonté soit faite !

« Remercions-le de lui avoir accordé une si sainte mort et demandons-lui de nous conserver encore quelques années notre mère bien-aimée.

« Prions bien toujours les uns pour les autres, c'est le meilleur moyen de rester unis et d'être agréables au divin Maître qui, du haut du ciel, nous contemple. Je te demande un souvenir tout spécial pour la mission du Maroc. Il y avait des siècles qu'aucun prêtre n'était venu à Fez. Je suis le premier ; la gloire en reviendra à notre Ordre et aussi à notre famille. »

A son cher Collège Séraphique, il exprime sa reconnaissance pour les témoignages de sympathie qu'il en a reçus à l'occasion du décès de son père.

« Chers amis, leur dit-il, le gros paquet de lettres que vos bons cœurs viennent de m'envoyer a été pour moi un grand réconfort. Après les avoir lues, oh ! comme j'ai senti mon cœur tressaillir de joie et reprendre courage, en voyant que tous vous aviez pris part à ma douleur et que vous aviez adressé au bon Dieu de ferventes prières à mon intention ! Merci de votre délicatesse.

« L'épreuve partagée entre amis est moins amère. Elle est elle-même un nouveau lien qui resserre les cœurs et les fusionne. Depuis la lecture de vos aimables lettres, il me semble que je vous aime davantage et qu'a grandi en moi le désir que j'ai de vous voir tous appartenir complètement à notre belle famille franciscaine, afin que nous puissions travailler, prier, souffrir ensemble pour le salut des âmes...

« Je tiens, cependant, à vous avertir : si la vie du missionnaire est belle et remplie de consolations, à côté il y a des croix très lourdes, et le bon Dieu ne les ménage pas, je vous assure. Aussi, il faut se préparer longtemps à l'avance à porter ces lourdes croix.

« Il faut que chaque jour vous vous habituiez à triompher des petites difficultés de la vie du Collège... qui ne sont que roses sans épines, croyez-moi, à côté de celles du missionnaire qui sont très souvent des épines privées de roses.

« Gravez donc bien cette pensée dans votre esprit, — qu'un missionnaire doit être prêt à surmonter toutes sortes d'épreuves... »

Bien rudes étaient les peines que lui-même avaient supportées jusqu'à ce jour. Néanmoins il n'était pas parvenu jusqu'au sommet de son Calvaire, il n'avait pas encore « résisté jusqu'au sang (1). »

(1) S. *Paul : ad Hebræos*, xii, 4.

Ce témoignage suprême d'amour, Dieu ne le demande qu'à quelques âmes choisies. Le P. Michel était de ce nombre. Et c'est dans la « Ville Sainte » du Maroc mahométan, à Fez même, que ce digne frère des premiers disciples de François d'Assise allait verser son sang généreux. A l'honneur d'y rétablir, après des siècles, l'autel de Jésus-Christ, il allait ajouter celui de mêler son sang au sang de la divine Victime.

CHAPITRE XIV

Fez.

LE lendemain de Noël, 26 décembre, le P. Michel faisait
ses adieux au P. Julien et prenait la route de Fez. Le
trajet n'était pas long ; trois jours seulement. Mais la prudence
la plus élémentaire imposait au P. Michel de se joindre à un
convoi militaire, les approches de Fez n'étant guère sûrs.
Ainsi fut convenu. Après avoir fait marché avec un ânier juif
pour le transport de ses bagages jusqu'au convoi, le Père eut
le désagrément d'attendre en vain son porteur deux heures
durant, tandis que le convoi prenait une avance considérable.

Enfin, de guerre lasse, après toutes sortes de pourparlers, à 11 heures, il se décide à partir avec un nouveau porteur, doublant le pas pour rejoindre le convoi à l'étape du soir.

« J'avoue, écrit-il, que le trajet m'a paru long et qu'à chaque groupe de Marocains que je rencontrais, je faisais mon acte de contrition. Mais le bon Dieu m'a bien gardé et j'ai pu rejoindre le convoi sans accident. »

Il arriva à Fez le 29 décembre, fête de saint Thomas de Cantorbéry, martyr, sans se douter qu'il venait d'achever la dernière étape de sa vie et que la ville sainte des musulmans serait son tombeau.

Fez est la résidence officielle du Sultan. Son palais et ses jardins occupent un bon tiers de la ville, sur le plateau qui domine l'immense ravin où sont étagés terrasses et minarets. L'extérieur fait grand effet. L'intérieur est un vrai labyrinthe de rues qui s'entrecroisent, tantôt raides comme des échelles, tantôt s'engouffrant dans des souterrains malpropres.

La fondation de la ville remonte à environ l'an 800. Elle est située sur l'Oued-Fez qui lui procure l'inestimable avantage d'une eau abondante.

Fez est le vrai centre du Maroc, la ville sainte où sont vénérées les cendres de Moulay-Edriss, son fondateur. Elle doit contenir quelque 100 000 habitants (1).

On raconte qu'au moment de poser les fondements de la ville de Fez, Moulay-Edriss adressa au ciel l'invocation suivante:

« O mon Dieu ! faites que ce lieu soit la demeure de la science et de la sagesse, que votre livre y soit honoré, que vos

(1) E. Aubin, *Le Maroc d'aujourd'hui*, p. 268.

lois y soient respectées ! Faites que les habitants restent fidèles au « Souna » et à la prière, aussi longtemps que subsistera la ville que je vais bâtir ! »

Plaise à DIEU que la vraie sagesse y élise, enfin, domicile, et qu'en son sein habitent de vrais adorateurs du Très-Haut, en esprit et en vérité !

Le premier soin du P. Michel, en arrivant dans la capitale de l'empire chérifien, fut de se mettre en quête d'un logis. Camper sous la tente, il n'y fallait pas songer durant la saison des pluies. De plus, l'expérience lui avait révélé que soldats et officiers aiment bien à venir s'entretenir avec l'aumônier, mais que l'installation sous la tente n'est guère favorable à ce genre de réceptions. Il s'occupa donc de trouver un logement.

« J'ai dû pendant un mois, écrit-il, séjourner à l'unique hôtel qui existe. Durant tout ce temps, j'ai mis la colonie française sur pied, y compris même le consul ; mais, en vain. Désespéré, j'invoque saint Antoine, prends un interprète et m'adresse moi-même à un des Marocains de la ville.

« De l'avis de tous je devais aboutir à un refus formel, vu que les indigènes sont très difficiles pour céder leur maison, surtout à un *Marabout* chrétien. Le contraire a eu lieu ; mon Marocain a été très gentil et n'a fait aucune difficulté. J'ai donc deux pièces ; une assez grande pour contenir une centaine de de personnes ; l'autre, plus petite, me servira de chambre. Il y a aussi un petit jardin. C'est tout ce qu'il me fallait. Le seul inconvénient que j'y trouve, c'est que le loyer en est trop cher. Si une personne charitable ne s'était offerte à le payer, je n'aurais pas pu m'engager. Figurez-vous que j'ai dû payer 140 francs pour un mois.

« La location des masions, ici, atteint des prix fantastiques.

Ce que l'on pouvait avoir, il y a deux ou trois mois, pour 30 francs, vous en coûte 100 maintenant. Que sera-ce quand les colons seront venus en nombre, au printemps prochain ! »

Heureux d'être enfin installé, le P. Michel commença à étudier soigneusement la situation pour organiser son ministère en conséquence. Jusqu'ici, les grandes difficultés lui étaient venues, ainsi qu'à ses confrères, du manque ou de l'instabilité des ressources, d'une part ; du défaut de reconnaissance officielle par le Gouvernement français, de l'autre, sans compter les susceptibilités espagnoles.

Colonne de Fez
Prisonniers.
Convoi
de ravitaillement.

Passage de l'Oued.

Le pire de tout était, sans contredit, cette absence de reconnaissance officielle de leur qualité d'aumôniers qui les mettait sur le pied de vulgaires mercantis et ne leur permettait l'accès des hôpitaux et des camps que si les malades exprimaient le désir formel de les voir. On se rappelle l'obligation où fut le P. Michel à Mehedja d'absoudre un moribond *par la fenêtre.*

Sans doute, une certaine tolérance s'était établie dans la

suite. Mais tout dépendait du bon vouloir des autorités militaires qui, elles-mêmes, étaient à la merci du premier dénon-

Façade de l'hôpital Auvert à Fez.

ciateur venu. De là des gênes, des froissements sans nombre, et,
par-dessus tout, une situation très humiliée pour nos aumôniers, sans cesse exposés à se voir refuser la porte de l'hôpital.

Leur peine fut au comble quand ils eurent connaissance de la
note parue au rapport de la place de Rabat, le 7 décembre
dernier.

Par lettre du 20 novembre 1911, y était-il dit, le Président du Comité des aumôniers militaires protestants a fait connaître au Général de Division que M. le Pasteur Jalabert avait été désigné pour visiter, en qualité d'aumônier, les militaires des troupes débarquées au Maroc. MM. les Commandants des régions intéressées, M. le Directeur du service de santé sont invités à donner, le cas échéant, toutes facilités à **M.** *le Pasteur pour remplir sa mission.*

Les aumôniers catholiques étaient bien loin de trouver mauvais que l'on donnât *toutes facilités* à M. le Pasteur protestant. Mais ils avaient quelque droit de s'étonner que la balance ne fût pas égale pour tous et que leur ait été constamment refusé, au plus grand déplaisir et détriment des soldats catholiques, ce qui était si magnifiquement octroyé aux protestants. Leur peine fut connue à Paris, et le vaillant député du Nord, M. Grousseau, ayant signalé à M. Millerand, Ministre de la Guerre, cette situation, en reçut le 13 février, la réponse suivante :

Monsieur le Député et cher Collègue,

Faisant allusion au cas récent d'un pasteur protestant, M. Cok-Jalabert, désigné par le Comité des Aumôniers militaires protestants pour remplir les fonctions d'aumônier auprès des troupes stationnées au Maroc et sur les confins algéro-marocains, et dont la présence a été officiellement signalée aux autorités militaires, vous avez exprimé le désir de voir appliquer le même traitement aux aumôniers catholiques qui demanderaient à assurer le service religieux dans des conditions identiques.

Je suis tout disposé à faire connaître, ainsi qu'il a été fait pour M. Cok-Jalabert, à M. le Général commandant les troupes débar-

quées à Casablanca et à M. le Général commandant les confins algéro-marocains, les noms des aumôniers catholiques qui se trouvent actuellement au Maroc et dont le départ m'a été signalé par vous.

Je m'empresserai d'en aviser ces officiers généraux, pour que les ecclésiastiques désignés aient toutes les facilités dans l'accomplissement de leur mission.

Cet acte de justice fut un réconfort pour nos aumôniers, en particulier pour le P. Michel qui en bénit DIEU comme d'une grâce insigne et se promit de profiter des *facilités* espérées pour le plus grand bien de ses amis les soldats.

Pour l'instant, l'hôpital de Fez était presque vide ; quelques soldats indigènes, seulement, l'occupaient. Au printemps il n'en serait pas de même, car on attendait de nombreux colons français, et les troupes afflueraient pour, de là, marcher sur Taza et ouvrir la route de l'Algérie. Le P. Michel caressait l'espérance de les suivre. En attendant il mettait tous ses soins à monter sa chapelle et à y organiser le service divin, pour que son successeur éventuel trouvât toutes choses en bonne voie.

De nombreuses familles françaises lui écrivaient pour se renseigner, dans le désir de venir s'installer au Maroc, qui pour l'exploitation rurale, qui pour le commerce. Cette correspondance lui prenait un temps assez notable. Le reste de ses loisirs, il les consacrait à s'initier à la vie marocaine et à faire part de ses remarques à ses amis de Fribourg.

« Croiriez-vous, leur écrivait-il, qu'à Fez on pratique encore l'esclavage ? Dans cette ville il y a trois marchés d'esclaves. C'est vraiment écœurant de voir cela presque aux portes de l'Europe.

Sur la route
de Fez :
Passage
d'un ravin.

Le coup
de collier.

Préparation d'un passage.

Oued Medhouma.

Rᴀʙᴀᴛ : La rue commerçante.

« Figurez-vous qu'un de ces jours un Marocain me montrait une négresse qu'il venait d'acheter 400 francs. « Je m'en vais « lui donner beaucoup de beurre, me dit-il, et je la revendrai « 600 francs... J'ai fait une bonne affaire !... »

Cela n'est, hélas ! que trop vrai ; le commerce des esclaves est encore florissant au Maroc. Malgré les efforts faits par les grandes puissances européennes, depuis cinquante ans, pour enrayer ce honteux trafic, il existe encore des tribus de Touaregs ou de Mauritaniens qui donnent la chasse aux caravanes ou font des razzias dans les villages nègres en bordure du Sahara, puis vont vendre leur butin vivant, à beaux deniers comptant, sur les confins de l'Atlas d'où on les réexpédie sur les marchés de l'intérieur de l'empire. Puisse bientôt cesser cette honte !

Un autre spectacle qui navre le cœur du P. Michel est celui d'une procession de pénitence. Les détails qu'il raconte paraîtraient incroyables si n'était bien connue la tendance étrange de certaines sectes orientales à la cruauté dans leur dévotion.

« Le 1ᵉʳ mars, raconte le Père, les Arabes ont célébré leur Noël — naissance de Mahomet. C'est une fête assez curieuse, une imitation de notre Noël chrétien.

« Durant trois jours les travaux sont suspendus ; partout ce n'est que musique, chant et danse. Le plus extraordinaire de la fête est la procession de la confrérie des *Aïssaouahs*. Trois jours avant la fête, chaque membre de cette confrérie doit s'abstenir de manger, boire et dormir.

« Le jour même, ils organisent une procession monstre dans les principales rues de la ville. Pour les regarder passer, il ne faut pas être sujet aux pamoisons. C'est horrible à voir, on dirait une procession de fous fanatisés jusqu'au plus haut degré. Les uns se brûlent la poitrine avec un fer rouge ; d'autres se donnent des coups de marteau ou de hache sur la tête jusqu'à en faire jaillir la cervelle. Un troisième se transperce les joues avec de grosses aiguilles. Un quatrième lance en l'air une énorme bouteille en bois tout hérissée de pointes et la reçoit sur sa tête. On dirait qu'ils jouent au martyre.

« Le héros de la fête est celui qui s'est fait les plus grandes blessures. S'il meurt ce jour-là, il va, paraît-il, tout droit au ciel où Mahomet lui a préparé un festin délicieux. Pauvres gens ! Quel fanatisme les aveugle ! les uns succombent à leurs tourments ; d'autres restent estropiés toute leur vie... Ah ! vive notre sainte religion bien plus douce, plus consolante et plus conforme à la droite raison ! »

Il ne serait pas exact de se figurer que les énergumènes du bas peuple seuls s'enrôlent dans ces confréries. Les gens cultivés sont aussi affiliés à quelque ordre musulman (sgalliyin, Kettaniyin, etc...) qui fournissent à leurs adeptes préceptes de vie, formules de prières et pratiques de pénitence.

Les Maures ont un sentiment religieux très vif. Il n'y a pas d'incroyants parmi eux ; tout au plus quelques indifférents. Mais leur religion toute de démonstrations extérieures s'accorde fort bien avec les désordres les plus abjects. Il est édifiant d'entendre les muezzins appeler, du haut des minarets, les croyants à la prière :

« Allah akbar ! Allah akbar ! Dieu est grand ! Il n'y a de Dieu que Dieu et Mahomet est son prophète... Venez à la prière, venez faire le bien ! Allah akbar ! Il n'y a de Dieu que Dieu ! » et les pieux musulmans de se prosterner en prière, les yeux tournés vers l'Orient. Admirable, aussi, de voir tout un peuple pratiquer avec rigidité, durant tout un mois, la rude pénitence du Ramadan. Encore, lorsque ce carême tombe en hiver, il est assez facile d'observer le précepte du jeûne rigoureux du lever au coucher du soleil ; mais si c'est en été, il faut vraiment, parfois, faire montre d'héroïsme pour ne pas commettre d'infraction. Et quelles que soient ses occupations, qu'il chemine sous un ciel brûlant ou demeure à la maison, le musulman « inlassablement respectueux des prescriptions de sa foi, ne prendra aucun aliment, solide ou liquide, aussi longtemps qu'on ne pourra, suivant l'expression du Coran, confondre aux mourantes clartés du jour *un fil noir avec un fil blanc* (1). »

Mais, par ailleurs, cette apparente piété et l'invocation solennelle du nom d'Allah n'excluent nullement la fourberie, la rapine, la cruauté. La vie privée, la vie familiale, la vie sociale du Marocain peuvent être ce que les brûlantes passions de l'Orient les font, sans qu'il soit réputé moins religieux, sans que son salut éternel en soit compromis.

« Quel chrétien fervent, — écrit le Commandant Haillot, — ne rougirait de se voir, en matière de mortification pleinement acceptée et mise en pratique, dépassé de si loin par le commun des infidèles !

« Par contre, une fois le soleil couché, l'infidèle se rattrape ! Le même homme qui vous a surpris tout à l'heure par son invraisemblable faculté de résistance aux sollicitations de la soif et de la faim, vous étonnera maintenant par des aptitudes insoupçonnées au gavage de nourriture et de boisson le plus méthodiquement intensif (2) ! »

Et l'on retrouve les mêmes contrastes, les mêmes contradic-

(1) *Le Maroc*. Comm. Haillot, p. 28.
(2) *Idem*.

Porte de
Bab Sidi-El-Houari
gardée par
les tirailleurs.

Camp d'Oudjda.

tions dans toute la vie du musulman. Quand le sens moral d'un peuple est aussi puissamment faussé, il ne faut pas s'attendre à le voir emboîter un pas docile dans la voie d'une civilisation *issue du christianisme* sans que ce même christianisme soit appelé à le pénétrer longuement et à substituer aux principes de mort que lui a inculqués le faux prophète, les germes de vie apporté par Jésus-Christ au monde.

Une autre des fêtes où les Marocains manifestent leur bruyante piété est *la Fête du Mouton,* réminiscence du sacrifice offert par Abraham. Voici comment la décrit le P. Michel à ses petits amis du Collège.

« D'abord, la nuit qui précède la fête, tout le monde se purifie ; les barbiers ont fort à faire pour raser toutes les têtes en cette circonstance. Chacun renouvelle ses habits, s'il le peut, ou du moins lave les anciens. Ce que nul n'omet, c'est l'achat d'une paire de babouches jaune citron à semelle rouge.....

« Le matin de la fête, dès la pointe de l'aube, tout s'agite. Une salve de coups de canon donne le signal que la cérémonie va bientôt commencer, et les habitants se dirigent en toute hâte vers le lieu désigné par le Caïd, ordinairement en dehors de la ville.

« Mais voici la procession du pacha qui s'avance, bannière verte en tête. Les grands dignitaires l'entourent montés sur des chevaux brillamment harnachés. Ils sont tous armés jusqu'aux dents, de fusils et de poignards garnis d'argent et d'or.

« Les soldats suivent avec toute la ville derrière eux. Tous rivalisent de richesse et d'élégance, et nul n'a oublié ses armes.

« Arrivés au « champ de la prière, » tout le monde écoute pendant une heure environ le Caïd qui récite des versets du

Coran, et explique dans une harangue animée, le sens du sacrifice qui va avoir lieu. Puis, brandissant un grand coutelas, il l'enfonce dans la gorge du mouton sacré.

« A peine frappé, le mouton est chargé sur un mulet qui dévale à toute vitesse vers la mosquée principale. Si le mouton respire encore en franchissant le seuil, c'est un heureux présage

Taourirt : Le village pris de l'Oued.
† Chapelle.

l'année sera bonne, la récolte prospère. S'il est mort en route, mauvais augure ; on ne doit plus compter que sur des calamités.

« Heureusement, le sacrificateur a soin de donner le coup de couteau en conséquence, et il est très rare que le mouton expire avant le moment désiré (1). »

Dès qu'un coup de feu, tiré de la mosquée, annonce à la foule que le ciel s'est montré bienveillant, dans chaque foyer commence la même cérémonie, la même immolation, accomplie par le chef de famille.

C'est jour de grande réconciliation entre les ennemis les plus acharnés par le serrement de mains ; réconciliation éphémère, sans doute, qui aura besoin d'être renouvelée l'année suivante. Mais, tel est le cérémonial, et tout le monde s'y soumet.

(1) Lettre du P. Michel aux élèves du Collège Séraphique.

Cette fête est appelée la *grande fête* (Aïd et Kébir) et les musulmans pieux font coïncider avec ce jour leur pèlerinage à la Mecque dont le religieux accomplissement les fait classer parmi les *saints* de l'Islam.

Ce n'est pas seulement les scènes de la vie religieuse des Marocains que le P. Michel observe et décrit à ses jeunes correspondants. Il a fait, à leur intention, une visite dans une des écoles de Fez, et la leur raconte.

« Le local est des plus simples, et son mobilier très primitif ; c'est une pièce qui ne reçoit la lumière que par la porte. Le mobilier comprend une natte achetée par les élèves, et une sorte de banc très bas sur lequel le professeur est assis, les jambes repliées sous lui. Les élèves sont assis de la même façon sur la natte. Ordinairement ces écoles se trouvent annexées à une mosquée.

« Les écoliers n'avaient qu'une leçon à apprendre, le Coran. Ils la récitaient tous ensemble en se balançant en cadence. Chacun d'eux était muni d'une planchette de bois dur, semblable à une ardoise. Pour écrire, il n'a qu'à enduire cette planchette d'argile délayée dans de l'eau, et il trace, ensuite, les caractères avec une plume de roseau trempée dans une encre faite avec de la laine brûlée ou de la corne d'agneau calcinée.

« Lorsque l'élève a appris à écrire les lettres de l'alphabet, le maître lui dicte la première phrase du Coran qu'il doit aussitôt apprendre par cœur. Cette première phrase apprise, le professeur dicte la seconde, et ainsi de suite jusqu'à la fin du Coran.

« Le Maître, ou fokîh, punit les élèves paresseux en les frappant fortement sur la pointe des pieds avec une baguette de cognassier. Tous arrivent-ils à apprendre le Coran en entier ?

Il paraît que non. Ce n'est, même, que l'exception. La plupart, après avoir inutilement, pendant des années, fréquenté assidument l'école, et reçu une innombrable quantité de coups de baguette, sont reconnus incapables de loger dans leur mémoire le livre sacré. Alors ils apprennent un métier, ou vont garder les troupeaux (1). »

Les Marocains estiment fort les gens lettrés, mais n'ont pas, en général, jusqu'à présent, grand souci de procurer le bienfait de l'instruction à leurs enfants. Bien des sciences sont, chez eux, à l'état rudimentaire, telles que la physique, la chimie, la médecine. Le barbier et le sorcier ont plus de chalands que le chirurgien et le médecin. Au reste, l'instruction n'est pas indispensable, chez eux, pour se frayer un chemin dans la vie.

La ville de Fez fut cependant considérée, jadis, comme un des plus importants foyers intellectuels de l'Islam. — Il existe encore, dans la mosquée de Karaouiyîn, une bibliothèque qui fut célèbre. L'émir Mérinide y déposa, en 1285, un fonds de livres qui faisait partie du butin conquis sur le roi chrétien de Séville. Aujourd'hui, cette bibliothèque délaissée n'a plus guère d'importance (2)...

« La mosquée de Karaouiyîn, dit M. Aubin, est la plus grande de Fez. Les étudiants et les fidèles pénètrent dans la cour par trois portes, dont les baies toujours ouvertes permettent aux chrétiens exclus d'admirer deux magnifiques fontaines ; celles-ci, rattachées aux nefs latérales par de petits pavillons en pierre sculptée, sont de tous points semblables au fameux pavillon de la cour des Lions, dans l'Alhambra. Au fond, se prolonge, obscure et mystérieuse, la longue enfilade des

(1) Lettre du P. Michel aux élèves du Collège Séraphique.
(2) *Le Maroc d'aujourd'hui*, par Eugène Aubin, p. 279.'

arcades de la mosquée, qu'embellit la piété des générations successives et dont les dimensions sont telles, dit le Roudh le Qartas, que vingt-deux mille personnes y peuvent assister à la prière sous les voûtes de deux cent soixante-dix colonnes.

« Karaouiyîn est le seul foyer intellectuel au Magreb. L'enseignement y est donné matin et soir. Le matin se succèdent, en trois séances, les cours de droit ; l'après-midi, les cours de grammaire, de syntaxe, de prosodie, de logique, d'éloquence et de rhétorique. Des professeurs de moindre importance enseignent l'astronomie et les mathématiques ; quant à l'histoire, les étudiants sont supposés l'apprendre dans les livres (1). »

« Les cours ont lieu dans un coin quelconque de la mosquée où les *tolbas* (étudiants) se groupent autour de leurs professeurs. C'est la voix publique qui désigne les professeurs. Un taleb réunit autour de lui quelques étudiants ; s'il réussit à plaire, il augmente son auditoire et la renommée lui attribue le titre de fegih : enfin, il parvient à obtenir des cadis sa nomination de professeur de cinquième classe. Dès lors, il est fonctionnaire appointé..... Le professeur passe par les cinq classes successives..... Mais il n'est en réalité que professeur auxiliaire jusqu'à la première classe, qui, seule, donne droit de s'asseoir sur la quatrième marche d'une estrade, du haut de laquelle on domine ses auditeurs.... Il existe actuellement (à Karaouiyîn) dix-sept professeurs de première classe (2). »

Quant aux étudiants, ou tolbas, ils s'installent pour la durée de leurs études, dans de grands établissements nommés *médersas*, où ils se groupent généralement d'après leur origine. Il y a à

(1) *Le Maroc d'aujourd'hui*, par Eugène Aubin, p. 278.
(2) *Ibid.*

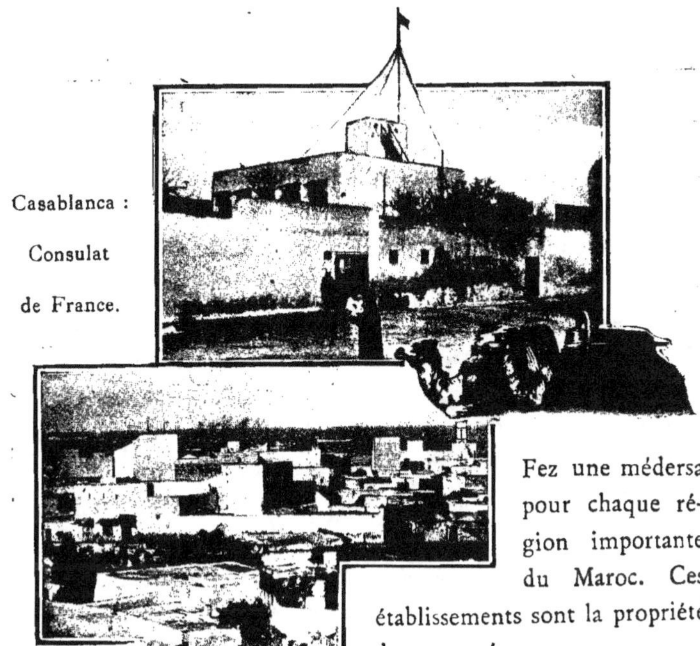

Fez une médersa
pour chaque ré-
gion importante
du Maroc. Ces
établissements sont la propriété
des mosquées.

« Dès leur arrivée, les étu-
diants achètent la clef d'une chambre, qu'ils paient de vingt à
deux cents douros; ils en gardent la jouissance pendant la durée
de leurs études, puis la donnent ou la revendent au moment
de leur départ (1).... »

Les étudiants vivent de la charité publique qui jamais ne
manque de pourvoir à leur subsistance.

Leurs études finies, — ce qui n'est pas constaté par un examen, mais proclamé par la voix publique, — ils deviennent ce
qu'ils peuvent : imans dans les mosquées, cadis dans les villes
ou les tribus, professeurs, ministres. Pour la plupart, ils se
contentent du titre de *lettrés,* ce qui leur vaut la considération
publique à défaut de moyens de subsistance assurés.

Pour avoir une idée assez complète de la civilisation maro-

(1) Eugène Aubin, op. cit.

caine, il faut, évidemment, voir les habitants chez eux, dans leur intérieur. Ce n'est pas chose facile, en général, pour un Européen, encore moins pour un « Marabout chrétien. » Le P. Michel eut cependant la bonne fortune d'être invité à dîner, avec trois autres Français, par un Marocain d'une grande bonté et urbanité. Il s'empresse de raconter cette aventure aux élèves du Collège.

« Dès notre arrivée chez notre hôte, dit-il, on nous fait asseoir, dans le salon, sur des coussins *ad hoc,* — les Marocains ne font pas usage de chaises, — on installe au milieu de la pièce une petite table ronde de dix centimètres de haut et on commence par nous servir cinq ou six tasses de thé.

« Le maître de la maison, lui, restait assis à l'entrée de la salle à manger, jusqu'à ce que le plus digne des convives l'ait invité à s'asseoir à ses côtés. Dès que chaque plat était apporté, tous disaient un mot arabe qui signifie : Grâces soient à DIEU !

« Les cuillères, fourchettes et couteaux ne sont pas en usage chez les Marocains. Il fallait donc se servir les aliments avec la main droite. — (Prendre quoi que ce soit avec la main gauche est une grande impolitesse.)

« Le premier plat servi fut un poulet non découpé. Jugez de notre embarras ! Comment nous servir sans couteau ni fourchette ! Notre hôte nous donne l'exemple, il prend avec sa main une aile et me fait signe de saisir l'autre. Tous deux nous tirons, et je me trouve avoir en ma possession une magnifique aile de poulet. Mes compagnons saisissent les pattes, tirent, et sont servis.

« Pour les plats de légumes, la chose est très simple ; on puise dans le plat, toujours avec les doigts, et on mange. Les Arabes, eux, sont habiles à confectionner des petites boules qu'ils portent facilement à la bouche. Mais les Européens qui n'ont pas fait un apprentissage préalable ne s'en tirent pas sans se barbouiller jusqu'aux oreilles. Heureusement qu'à la fin du repas, un domestique passe devant chaque convive avec une aiguière et des serviettes pour vous permettre une toilette en règle (1)... »

Il paraîtrait que, à la table des grands personnages marocains, les choses commenceraient à se modifier, et que les invités y peuvent manger à l'européenne, c'est-à-dire à l'aide de couverts d'argent; du moins dans les grandes réceptions. D'ailleurs, il n'est plus rare que les invités sortent discrètement de leur poche une petite cuillère, au moment où apparaît sur la table le couscous.

« Cependant, ajoute le Commandant Haillot, tout le monde, à table, manifeste, à qui mieux mieux, sa reconnaissance à l'amphitryon par des « Andoullah » équivalant aux *Deo gratias* chrétiens, mais d'une discrétion moins respectueuse du voisinage d'autrui, car ils s'accompagnent d'éructations buccales, spontanées ou feintes, que l'étiquette commande là-bas avec autant de précision que chez nous elle les réprouverait.

« Heureusement pour l'Européen, dont, depuis un instant, les préjugés de délicatesse se trouvent mis à rude épreuve, on apporte avec solennité, sur un vaste plateau de cuivre ouvragé dont on recouvre la table, la grande théière en argent...

« La confection du thé demande, pour être réussie au goût des amateurs, un véritable talent. Une fois qu'il est fait, on le sert avec tous les aimables procédés de la politesse la plus attentive. C'est à ce moment que règne, parmi les convives,

(1) Lettre du P. Michel aux élèves du Collège Séraphique.

la chaleur communicative dont s'enorgueillissent certains de nos banquets. Le cérémonial complet réclame l'absorption consécutive de trois verres de thé bouillant, et ce n'est pas trop, certains jours, pour faire oublier à souhait la crise un peu angoissante que l'estomac a traversée du couscous à l'Andoullah, en passant par les crèmes fades et la pâtisserie rance ! »

CHAPITRE XV

L'Immolation.

Rumeurs menaçantes à Fez. — Obsèques solennelles d'un officier français. — Marins courageux. — Arrivée de M. Regnault. — Un coup de foudre. — L'immolation suprême. — Service religieux solennel pour les victimes. — Hauts témoignages d'estime. — Victime pour Dieu, pour la France !

L'ÉTUDE du milieu dans lequel il se voyait momentanément appelé à vivre intéressait vivement le P. Michel. Il y prenait contact avec la société musulmane qu'il n'avait eu guère l'occasion de connaître jusque-là, presque exclusivement confiné dans les camps. Grâce à la bonté native de sa nature, à la disposition surnaturelle de son âme qui le portait à l'indulgence et à la bienveillance, il trouvait à aimer et admirer chez les Marocains. Dépouillant sa timidité naturelle, il entrait de plus en plus en relations cordiales et aisées avec les officiers du Corps d'occupation et les membres de la colonie française.

Il est à remarquer combien, dans toutes ses lettres, il parle avec déférence, respect et affection des chefs de l'armée. Jamais les difficultés, parfois bien rudes, nous l'avons vu, qu'il a rencontrées dans l'accomplissement de son ministère, n'ont fait venir au bout de sa plume le moindre blâme, la moindre critique, à l'adresse de qui que ce soit.

A plus forte raison, ne se permet-il pas l'ombre d'une appréciation défavorable à l'égard de ses confrères, d'où qu'ils fussent. Leurs manières de faire, leur genre d'apostolat ont-ils ou n'ont-ils pas cadré avec ses idées à lui ? Ses lettres sont muettes là-dessus, et ne sortent de leur réserve que pour signaler la bonté, le zèle, les succès de ses frères dont il se réjouit avec la plus franche cordialité.

Un caractère tant soit peu enclin à relever la physionomie défavorable des hommes et des événements n'aurait pu manquer de constater quelque disproportion entre l'idéal qu'il s'était fait et la réalité. Quand on vient de la solitude et que, brusquement, on se trouve face à face avec l'humanité telle qu'elle vit et s'agite là-bas, un mouvement de désenchantement plus ou moins amer n'aurait pas lieu de nous étonner.

Mais notre excellent religieux n'était pas porté à un scepticisme quelconque. Il voyait tout et tous d'après l'angle de son regard qui était bon et simple. Ses malades étaient-ils ou non intéressants ? L'écoutaient-ils avec intérêt ou ne semblaient-ils pas même comprendre ses surnaturelles exhortations ? Lui témoignait-on des égards ou de l'indifférence ?..... Ses lettres ne manifestent pas la moindre plainte, la moindre réflexion à cet égard. On sent qu'il estimait et aimait sa mission et les âmes qu'il approchait, sincèrement, profondément et surnaturellement.

A Fez l'hiver avait fini. Colonie étrangère, troupes d'occupation et indigènes, tout était à la joie du printemps revenu, et, espérait-on, de la paix. Les négociations entre le Sultan et la France venaient d'aboutir. Un large et bienfaisant *protectorat* de notre pays sur le Maroc semblait devoir y introduire l'ordre, la tranquillité et la prospérité.

Mais d'inquiétantes rumeurs commencèrent tôt à circuler dans les milieux musulmans. Ce protectorat n'était-il pas la main mise des chrétiens sur ce fief de l'Islam qu'est le Maroc ? Le Sultan ne vendait-il pas la patrie à l'étranger ? Les passions chauvines commençaient à s'exaspérer à la nouvelle que le représentant officiel de la France serait bientôt là. Parmi les troupes chérifiennes, commandées et éduquées par des officiers français, on remarquait des impatiences inquiétantes. Un jour de mars, un soldat marocain frappa à mort, en plein champ de manœuvres, un officier français.

Par lettre du 5 avril, le P. Michel raconte cet incident douloureux et la cérémonie religieuse qui en fut la suite. Il dit la peine profonde de son cœur de voir tomber cet enfant de la France sous le couteau du fanatique. « Le matin du 19, ajoute-t-il, j'ai célébré la sainte Messe devant le cercueil, dans l'immense jardin de l'hôpital.

« La colonie française, les Consuls de France et d'Angleterre, presque tous les officiers de la garnison, et une foule de notabilités marocaines y ont assisté.

« Après la Messe, j'ai donné l'absoute en grégorien pour la première fois, ce qui m'a semblé produire une grande impression, et même a fait couler des larmes. Le cortège qui a accompagné le cercueil jusqu'au cimetière était des plus imposants ; environ cinq mille soldats en armes, avec tout ce que la ville contient d'Européens et de notabilités suivaient le char funéraire.

« Au cimetière, encadré par toutes les troupes, le commandant Brémond a prononcé un magnifique discours. La cérémonie terminée, tous les officiers, consuls et grands personnages marocains sont venus me serrer la main et me remercier. Pour le premier enterrement que je faisais dans cette ville, c'était bien beau et bien consolant (1). »

La colonie française fut réconfortée par cette manifestation, et les indigènes, très impressionnés.

Un fait d'une audace inouïe vint encore les stupéfier et fournir matière aux excitations insidieuses des *imans*.

« Malgré un temps affreux, raconte le P. Michel, savez-vous ce que nous avons vu à Fez? Une petite escouade de marins français commandée par un lieutenant de vaisseau.

« Partis de Mehedja, montés sur un petit bateau à pétrole, ces braves marins ont fait la reconnaissance du fleuve *Sebou,* en le remontant depuis son embouchure jusqu'à Fez.

« Quand nous avons vu arriver presque à côté des portes de la ville ce petit bateau, acclamations, félicitations, rien n'a été épargné aux courageux marins.

« Leur reconnaissance a été très pénible ; plusieurs fois ils ont failli être emportés par les courants, et ce n'est qu'après de nombreuses réparations à leur pauvre bateau qu'ils ont pu arriver.

« Le lendemain de leur venue, je les avais à côté de moi, à table. Ils m'ont raconté leur très intéressant voyage. D'après l'étude qu'ils ont pu faire de ce fleuve, il ressortirait que, seulement sur une longueur de 70 kilomères, il sera navigable. Fez ne deviendra donc jamais un port.

« Mais quelle gloire pour nos braves marins d'avoir accompli ce pénible et périlleux exploit. Il faut dire que tous, y compris le lieutenant, étaient Bretons (2). »

(1) Lettre au Collège Séraphique.
(2) Idem.

Les habitants de Fez allèrent de surprise en surprise quand, le 24 mars, le représentant officiel de la France, M. Regnault,

LE GÉNÉRAL MOINIER ET SES OFFICIERS

fit son entrée solennelle dans la capitale de l'empire. On donna un éclat extrême à cette réception, afin, sans doute, de frapper l'imagination des indigènes et leur inspirer une haute idée du pays qui mettait sa puissance à leur service.

« Ce jour-là, dimanche, raconte le P. Michel, j'ai dit la messe un peu plus tôt afin de pouvoir me rendre, avec la colonie française, à la réception du représentant de la France.....

L'entrée en ville a été de toute beauté. Je la passe sous silence, car les journaux ont dû la raconter tout au long.

« Le 26 nous étions invités à venir prendre le thé à l'Ambassade. Toute la colonie française s'y est rendue, et votre serviteur aussi. Cette réunion a été une vraie fête de famille ; elle a permis à tous les Français de Fez de se voir, de se connaître et de se souhaiter mille bonheurs en pays marocain.

« J'ai tâché de représenter le plus dignement possible notre Ordre et la sainte Église, au milieu de tout ce grand monde. Cependant, je dois avouer qu'en voyant toutes les attentions et délicatesses dont j'étais l'objet, j'étais un peu embarrassé et que j'aurais cent fois mieux aimé être dans ma cellule qu'au palais de l'Ambassade.

« Le 28, il y avait grande revue de toutes les troupes de Fez, et décoration du Général Moinier. Cette fête a été bien belle aussi. Le défilé de l'infanterie et la charge de la cavalerie ont été splendides. Les Marocains étaient dans l'admiration et l'étonnement le plus grand. Dans les grandes villes de France les revues ne sont pas plus imposantes.

« Le 29, je suis allé offrir mes respects au Général Baillout, venu exprès à Fez pour décorer le Général Moinier. Il a été très affable et voulait même me retenir à dîner. J'ai refusé, car je ne veux pas créer de difficultés à nos bons officiers. Or j'ai su que certains articles malveillants avaient été publiés, concernant mes rapports avec eux. Il a compris mes raisons et n'a pas insisté. M. Regnault et le Général Moinier m'ont reçu avec la même cordialité.

« Le 31, jour des Rameaux, ma petite chapelle était grandement honorée par la présence d'une partie de l'Ambassade, de membres de l'état-major et de beaucoup d'autres personnages. Tout le monde a trouvé mon installation ravissante ; on m'a donné de nombreux encouragements et fait de précieuses aumônes pour la rendre plus belle encore.

« Il est vrai que, pour la circonstance, j'avais quêté à l'hôtel des chaises pour offrir à ces personnages. Jusqu'ici je n'ai pu, encore, m'en procurer (1)..... »

En post-scriptum, le Père ajoutait :

« On se bat de nouveau à côté de Sefrou. Un assez gros contingent de Marocains est venu attaquer le camp de cette ville. De Fez on a envoyé immédiatement des troupes. Déjà nous avons une quinzaine de blessés parmi lesquels un lieutenant et un sous-officier, avec six tués. L'arrivée de M. Regnault a produit cette effervescence. Les Marocains se figurent que le Sultan a vendu complètement le Maroc à la France. »

C'étaient les premiers éclairs qui annonçaient l'orage. En lisant les détails consolants de cette première fête des Rameaux et de combien d'honneurs commençait à être entouré l'humble religieux qui, jusqu'alors, avait marché d'épreuve en épreuve ; à la pensée, surtout, que dans quelques jours il aurait expiré, victime du dévouement qui l'avait amené sur cette terre infidèle, on ne peut s'empêcher de se reporter à la Passion du divin Maître. Ses souffrances, son martyre eurent, aussi, pour prélude les acclamations du jour des Rameaux. Oh ! combien Dieu aime à se rendre semblables ses plus chers serviteurs !

Le P. Michel approchait, sans le savoir, de son immolation finale. De sa petite cellule du Noviciat, il avait écrit à son Supérieur, voilà treize ans : « Je ne crains pas, avec le secours de la prière et l'assistance de Dieu, de refuser jamais de subir le

____

(1) Lettre du 5 avril, au Collège Séraphique.

martyre..... (1) » En partant pour le Maroc, la vision de ce suprême témoignage à donner à son DIEU se présente à nouveau, et il dit, parlant de son père et de sa mère : « Oh ! ils seraient bien heureux si je mourais martyr !... » Et la mort était là, maintenant toute proche, environnée de circonstances qui feront se demander si elle ne mérite pas ce beau nom de martyre.

Mais avant qu'elle ne frappe, DIEU laisse les douleurs de l'agonie la précéder et étreindre le cœur, jusqu'à en pleurer.

C'était le 10 avril, une semaine jour pour jour avant le dernier sacrifice. Une lettre de Montclarat parvient au P. Michel... Sa mère est morte !...

La veille des Rameaux, la digne et sainte femme s'était confessée, avait demandé les derniers Sacrements ; puis, sereine et calme, comme au soir d'une journée tout embaumée par le devoir rempli, elle dit au vénéré prêtre qui remplaçait, à son chevet, son fils :

« Je meurs tranquille... Je ne regrette rien, sur la terre... Mes enfants sont, ou auprès de DIEU ou dans la bonne voie... Ils prieront pour moi !... Je crois avoir fait sur cette terre mon devoir... La mort ne me fait pas peur... je pars contente (2) ! »

L'annonce de cette fin si belle, mais si crucifiante pour son cœur, atterre le pauvre P. Michel, et lui arrache des cris de douleur. A son bon Curé, il s'empresse d'écrire :

« Je ne doute pas que le DIEU d'infinie bonté et tout miséricordieux n'ait reçu dans son paradis mon père et ma mère qui ont tant travaillé pour le gagner. Cependant, quelle consolation pour mon cœur si j'avais pu les assister dans leurs derniers

(1) Cf. Chap. IV, p. 57.
(2) Témoignage de M. le Curé de Montclarat.

Cadavres de marocains.

moments et recueillir leur dernière bénédiction ! Merci de m'avoir remplacé... »

Et à sa sœur :

« Oh ! que ces séparations douloureuses soient pour nous un stimulant pour aimer davantage le bon Dieu, afin que lorsque notre tour arrivera, nous puissions aller rejoindre nos bien-aimés parents, vivre auprès d'eux pour n'en être jamais séparés... »

Et le 16 avril, la veille du jour où il allait tomber lui-même, il écrit au Père Directeur de son cher Collège Séraphique :

« Une nouvelle épreuve vient de frapper ma pauvre famille déjà bien attristée. C'est la mort de ma chère mère survenue le 1er avril, après quinze jours de souffrances cruelles.

« *Je bénis la main de Dieu qui nous éprouve si cruellement, et lui offre ce nouveau sacrifice pour la conversion de ce Maroc infidèle, qui m'enlève la consolation de revoir mes parents sur cette misérable terre.*

« Je vous demande de vouloir bien unir vos prières aux miennes afin de retirer des flammes du purgatoire l'âme de ma pauvre mère, si elle n'a pas été jugée digne de prendre place parmi les Bienheureux... »

Il semble que Dieu attendit cet acte de résignation et d'amour, ce *fiat* magnanime, pour laisser les fureurs de l'enfer se déchaîner sur celui qui venait de redresser l'autel du divin Roi en pleine ville sainte du Maroc mahométan.

On sait comment, à Fez, au matin du 17 avril, les troupes chérifiennes, après avoir massacré leurs officiers, se ruèrent avec la populace à l'assaut des maisons occupées par les Européens et dans le quartier des Juifs, accusés par la voix publique de favoriser l'invasion du Maroc par les Français. Sur leurs pas ce ne fut que carnage et désolation.

Il était 1 h. 1/4 lorsque, en vociférant comme des démons, ils se dirigèrent vers l'hôtel français où prenait ses repas le P. Michel en compagnie de plusieurs de ses compatriotes.

« Chacun se leva de table, raconte un témoin oculaire (1), et avec nous le P. Fabre. Nous étions rassemblés dans le jardin en discutant la nouvelle (de l'émeute) à laquelle personne n'attachait une très grosse importance, quand une vive fusillade, très près de nous, nous avertit de l'imminence du danger.

« La propriétaire de l'hôtel, Mme Imberdis, se précipita pour fermer la porte, et juste à ce moment rentra le Capitaine de Fabry qui était poursuivi par les soldats révoltés. Mme Imberdis eut le temps de fermer la porte et reçut au travers de celle-ci une balle qui la tua.

« En même temps les assaillants enfonçaient la porte et ce fut le sauve-qui-peut des Français qui étaient dans la cour, et dont très peu étaient armés de revolvers. Les uns coururent dans leur chambre prendre des armes ; les autres se sauvèrent par la terrasse, et purent se mettre en sûreté dans la maison d'un shérif voisin.

« De l'autre côté de la cour, un groupe comprenant le P. Fabre, sergent Gonault, sergent Fillion, sergent Aubert, brigadier Coïton, Émile Mollard et Léon Rohner monta dans la chambre des sous-officiers où il y avait des armes et des munitions. On accédait à cette chambre par un petit escalier particulier qui fermait seulement en bas. En montant, nous avions tiré le verrou de la porte ; nous achevions à peine de charger nos cara-

(1) M. Léon Rohner, négociant de Lyon.

bines que les mutins l'enfonçaient déjà.Nous étions, à ce moment, absolument désorientés par cette brusque agression ; et quand le P. Fabre proposa de descendre pour essayer de calmer les assiégeants, pas un de nous n'eut l'idée de l'en empêcher. Nous n'avons que cette excuse, mais nous regrettons tous de ne pas l'avoir gardé avec nous.

« Il descendit donc, et il se nomma aux soldats en disant : *Marabout ! marabout !* .. (1) Le brigadier Coiton, qui parle arabe, entendit les Marocains lui dire qu'ils ne lui feraient pas de mal, puisqu'il était *marabout*. C'est juste à ce moment que la porte céda. Nous n'avons pas entendu un cri ; et c'est seulement le soir, à 5 heures, en tentant une reconnaissance, que nous avons trouvé son cadavre dans la cour, à quatre mètres de l'escalier. Il avait la gorge coupée, et plusieurs coups de poignard. Son habit avait été enlevé.

« Nous avons dû rester tout ce temps sans avoir de ses nouvelles, car nous avons été assaillis de nombreuses fois dans notre refuge, et il était impossible de descendre... »

Ce n'est qu'après vingt-quatre heures de transes mortelles que les assiégés purent quitter l'hôtel, encadrés par des tirailleurs emportant les cadavres des victimes.

Nul ne saura jamais, sans doute, quel mobile animait les agresseurs, lorsqu'ils donnèrent le coup de la mort à celui qui se présenta à eux en invoquant son titre de *marabout* des chrétiens, c'est-à-dire de prêtre. Mais on connaît à quel point la haine du nom chrétien est étroitement associée dans le cœur du

---

(1) Lettre du P. Julien Graciette. — Les musulmans appellent *marabout* leurs prêtres. C'est donc comme si le P. Michel avait dit aux émeutiers en se présentant à eux : *Je suis prêtre.* — D'ailleurs, il était connu comme tel.

mahométan, à son aversion pour l'Européen et combien le fanatisme religieux inspire et domine toutes ses actions. Il n'est pas invraisemblable de croire qu'en frappant leur victime qui leur criait son titre de prêtre de Jésus-Christ, la haine de ce divin Christ Jésus, tant abhorré par eux, n'était pas étrangère à leur fureur (1).

Quoi qu'il en soit des sentiments des meurtriers, ceux de la victime ne sont pas douteux. Il est descendu de son refuge, s'exposant à une mort certaine, pour tenter « de calmer les assaillants (2), » et donc *pour sauver ses compagnons*. Il a fait cela par un mouvement de noble charité, mais simplement, naturellement, comme il avait l'habitude de faire toutes choses.

Ce n'est pas à nous qu'il appartient de dire si c'est là être un martyr ; mais nous tenons du divin Maître que le plus grand acte de charité, c'est de donner sa vie pour ceux que l'on aime. *« Majorem hanc dilectionem nemo habet ut animam suam ponat quis pro amicis suis... »* Et nous ne doutons pas que, mourir dans un acte de charité, ne soit pour un chrétien, pour un religieux, pour un prêtre, le sort le plus enviable et le plus glorieux.

(1) Les journaux français ont publié, à propos des enquêtes faites pour déterminer les raisons du soulèvement, la note suivante : « Les tribus savaient qu'un massacre était projeté, et un témoin oculaire, dont les déclarations sont toujours des plus sérieuses, rapporte que dans le courant de la semaine qui précéda celle de la révolte, des gens annoncèrent aux marchés des tribus des Cherarda et des Ouled-Jama, que les *chrétiens* allaient être exterminés à Fez.

« Des soldats révoltés ont raconté dans les tribus où ils s'étaient réfugiés, que peu de temps auparavant, différents tabors avaient délégué chacun quatre hommes qui se rassemblèrent en secret dans la mosquée et là prêtèrent serment sur le Coran... » Dépêche de Fez du 2 mai, citée par plusieurs journaux.

(2) Lettre de M. Rohner.

Le surlendemain de ce massacre, 19 avril, le Général Dalbiez, commandant la place de Meknès, aborde le P. Julien Graciette :

« Mon Père, lui dit-il, j'ai une triste nouvelle à vous annoncer. (Le matin, le Père avait appris l'insurrection de Fez.)

— Mon Général, je devine ; mon confrère est mort.

— Oui, mon Père, reprend le Général ; il y a un martyr de
plus. Si vous le voulez, vous pouvez partir, demain matin,
avec la colonne du Général Moinier.

« La tristesse au cœur, continue le P. Julien, je boucle
immédiatement ma cantine et vais coucher au camp. Le lendemain, 20 avril, je me mettais en route pour Fez.

« Ordinairement on fait la route en trois jours. Cette fois, on
franchit la distance en deux étapes assez fatigantes, la deuxième
surtout.

« Pour éviter les coups de feu tirés du haut des remparts,
on coupe à travers champs. La terre est détrempée par les fortes
pluies des jours précédents. Cinq ou six *Oueds* barrent le chemin. N'ayant pas eu le temps de me procurer une monture,
je marche à pied une bonne partie de la route, et prends avec
les soldats des bains de pieds rafraîchissants. Heureusement que
le soleil brille et nous sèche en quelques heures.

« A mesure que j'approche de la ville insurgée mon cœur
se resserre. Je ne puis croire à la triste nouvelle. Et pourtant,
je suis obligé de m'incliner lorsque, en arrivant, on me conduit
devant une grande fosse où les victimes dorment, côte à côte,
le dernier sommeil. « L'aumônier tué, me dit le fossoyeur, est
« là à côté ; il porte le n° 13. »

« Oh ! quel lugubre spectacle que cette fosse avec quarante-
cinq cadavres rangés côte à côte ! (Les autres sont inhumés au

camp situé en dehors de la ville). Jamais je n'oublierai pareil souvenir ! En présence des restes inanimés de mon frère d'armes, je ne savais si je devais prier pour lui, ou si je devais l'invoquer ; car il est tombé au champ d'honneur, pour Dieu, pour les âmes, pour la France.

« Le cher disparu laisse après lui un grande vide. Il était aimé et estimé de tout le monde. Il emporte dans la tombe le souvenir et l'affection de tous ceux qu'il approchait.

« C'est émouvant d'entendre civils et militaires parler de la bonté et de la simplicité du P. Michel. « Pauvre Père ! quel « malheur qu'il soit mort ! Il était si aimable, si serviable ! »

« Tel est le cri unanime. Aussi je demande à notre cher martyr qu'il daigne intercéder pour ses frères qui travaillent à la même cause, afin qu'ils soient, comme lui, généreux, dévoués jusqu'au sacrifice, jusqu'à la mort sanglante, s'il le faut.

« La plupart des maisons des victimes avaient été pillées. L'appartement de mon confrère a été défendu par le propriétaire de l'immeuble qui a tiré sur les bandits trente-six coups de fusil. Aussi, le 26 au matin, je me rends, accompagné d'une escorte, — car il est interdit de circuler seul, — dans les appartements du pauvre Père. Tout est à sa place ; rien n'a été enlevé. Aidé des soldats, je recueille pieusement ses effets, plie l'autel portatif, et emporte le tout dans la chambre qui a été mise gracieusement à ma disposition lors de mon arrivée à Fez.

« Je possédais donc les objets du Père, surtout la chapelle, pour laquelle j'avais craint la profanation. Mais ce n'était pas tout. Je voulais voir l'endroit où était tombé mon frère d'armes.

« Le 30 avril au soir, en compagnie du P. Dominique

A Fez, devant la tombe des Français victimes de la sédition du 17 avril, pendant la cérémonie funèbre du 6 mai. — A gauche, l'autel improvisé ; devant la fosse, au centre du groupe, on reconnaît M. Reynault ayant à sa gauche le Général Moinier, à sa droite Hadj-Mahamed-el-Makri et le Général Brulard.

(Photographie du capitaine Chevalier.)

monté la veille à Fez, pour y remplacer le cher défunt, en compagnie aussi du gérant de l'hôtel et de deux autres personnes, je me rends à l'hôtel.

« Vous dire dans quel état se trouve cette maison est impossible. Tout est brisé, pillé. Nous voici en face de la salle à manger. A l'entrée, une mare de sang rougit le pavé. C'est le sang du pauvre P. Michel. Je ne vous dis pas mon émotion ; j'avais tellement le cœur gros que je défaillais. — Allons nous-en, dis-je à ceux qui étaient restés à côté de moi...

« Toutefois, avant de me retirer, je ramasse dans ce sang desséché deux balles qui avaient servi à donner la mort au Père, une dizaine de son chapelet, le casque lardé de coups de poignard, les bas molletières et un morceau de papier complètement rougi. Je garde précieusement ces souvenirs... (1) »

Le 6 mai, sur l'initiative des chefs français, un service religieux solennel fut célébré auprès de la fosse où reposent quarante-cinq des victimes du massacre, au milieu desquelles le P. Michel.

La vaste fosse circulaire, où dorment leur dernier sommeil les victimes, disparaissait sous les fleurs ; un drapeau tricolore était étendu sur la terre en guise de drap mortuaire, tandis que dans l'air flottaient également les trois couleurs. Les consulats de France et des pays étrangers avaient envoyé des couronnes. En haut, sur le bord de la fosse, était improvisé un autel sur un fond formé par une bande d'étoffe tricolore.

La colonie française était là, ainsi que les officiers de la gar-

(1) Lettre du P. Julien Graciette, aumônier militaire.

nison, car il n'en est pas un seul dans la colonie française qui n'ait à pleurer la mort d'un parent ou d'un ami.

On remarquait le général Brulard, le colonel Mangin, les commandants Philipot et Lamothe, le médecin en chef Fournial, les majors Tranchant et Feldmuller, le capitaine Nordmand, la colonie européenne et les corps consulaires.

Bientôt arrivent M. Regnault et sa suite, le général Moinier, le commandant Dougan ; puis viennent comme représentants du Sultan, El-Mokri et Benghabrit. Le pacha de Fez, Bouchta-Bagdali, les cadis, les oulemas ; les représentants des notables sont aussi présents à la cérémonie.

Le P. Julien Graciette célèbre le saint Sacrifice à la suite duquel le P. Dominique donne l'absoute. Pendant toute la durée de la cérémonie, la musique militaire joue des marches funèbres.

El-Mokri s'approche alors de la fosse et lit le discours du Sultan que traduit Benghabrit. L'éloquence du chef des croyants marocains est toute faite de longues tirades sonores et de lieux communs ronflants. La vraie contrition des atrocités commises n'y vibre guère.

« Combien je déplore, dit-il, votre perte ! Quelle affliction m'envahit devant le malheur qui vous frappe ! Quelle sympathie m'associe à vos parents et à vos compagnons dans la douleur qu'ils éprouvent en vous perdant ! Chaque souffle que j'émets emporte avec lui une nouvelle malédiction à l'égard de ceux qui ont causé la perte d'amis et de camarades tels que vous !... etc... etc... etc... »

Le langage de M. Regnault fut élevé et ferme.

« Inclinons-nous avec douleur, dit-il, devant cette tombe qui contient un si grand nombre de morts, véritables martyrs de la civilisation... »

Et après avoir rendu hommage à tous les dévouements qui s'étaient manifestés à cette occasion, il conclut en affirmant que rien n'entraverait l'œuvre entreprise, que la France pousserait jusqu'au bout sa mission civilisatrice et refoulerait la barbarie loin de ces contrées.

Enfin prit la parole le général Moinier. Tout est à citer dans cette allocution vibrante, où éclate l'indignation la plus légitime contre les horreurs commises. L'homme d'honneur, le chrétien, le Français, sont révoltés en lui en présence de tant de félonie et de basse cruauté. Le fils des Croisés foudroie de ses apostrophes indignées les disciples du Croissant.

« La douloureuse cérémonie qui nous rassemble auprès de ces tombes est l'épilogue d'un des plus épouvantables forfaits que l'histoire ait jamais eu à enregistrer.

« Des misérables, indignes du nom de soldat, ont, sous un prétexte futile, mis à mort les instructeurs français qui s'appliquaient à les élever à la dignité d'hommes, et que leur bienveillance et leur équité, vertus si rares en ce pays, auraient dû, à elles seules, imposer à leur respect.

« Sur leurs traces, accourt une lâche populace, qui déjà sans doute les a excités à trahir. Nos malheureux camarades sont frappés sans pitié, leurs cadavres sont l'objet des plus abominables mutilations, aux applaudissements des infâmes assassins et de leurs compagnes plus infâmes encore.

« D'autres victimes tombent auprès de nos soldats ; il semble que dans cette ville sauvée par la France, il y a bientôt un an, du massacre et du pillage, l'on n'ait d'autre pensée que d'anéantir tout ce qui rappelle le service rendu, tout ce qui porte le nom français.

« Ce sont d'inoffensives femmes, *un prêtre venu ici au nom d'un Dieu de paix et de misericorde*, de modestes fonctionnaires dont le crime est de relier au monde civilisé cette ville qui veut rester barbare, des commerçants dont la présence ne peu qu'apporter au Maroc le bien-être et la prospérité.

« Rien n'arrête la fureur des meurtriers, ils ne cessent de tuer que faute de Français s'offrant à leurs coups et se ruent aussitôt au pillage, sans lequel la fête n'aurait sans doute pas été complète.

« Leur joie est d'ailleurs de courte durée. Grâce à la vaillance de nos soldats — de vrais soldats cette fois — le châtiment se lève sur la tête des assassins; beaucoup subissent aussitôt la peine du

P. Urbain de Mugron
P. Henri-Joseph Kœhler
Aumôniers militaires.

talion; beaucoup d'autres apprendront bientôt ce qu'il en coûte d'attenter à la vie d'un Français.

« Mais de nouvelles victimes se sont ajoutées à celles qui sont déjà tombées et le succès de nos armes nous coûte encore la vie d'un officier et de nombreux soldats.

« Et aujourd'hui, le calme est revenu, le soleil brille de nouveau sur la ville criminelle, et l'on croirait qu'il ne reste rien des sanglantes journées.

« Si, pourtant : il est des choses qui ne s'oublient pas en quelques heures ; ce sont ces existences si brutalement fauchées à jamais, ces familles plongées dans la douleur, cet indigne outrage fait à la France et à son drapeau.

« A nos camarades, à nos concitoyens tombés en faisant leur devoir de Français, nous dirons toute notre admiration pour le courage avec lequel ils ont offert leur vie après l'avoir bravement défendue quand ils en ont eu le moyen.

« A leurs familles, nous exprimerons toute notre profonde sympathie ; que leur douleur soit adoucie par la pensée que les leurs sont morts pour une noble cause, que leurs cendres seront entourées ici de tout le respect qui leur est dû et qu'au lieu où ils ont péri s'élèvera bientôt un monument à la gloire de nos morts et de l'idée impérissable pour laquelle ils ont été frappés.

« A la France enfin, qui porte aujourd'hui le deuil de nos enfants, nous donnerons l'assurance que le forfait commis ne compromettra pas l'œuvre civilisatrice qu'elle a entreprise d'accord avec le gouvernement chérifien, dont les représentants sont ici près de nous ; il exaltera au contraire les courages et suscitera de nombreux dévouements ; nous lui dirons enfin que, devant les tombes de nos frères, nous nous serrons plus que jamais autour du drapeau, prêts à donner notre vie pour lui et pour elle, comme l'ont fait ceux à qui nous adressons notre dernier adieu. »

Dès que la nouvelle du massacre lui fut parvenue, Mgr Cervera, Vicaire Apostolique, se hâta d'en informer, par télégramme, le Révérendissime Père Général de l'Ordre et d'exprimer en même temps le besoin absolu de Missionnaires français au Maroc. *Necessitamos Missioneros franceses...* disait-il. Sa demande fut exaucée. Huit jours après, les PP. Urbain de Mugron et Henri Kœhler s'embarquaient à Marseille et abordaient à Casablanca.

En même temps, Mgr le Vicaire Apostolique écrivait de sa propre main la lettre suivante au T. R. Père Provincial d'Aquitaine, Supérieur du P. Michel Fabre :

Tanger, le 23 avril 1912.

Très Révérend Père,

C'est avec la plus grande douleur que je dois vous annoncer la perte que nous venons d'éprouver par la mort de notre P. Michel Fabre, fils de votre Province et attaché à notre Vicariat, massacré à Fez par les musulmans révoltés. Comme un bon soldat du Christ, il travaillait avec ardeur au salut des militaires et exerçait plein de foi et de piété son ministère apostolique. Subitement, il est mort sur le champ de bataille et nous croyons que déjà il a reçu sa récompense dans les cieux. Il nous a laissé son exemple, afin que, marchant à sa suite, nous n'hésitions pas à donner notre vie pour le salut de nos frères. Son doux souvenir nous restera toujours présent ; nous l'avons recommandé à Dieu dans nos prières et nous avons fait célébrer des messes pour le repos de son âme.

A vous, très cher Père, et à tous vos sujets, nous transmettons nos condoléances, et tous nous supplions le Père de toute consolation de vous accorder la résignation spirituelle.

Votre serviteur tout dévoué en JÉSUS-CHRIST.

† FR. FRANÇOIS-MARIE CERVERA, O. F. M.
Évêque de Fezzan, Vicaire Apostolique du Maroc.

LES PREMIERS MARTYRS FRANCISCAINS AU MAROC
(bas-relief de Florence.)

Un service funèbre fut, en effet, célébré à Tanger pour les victimes de Fez. Un Père Missionnaire espagnol, le P. Bonaventure Diaz, qui avait bien connu le P. Michel au Maroc, lui rend hommage en ces termes, dans une *correspondance* adressée la *Voz de San Antonio* qui se publie à Séville.

« Les cloches sonnent le glas... Que leur son est triste et mélancolique !... Elles nous annoncent l'horrible hécatombe des chrétiens de Fez pour lesquels un service solennel va être célébré aujourd'hui dans notre église.

« Quelle foule recueillie et nombreuse se presse dans le temple !... Dans le sanctuaire, S. G. Mgr le Vicaire Apostolique et Son Excellence le Ministre d'Espagne occupent leur place habituelle. Plus bas, le Ministre d'Autriche... puis un général français... De chaque côté, de nombreux militaires de toutes armes... Enfin, derrière, l'aristocratie et le peuple de Tanger. Au milieu, le catafalque, ce continuel prédicateur des vanités du monde !

« Malgré moi, je ne puis le cacher : je pleure le triste sort de tant de chrétiens morts loin de leurs familles, en pays infidèle et de la main des fanatiques sectateurs de l'Islam ; mais surtout je pleure, inconsolable et en même temps plein d'envie, la mort de mon cher frère en religion, le P. Michel Fabre. Comme il était bon, charitable, sympathique ! Depuis le moment où nous nous vîmes pour la première fois, ici à Tanger, il y a de cela un an, je restai sous le charme de son beau caractère. C'était un vrai missionnaire.

« Il me semble que je l'entends encore me dire : « Croyez-« moi, mon Père, je comprends que s'enfermer à l'intérieur « de l'empire, c'est suspendre à un fil la vie de la terre ; mais « n'est-ce pas s'assurer la vie éternelle ?...

« Je voudrais que tant de malheureux qui traitent le moine
d'égoïste aient pu approcher le P. Michel. Si moi-même je
n'avais reconnu en lui un esprit éclairé de l'amour de Dieu et
des âmes, je l'aurais pris pour un téméraire. Il considérait comme si naturel d'exposer sa santé, sa liberté, sa vie, pour sauver
une seule âme. »

Les confrères du P. Michel, de Fribourg, éprouvèrent également la plus vive peine, mais aussi une vraie fierté, en
apprenant la mort glorieuse de celui qui était de leur famille
religieuse. Ils eurent immédiatement le sentiment que, selon
la célèbre parole de Tertullien, toujours vraie : « *Le sang des
martyrs est une semence de chrétiens...* » Et ils augurèrent pour la
mission du Maroc, une ère de bénédictions que lui vaudrait le
sang de leur glorieux frère.

Une cérémonie funèbre réunit, dans la chapelle du *Convict
Marianum*, les Religieux franciscains, les élèves du Collège Séraphique, et un grand nombre d'amis de la colonie française
de Fribourg et de l'Université. Une délégation des étudiants
universitaires était présente, groupée autour de leur étendard
cravaté de crêpe, ainsi que des Professeurs, et le Recteur de
l'Université lui-même, le sympathique M. G. Gariel.

Ces témoignages d'intérêt, d'estime, de vénération pour le
cher disparu, ne cessèrent d'affluer, dès la nouvelle connue de
sa tragique fin. Tous, religieux, soldats, personnes du monde,
sont unanimes à célébrer sa bonté, son grand esprit de charité
et son dévouement.

Une personne fort distinguée, qui faisait partie de l'Œuvre
de la Croix Rouge, lui rend ce témoignage :

« Ce qu'il y avait de charmant avec le P. Fabre, c'était de

sentir son esprit large et bienveillant, se mettant à la portée de tous. Il n'avait que des amis à Fez, et faisait beaucoup de

Le Général Liautey

bien, précisément par sa franche gaieté et son cœur si bon. Les jeunes gens qu'il avait su grouper à sa table l'estimaient et le vénéraient...

« Sa chapelle était jolie, toute simple et recueillie. Le souvenir du P. Fabre et mon voyage à Fez ne font qu'un. Je me demande, même, ce que j'aurais fait à Fez sans lui.

« Un Aumônier qui a la trempe de caractère du P. Fabre est appelé à faire le plus grand bien. Je souhaite qu'il y en ait beaucoup comme lui..... (1) »

Madame la Générale Moinier, dès la triste nouvelle, s'empresse d'écrire au P. Julien :

« Je viens d'apprendre la mort du P. Fabre ; j'en suis tout émotionnée et je tiens à vous dire toute la part que je prends à la peine que vous cause un tel malheur.

« Mais, je suis sûre que vous considérez cette mort comme glorieuse en tant que chrétien et français ; et si enviable, en tant que missionnaire !..... Ce sang sera utile à notre pays... »

Voici, maintenant, la note d'un brave Sergent :

« Mon cher Père Julien, je viens d'apprendre la douleur qui a dû vous étreindre à la mort héroïque, ou plutôt le martyre, du pauvre P. Fabre, votre ami... Je n'ai fait que l'apercevoir, mais je le regrette... Je vous envoie donc de sincères condoléances ; sa mort, quoique n'étant pas survenue sur le champ de bataille, les armes à la main, n'en est pas moins héroïque... Enfin, il est dans une vie qui est sûrement meilleure !... »

Il n'est pas possible de citer toutes les paroles sympathiques et les éloges décernés au P. Michel en cette circonstance. Sa mort, même dans des milieux où il n'était pas personnellement connu, prit les proportions d'un événement.

(1) Lettre au P. Henri Kœlher, aumônier militaire.

A Rome, avant même que le Vicaire Apostolique n'ait fait parvenir sa dépêche, l'Ambassadeur de France, M. Barrère, avait la délicatesse de prendre les informations les plus précises auprès du Gouvernement français et les transmettait au Rme Père Général avec un empressement où se manifestait une haute sympathie.

Le même Ambassadeur mit également une extrême bonne grâce à faciliter à l'auteur de la présente biographie la demande de renseignements officiels auprès des autorités françaises de Fez. A la suite de ces démarches, voici deux précieux témoignages qui nous sont parvenus avec d'autres documents dont nous avons fait usage dans notre récit.

HÔPITAL AUVERT   Fez, le 24 mai 1912.
FEZ

LE MÉDECIN CHEF
—

N° 831

Le P. Michel Fabre, Aumônier militaire libre, qui a trouvé la mort pendant l'insurrection du 17 avril à Fez, est venu, dans maintes circonstances, visiter à l'Hôpital Auvert les malades, et remplir près d'eux son ministère.

Il a toujours donné l'exemple d'une grande et simple dignité, a su acquérir l'estime de tout le monde, et j'ai eu bien souvent l'occasion d'apprécier sa bonté et ses grandes qualités de cœur.

       Sceau   *Signé.* Dr HENRY FOURNIAL.

Et voici le second de ces hauts témoignages :

Troupes débarquées au Maroc

—

Le Général de Division

—

Fez, le 27 mai 1912.

Mon Père,

Au lendemain des nouveaux événements survenus à Fez, je m'empresse de vous adresser les renseignements que j'ai pu réunir sur les circonstances dans lesquelles le R. P. Fabre a trouvé la mort.

Le P. Fabre s'était acquis, au Maroc, les sympathies et l'affection de tous. Sa mort, dans les circonstances tragiques où elle s'est produite, nous a causé à tous le plus grand chagrin. La beauté de la cause qui l'avait amené au milieu de nous pour donner les secours de son ministère à nos malades et blessés, et les encourager dans leurs souffrances, nous font incliner bien respectueusement devant ce martyr de la foi et de la patrie.

Veuillez agréer, mon Père, l'expression de mes sentiments les plus distingués et dévoués.

Signé : Gal Moinier.

Ce témoignage vaut, à lui seul, la plus éloquente des oraisons funèbres.

Pour tous les confrères du P. Michel, il est une consolation et un encouragement. La consolation de voir compris et apprécié leur ministère ; l'encouragement à poursuivre, — quelque sacrifice qu'il leur en doive coûter, — leur œuvre de dévouement religieux et patriotique.

Cette œuvre, nous la savons hautement comprise et appréciée par celui que la confiance unanime de tous les Français a acclamé comme Résident général au Maroc.

Le Général Liautey est un grand civilisateur. Il sait que les conquêtes par le glaive seul sont éphémères. Les seules durarables, les seules fécondes, sont celles qui ravissent les esprits et les cœurs.

Mais, parmi tous les conquérants, il n'en 'est qu'un qui ait réussi, à travers les âges, à s'attacher les cœurs d'un amour plus fort que la mort, plus durable que le temps; c'est Jésus-Christ.

Place, donc, à Jésus-Christ, dans l'empire du Maroc ! Qu'on laisse le divin Rédempteur aborder ces âmes défaillantes, presque expirées, et il leur redonnera vie et grandeur !

CONCLUSION

« Martyr de la foi et de la patrie !....» Ne serait-ce pas là, en effet, l'épitaphe qui convient sur la tombe de l'humble et vaillant religieux dont nous venons de retracer la vie ?

« Nous appartenons tous, a dit Lacordaire, à deux cités... nous avons deux patries : la cité éternelle et la cité terrestre, la patrie du sang et la patrie de la foi.

« Et ces deux patries, quoique distinctes, ne sont pas ennemies l'une de l'autre ; bien loin de là, elles fraternisent comme l'âme et le corps fraternisent ; elles sont unies comme l'âme et le corps sont unis. Et de même que l'âme aime le corps, — bien que le corps se révolte souvent contre elle, — de même la patrie de l'éternité aime la patrie du temps et prend soin de sa conservation, bien que celle-ci ne réponde pas constamment à son amour.

« Mais il peut arriver que la cité humaine se dévoue à la cité divine.... alors, l'amour de l'Église et l'amour de la patrie semblent n'avoir plus qu'un même objet ; le premier élève et sanctifie le second, et il se forme de tous deux une sorte de *patriotisme surnaturel* (1).... »

(1) Lacordaire, *Discours sur la Vocation de la nation française.*

Ce « patriotisme surnaturel » — dont parle l'illustre orateur, est bien celui pour lequel a battu le cœur du P. Michel Fabre.

Dans l'intervention de la France en pays marocain, au travers des combinaisons et déclarations plus ou moins nébuleuses des diplomates et des politiciens, — son clair et franc regard n'a vu, lui, que le geste de la nation, toujours chrétienne en dépit de ses écarts, allant tendre sa main, pour le relever, à un peuple que l'erreur la plus déprimante a fait déchoir dans la barbarie et l'anarchie.

Il a vu JÉSUS-CHRIST frappant, de nouveau, à la porte des cœurs que l'Islam lui ravit depuis dix siècles.

Il a vu nos petits soldats, transformés en pionniers de l'Évangile, allant continuer, — sans le savoir, — en terre musulmane l'œuvre de leurs ancêtres, les Croisés.

Et à cette œuvre de relèvement d'un peuple par JÉSUS-CHRIST, à ces nouveaux GESTA DEI PER FRANCOS, il a donné allègrement son cœur, il s'est généreusement sacrifié.

Est-ce là être vraiment martyr ?

Bossuet appelle *martyrs de Jésus-Christ* « ceux qui, souffrant pour la foi, en ont témoigné la vérité par leur patience et l'ont scellée de leur sang (1). »

Et le grand évêque n'hésite pas à reconnaître ce mérite au chrétien qui, supportant patiemment ses épreuves, proclame ainsi la divinité de la Providence en laquelle il croit et espère.

Bossuet eut décerné au P. Michel la couronne de martyr de JÉSUS-CHRIST ; car c'est sa foi en cet adorable Maître qui l'avait seule amené en terre infidèle ; c'est pour son amour qu'il y a travaillé, souffert et y est mort en se proclamant, sous le cou-

(1) *Panégyrique de saint Gorgon.*

teau de ses meurtriers, le « marabout des chrétiens, » le prêtre de Jésus-Christ.

Mais l'Église n'a pas coutume de conférer par acclamations ce suprême titre de noblesse divine.

En attendant qu'elle se prononce, — si jamais elle juge expédient de le faire, — nous nous contenterons de vénérer le souvenir de notre frère et ami comme celui d'une Victime glorieuse dont le sacrifice, nous en avons le ferme espoir, retombera en bénédictions sur sa famille religieuse et sur la France.

APPENDICE

1

LES FRÈRES MINEURS OU FRANCISCAINS

En 1209, **saint François d'Assise** fonda l'**Ordre** des **Frères Mineurs,** communément appelés, dans la suite, **Franciscains.** Il leur donna comme règle de vie l'**obser-vation du saint Évangile** avec les trois vœux d'**Obéis-sance,** de **Pauvreté** et de **Chasteté.**

La vie des Frères Mineurs tend à retracer la **vie priante** et la **vie active** de Notre Seigneur Jésus-Christ sur la terre.

Dans leurs cloîtres, ils mènent la vie d'oraison, de péni-tence et d'étude. Quand ils sortent de leurs solitudes, c'est pour travailler, dans le monde, à la conversion des pé-cheurs et conduire les âmes dans les voies de la perfection.

Au jour de leur profession religieuse ils se dépouillent totalement de toute propriété, et s'engagent à vivre de leur travail et de l'aumône, dans la pauvreté absolue.

Ils sont vêtus de bure, ceints d'une corde, marchent pieds nus avec de simples sandales, à moins que la santé n'exige des chaussures.

Les **Prêtres** se livrent aux travaux du saint ministère, de la prédication, ou du professorat, selon leurs aptitudes.

Les **Clercs,** — leur année de noviciat terminée, — con-tinuent leurs études en vue du ministère apostolique.

Les **Frères Convers** font les mêmes vœux que les Pères, et assistent aux exercices conventuels. Ils sont employés au service de la communauté en qualité de portiers, sacristains, lingers, jardiniers, etc., etc.

Les **Postulants Clercs** ne sont admis au Noviciat qu'après avoir terminé leurs humanités. Les adolescents et jeunes gens qui n'ayant pas fait des études secondaires, possèdent les aptitudes requises, peuvent être admis dans les **Collèges Séraphiques** de l'Ordre pour y faire ces études.

Les **Postulants Frères Convers** sont d'abord admis comme **Oblats** ; après un certain temps ils vont accomplir leur noviciat avec les clercs.

Les **Frères Mineurs** comptent, (d'après la dernière statistique) plus de 16000 religieux.

Ils ont des Missions dans toutes les parties du monde. La plus importante est celle de **Terre-Sainte** avec la garde des Lieux-Saints, confiée à l'Ordre depuis saint François. Ils possèdent des Vicariats apostoliques et des postes de Missions florissants en Chine, au Japon, en Égypte, en Tripolitaine, au Maroc, etc.

L'Ordre des Frères Mineurs compte **47 Saints** et plus de **96 Bienheureux**. Il n'est question ici que des saints et bienheureux dont on fait l'office ; un bien plus grand nombre d'enfants de saint François ont le titre de bienheureux et, de temps immémorial, sont vénérés en diverses régions.

Le **Ministre Général** des Frères Mineurs, ou Franciscains, réside à **Rome** *(Collegio di S. Antonio, Via Merulana, 124)*.

En **France,** les Franciscains comptaient *cinq* Provinces au moment de la suppression de 1903.

1º La Province de *France,* (anciennement *Paris,* rue

Falguière ; actuellement *Menin* (Belgique) 9 Grand'Place.)

2º La Province de *Saint-Louis en Aquitaine,* (anciennement *Bordeaux,* rue de Pessac ; actuellement *Convict Marianum, Fribourg* (Suisse) ; et *San-Remo* (Italie) Via Valle del Ponte.)

3º La Province de *Saint-Denys,* (anciennement *Paris,* rue de Puteaux ; actuellement *Bastogne* (Belgique) couvent des Frères Mineurs.)

4º La Province de *Saint-Bernardin,* (anciennement *Mâcon,* actuellement *Montecarlo,* Principauté de Monaco.)

5º La Province de *Corse,* (actuellement à *Levanto* (Italie) Convento dei Frati Minori.)

II

ŒUVRE DU COLLÈGE SÉRAPHIQUE

SOUS LA DIRECTION

DES PÈRES FRANCISCAINS DE LA PROVINCE D'AQUITAINE

Pensionnat du Petit-Rome, FRIBOURG *(Suisse)*

Béni par Léon XIII et Pie X, approuvé par les Généraux de l'Ordre, le Collège Séraphique est un séminaire de **vocations religieuses et franciscaines**.

Son but général est le ministère des **Missions** en France et à l'étranger ; une de ses fins particulières, la garde des **Lieux-Saints** en Palestine.

De nombreux Missionnaires, sortis de ses murs, travaillent dans les divers pays du monde, faisant aimer Dieu et bénir la France.

C'est ainsi qu'on en trouve en **Palestine,** en **Chine,** et dans ces régions qui attirent actuellement tous les regards : la **Tripolitaine,** l'Ile de **Rhodes,** et surtout le **Maroc,** où l'un d'entre eux est tombé glorieusement, le

17 avril dernier, mêlant son sang à celui de nos soldats. (Le
P. Michel Fabre, dont le présent ouvrage raconte la vie.)

Favoriser ce Collège, c'est donc faire œuvre éminemment **chrétienne** et **française.**

CONDITIONS D'ADMISSION AU COLLÈGE

Les enfants et jeunes gens qu'on désire faire entrer au
Collège Séraphique doivent donner des signes de **sérieuse
vocation,** — avoir un **jugement droit,** — être **bien
pieux,** posséder une **intelligence** au-dessus de la
moyenne, — jouir d'une **bonne santé,** — et pouvoir
fournir de bons **certificats.**

RESSOURCES

Fondée, comme l'Ordre Séraphique, lui-même, sur la
Pauvreté, l'Œuvre ne demande aux parents des élèves
aucune rétribution. Ce qu'ils veulent bien donner est reçu
avec reconnaissance à titre d'aumône volontaire.

L'Œuvre compte, pour subsister, sur la divine Providence qui est la meilleure trésorière des fils de saint François.

RECONNAISSANCE POUR LES BIENFAITEURS

A tous ceux, riches ou pauvres, qui veulent bien se faire
les instruments de Dieu pour le soutien de cette Œuvre,
le Collège Séraphique assure la participation aux prières,
sacrifices, bonnes œuvres de ses élèves et de ses Missionnaires.

Chaque jour, la **sainte Messe** est célébrée, au
Collège, à l'intention des Bienfaiteurs ; plusieurs élèves
font la **sainte Communion,** à tour de rôle, ainsi que le
Chemin de Croix.

BÉNÉDICTION DE SA SAINTETÉ PIE X

Le **Saint-Siège** a accordé plusieurs **indulgences** précieuses à ceux qui favorisent cette Œuvre.

Le 25 mai dernier, Sa Sainteté Pie X daignait renouveler, par écrit, sa paternelle bénédiction à l'Œuvre et à ses Bienfaiteurs.

Au Père Directeur du Collège, prosterné à ses pieds, il adressait les belles paroles suivantes :

Dominus te benedicat; te et confratres tuos, et alumnos Collegii tui; et incolumes vos servet; ut crescatis, et floreatis, et fructum afferatis, et fructus vester maneat !

Que le Seigneur vous bénisse, vous, vos confrères et les élèves de votre Collège, et qu'il vous garde; afin que vous vous développiez et portiez des fleurs et des fruits, et que ces fruits demeurent !

Pour tout ce qui concerne le Collège Séraphique, s'adresser au R. P. DIRECTEUR, PETIT-ROME, FRIBOURG (SUISSE).

TABLE DES MATIÈRES

CHAPITRE IV

Vocation missionnaire. — Philosophie.

CHAPITRE V

A la Caserne.

CHAPITRE VI

Vie d'étudiant.

CHAPITRE VII

Vie d'étudiant (suite).

CHAPITRE VIII

Le Sacerdoce.

CHAPITRE XIV

Fez.

CHAPITRE XV

L'Immolation.

PRO CHRISTO
AMOR
ET
LABOR

* 9 7 8 2 3 2 9 2 8 6 2 6 6 *